Weiterführend empfehlen wir:

Aktivierende Soziale Arbeit mit nicht-motivierten Klienten
ISBN 978-3-8029-7480-9

Das gesamte Sozialgesetzbuch I bis XII
ISBN 978-3-8029-7424-3

Balanced Scorecard für Soziale Organisationen
ISBN 978-3-8029-7474-8

Praxis der Sozialen Arbeit: Familie im Mittelpunkt
ISBN 978-3-8029-7465-6

Betreuungsrecht Betreuungspraxis Ausgabe 2006
ISBN 978-3-8029-8407-5

Strafrecht in der Sozialarbeit
ISBN 978-3-8029-7486-1

Gerd Gehrmann · Klaus D. Müller

Management in sozialen Organisationen

Handbuch für die Praxis Sozialer Arbeit

4., neu bearbeitete und ergänzte Auflage

WALHALLA
FACHVERLAG

Bibliografische Information Der Deutschen Bibliothek
Die Deutsche Bibliothek verzeichnet diese Publikation in der Deutschen Nationalbibliographie; detaillierte bibliographische Daten sind im Internet über http://dnb.ddb.de abrufbar.

Zitiervorschlag:
Gerd Gehrmann/Klaus D. Müller, Management in sozialen Organisationen
Walhalla Fachverlag, Regensburg, Berlin 2006

4., neu bearbeitete Auflage

Produktion: Walhalla Fachverlag, 93042 Regensburg
Umschlaggestaltung: Gruber & König, Augsburg
Druck und Bindung: Westermann Druck Zwickau GmbH
Printed in Germany
ISBN 978-3-8029-7443-4

Nutzen Sie das Inhaltsmenü:
Die Schnellübersicht führt Sie zu Ihrem Thema.
Die Kapitelüberschriften führen Sie zur Lösung.

Schnellübersicht

Schnellübersicht

Gesamtinhalt

Abkürzungen

ABM	Arbeitsbeschaffungsmaßnahme
AIB	Ambulante Intensive Begleitung
ASD	Allgemeiner Sozialer Dienst
BFA	Berufsfeldanalyse
BMFSFJ	Bundesministerium für Familie, Senioren, Frauen und Jugend
BSHG	Bundessozialhilfegesetz
CM	Case Management
DBSH	Deutscher Berufsverband für Soziale Arbeit e. V.
DSM-IIIR	Diagnostical and Statistical Manual, Third Edition, Revised
DSM-IV	Diagnostical and Statistical Manual, Fourth Edition
EAM	Environment-Aktivierungs-Methode
FiM	Familie im Mittelpunkt
FiS	Familie im Stadtteil
GWA	Gemeinwesenarbeit
IASSW	International Association of Schools of Social Work
JA	Jugendamt
KGSt	Kommunale Gemeinschaftsstelle zur Verwaltungsvereinfachung
KJHG	Kinder- und Jugendhilfegesetz
ND	„Neues Denken“
OE	Organisationsentwicklung
PERSOA	Personenorientierte Soziotop-Analyse
PflegeVG	Pflegeversicherungsgesetz
PIE	Person In Environment
RA	Rating Assessment
SAK	Selbstreflexives Arbeitskonzept
SOA	Sozialbiographische Analyse
SPD	Sozialpädiatrischer Dienst
SPFH	Sozialpädagogische Familienhilfe
SPZ	Sozialpädiatrisches Zentrum
TZI	Themenzentrierte Interaktion

Vorwort

Auch die 4. Auflage des vorliegenden Buches wendet sich in erster Linie an Sozialarbeiter, die in Praxisfeldern der Sozialen Arbeit tätig sind. Diese Zielgruppenbestimmung beinhaltet zwei Annahmen, die wir hier kurz erläutern.

Zum einen müssen wir unsere Verwendung der Begriffe „Soziale Arbeit" und „soziale Arbeit" erklären:

Unter „Sozialer Arbeit" verstehen wir die Profession und die Tätigkeit im Bereich sozialarbeiterischer und sozialpädagogischer Dienstleistungen, die von Personen ausgeführt werden, die entsprechend ausgebildet sind und für ihre Berufstätigkeit bezahlt werden (in der Regel Diplom-Sozialarbeiter oder Diplom-Sozialpädagogen, zukünftig auch Absolventen der Hochschulen mit Bachelor-Abschlüssen).

Mit „soziale Arbeit" bezeichnen wir eine Tätigkeit in sozialen Praxisfeldern, die nicht von Professionellen ausgeübt wird, sondern von „Ehrenamtlichen" und „Freiwilligen", die oft auch wertvolle und unverzichtbare Arbeit leisten, dafür jedoch nicht ausgebildet wurden und in der Regel auch nicht entlohnt werden.

Zum anderen geht es uns um die Ausrichtung auf Praktiker. Das bedeutet für uns, dass immer die Verbindung zwischen dem methodischen Handeln in der Praxis Sozialer Arbeit und dem Management Sozialer Organisationen im Mittelpunkt steht. Dies ermöglicht zwei Perspektiven: den Blick von der alltäglichen Praxis auf Management und umgekehrt. Wir sind der Meinung, dass nur durch diesen Ansatz verhindert werden kann, dass – unter dem Vorwand, durch Sozialmanagement die Qualität der Arbeit zu verbessern – kurzfristig und oft unter Aufgabe aller fachlichen Vernunft Maßnahmen getroffen werden, die Mitteleinsparungen bewirken sollen, die langfristig jedoch immense humane, soziale und finanzielle Kosten zur Folge haben. Dieses „Dummsparen" öffentlicher und privater Träger wollen wir nicht fördern.

Um die Perspektive von der Praxis zum Management zu verdeutlichen, haben wir neben der Überarbeitung von bereits in der 3. Auflage enthaltenen Kapiteln (1–5 und 8–10) Kapitel 6 (Professionelle Konzepte und Methoden Sozialer Arbeit), Kapitel 7 (Managementreform der Sozialen Dienste) und Kapitel 11 (Aktivierende Soziale Arbeit und Aktivierender Staat) neu eingefügt. Dafür haben wir Kapitel wegfallen lassen, die inzwischen breit publiziert worden sind.

Anlass dieses Buches war unser Engagement für die Professionalisierung des Managements in sozialen Organisationen. Die Führungskräfte sollten wissen, unter welchen Voraussetzungen und mit welchen Konzepten und Methoden soziale Dienstleistungen professionell erbracht werden können. „Management in sozialen Organisationen" soll zu mehr Effizienz und Rationalität beitragen, nicht aber eine Herrschaft der Technokraten begründen.

Deswegen dürfen Leitung und Management die Dienstleistung für die Klientel, die in aller Regel zum sozio-ökonomisch unteren Drittel unserer Gesellschaft gehört, auf keinen Fall aus den Augen verlieren. Dies gebietet bereits die Ethik Sozialer Arbeit.

Zur Professionalisierung gehört übrigens auch, dass Sozialarbeiter Führungspositionen anstreben und ausfüllen und ihre aus einer veralteten Berufsauffassung herrührenden Vorbehalte gegen „Aufstieg" und „Karriere" aufgeben. Diesem Anspruch versuchen wir in diesem Band nachzukommen. Gleichzeitig wollten wir Sozialmanagement auch etwas entzaubern.

Gerd Gehrmann
Klaus D. Müller

Hinweis:

In diesem Buch wird nur die männliche Form verwendet. Dies geschieht ausschließlich der besseren Lesbarkeit und des einheitlichen Schriftbildes wegen. Von einer Sprachdiskriminierung der Frauen nehmen wir deutlich Abstand.

Warum brauchen wir Management in der Sozialen Arbeit?

1

1. Ausgangslage

Die Soziale Arbeit als Beruf hat zumindest in Deutschland immer noch ein geringes Ansehen: Auch die Sozialarbeiter neigen oft selbst dazu, den Nutzen ihrer Arbeit gering einzuschätzen, obwohl die „Sozialbranche" selbst in Zeiten ökonomischer Krisen enorme Finanzmittel umsetzt.

Im Hinblick auf neue und alte Probleme, die auch mit der deutschen Einigung angewachsen sind, gehen wir von einem mittelfristig weiter anwachsenden sozialen Dienstleistungssektor aus, wobei sich „Markt und Staat" ergänzen werden.

Wir betonen, dass sich die Soziale Arbeit endlich auch stärker als Beruf entwickeln muss, wenn sie die vielfach anzutreffende Unzufriedenheit in ihren Reihen bekämpfen will. Denn nichts ist schlimmer, als in eine fatalistische oder weinerliche Haltung zu verfallen. Sozialarbeiter beklagen sich:

- über unzumutbare Arbeitsbedingungen und Belastungen
- über zu geringen Einfluss ihrer fachlichen Argumentation auf wichtige Entscheidungen, die ihre Arbeit betreffen, die jedoch von Vertretern anderer Berufe (Juristen, Ärzten, Verwaltungsfachleuten, Kaufleuten u. Ä.) getroffen werden
- dass sie nicht von den Politikern angehört werden
- über schlechte tarifliche Einstufung bei geringen Karriereaussichten
- als Folge von alledem: über den schnellen Verschleiß der Arbeitskraft mit dem bekannten „Burn-out-Effekt"

Beispiel aus der Praxis

In einer von uns durchgeführten Fortbildung mit langjährigen Praktikern wurde das Thema „Alt werden in der Sozialarbeit" von Teilnehmern angesprochen. Es ließ die Runde nicht mehr los. Wenige der Sozialarbeiter mittleren Alters konnten sich mit ihrer beruflichen Perspektive auseinander setzen. Die Vorstellung, in einer ähnlichen Arbeit wie derzeit alt zu werden, rief durchweg Angst hervor. Bei einigen war nach zehn Berufsjahren bereits eine Mutlosigkeit festzustellen, die für die Praxis nichts Gutes verheißen konnte. Gefragt, was in der Arbeit noch Mut mache, verwiesen nicht wenige auf Dankbarkeit, Zuneigung und Vertrauen, die ihnen von einigen Klienten, denen sie helfen konnten, entgegengebracht wurden. Es gab darunter jedoch auch Praktiker, deren Erfolgskriterien professioneller schienen, wie in folgenden zwei Beispielen:

- „Ich werde wieder zur Weiterarbeit motiviert, wenn ich erlebe, dass es Jugendliche, um die und mit denen ich mir viel Arbeit gemacht habe, schaffen, eine Ausbildung zu beenden, sich von den Eltern zu lösen und selbständig zu machen."
- „Eine Multiproblem-Familie kroatischer Herkunft hat ihre dringlichsten Probleme mit der Unterstützung unseres sozialen Dienstes erfolgversprechend angepackt: Ökonomische Hilfen (Wohngeld, einmalige Hilfen der Sozialhilfe – wegen des geringen Einkommens), Familienhilfe bei der Haushaltsführung, Schuldenmanagement mit Teilverzicht einiger Gläubiger, um die Tilgung von Schulden erträglich zu gestalten, sowie die Bereitschaft der Familie daran mitzuarbeiten und die Hausaufgabenhilfen für die schulschwachen Kinder. All dies hat zu einer sichtbaren Stabilisierung geführt, zumindest wurde auch Obdachlosigkeit abgewendet." (Dies ist ein Zitat. Wir halten die Bezeichnung „Multiproblem-Familie" für diskriminierend und verwenden stattdessen „mehrfach belastete Familie".)

Solche Ziele zu erreichen, also einen im Einzelfall auch von anderen nachvollziehbaren Erfolg der Sozialen Arbeit zu verbuchen, ist ein wichtiges motivierendes Moment im Beruf. Erfolge müssen aber auch anerkannt werden. Seltsamerweise werden sie nach unserer Erfahrung eher von außen anerkannt als von den Sozialarbeitern selbst.

Beim zweiten Beispiel ist das grundsätzliche Problem der durch äußere Bedingungen und auch durch eigenes Zutun ausgegrenzten Familie nicht behoben. Beide Eltern müssen als eingewanderte Kroaten mit dieser Gesellschaft zurechtkommen. Ihre Ausbildungssituation verhindert, dass sie ein gesichertes Einkommen haben, dazu müssten beide jedoch berufstätig sein. Ihre Gesamtsituation bleibt labil. Wenn sie die Wohnung behalten, dann wohnen sie immer noch in einem „sozialen Brennpunkt", dessen Adresse und Wohnbedingungen strukturell auch weiterhin Ausgrenzung verursachen.

Fazit

Soziale Arbeit kann, wo sie überwiegend Krisenmanagement betreibt, keinesfalls grundlegende Verelendungsbedingungen beseitigen – und schon gar nicht am Einzelfall. Eine nur auf politische Veränderungen zielende Diskussion in der Sozialarbeit und an den sie ausbildenden Hochschulen hat Ziele für die Praxis entwickelt, die nicht einlösbar waren. Daher kommt die verbreitete Haltung, man würde nur Flickschusterei betreiben. Der Blick für erreichbare Ziele wurde verstellt und das Selbstwertgefühl eines ohnehin noch schwachen Berufsstandes wurde noch weiter geschwächt. Diese Haltung ist nicht etwa Vergangenheit. Im Gegenteil: Sie scheint überaus langlebig. Dabei ist es doch bei weitem nicht unerheblich, dass das Selbstmanagement dieser Familie deutlich verbessert werden konnte, die Gefahr der Obdachlosigkeit für die nächste Zeit abgewendet und die Schulschwierigkeiten der Kinder verringert wurden. Im Rahmen eines professionellen „Case Managements" ließe sich hier noch viel mehr ins Lot bringen.

Was bedeutet dies für die Praxis?

Sozialarbeit muss sich im Sinne einer „Neuen Fachlichkeit" professionalisieren, daran haben wir auch im Interesse der Klienten keinen Zweifel. Sie muss sich dann aber auch den drängenden Fragen stellen:

- Was bewirkt Soziale Arbeit, was leistet sie?
- Wie geht sie mit den – überwiegend öffentlich beschafften – Mitteln um?
- Welche Qualität und Quantität erbringt sie für ihr Klientel?
- Was tragen einzelne Sozialarbeiter oder Teams zu diesem Leistungsangebot bei?
- Entsprechen die vorhandenen Mittel, die bestehende Organisationskultur, die Kompetenzen und Qualifikationen der Mitarbeiter einer sozialen Einrichtung den gegenwärtigen und neuen Anforderungen an eine professionelle Praxis?
- Ist eine angemessene gedankliche Überarbeitung der Praxis, Fort- und Weiterbildung gewährleistet?
- Wird von der Einrichtung eine effektive Öffentlichkeitsarbeit geleistet?

Diese Fragen sind durchaus in einer Nähe zu betriebswirtschaftlichen Fragestellungen zu sehen. Wer Geld und Anerkennung für eine geleistete Arbeit beansprucht, der muss sich auch im Bereich der Sozialen Arbeit den Kriterien der Qualität und Effektivität stellen.

2. Warum also Management in der Sozialen Arbeit?

Professionelle Sozialarbeit kann ohne konzeptionell abgesichertes methodisches Arbeiten nicht bestehen. Wir meinen damit solche Arbeitskonzepte und Methoden, die für die eigenständigen Aufgaben der Sozialen Arbeit in ihrer Alltagspraxis tauglich sind. Management in der Sozialen Arbeit hat nun dafür zu sorgen, dass die Rahmenbedingungen der Einrichtung die Fachlichkeit unterstützen und sichern, und damit ein professionelles Arbeiten unter Beachtung von Effektivität und Effizienz nicht nur zufällig verwirklicht wird, sondern dass sie mit einer hohen Sicherheit erwartet werden kann. Deshalb verknüpfen wir die Frage des Managements in sozialen Einrichtungen mit der Frage nach Konzeption und Arbeitsmethoden. Sonst wäre die Begründung für das Management abstrakt und technokratisch. Den herrschenden Trend zum Sozialmanagement, das losgelöst von der eigentlichen Dienstleistung in der Praxis Sozialer Arbeit eingesetzt wird, wollen wir nicht noch verstärken. Die Frage nach der Verbesserung der Dienstleistungen für die Klienten ist unauflöslich mit der Praxis Sozialer Arbeit und ihren Arbeitsmethoden verbunden.

Kein Zweifel: Die Professionalisierung der Sozialen Arbeit erfordert auch, dass Einrichtungen, die soziale Dienstleistungen anbieten, nach den Regeln eines modernden Managements organisiert sind, geleitet werden, arbeiten, ihre Arbeitsergebnisse überprüfen und diese auch in der Öffentlichkeit darstellen.

Eine auch in den nächsten Jahren anhaltende Knappheit an öffentlichen Mitteln macht die Überprüfung der Arbeitsvorgänge hinsichtlich einer Erhöhung der Arbeitseffektivität der Mitarbeiter erforderlich.

Darüber hinaus wird vermehrt auch um private Mittel geworben werden müssen (Social Marketing und Social Sponsoring) und ein „Wohlfahrtsmix“ aus Staat und Markt entstehen.

Der Prozess ist nicht umkehrbar und wird sicher manche Praktiker aufschrecken, die ein vorwiegend innerliches, menschlich warmes

Verhältnis zu ihren Klienten anstreben. Wir kennen die Vorbehalte von Sozialarbeitern gegenüber allem, was aus der Wirtschaft kommt, und haben deshalb auch eingangs verdeutlicht, dass die Effektivitäts-Kriterien in der sozialen Arbeit inhaltlich anders bestimmt werden müssen als in der Wirtschaft, wo es darauf ankommt, ob Gewinn gemacht wird, und wo letztlich alle anderen Ziele der Gewinnmaximierung untergeordnet werden müssen. Dies muss nicht automatisch gegen die Grundsätze der Humanität verstoßen, jedoch ist diese Gefahr nicht von der Hand zu weisen. In der Sozialen Arbeit müssen die Menschenrechte die oberste Richtschnur sein (Soziale Arbeit als Menschenrechtsprofession).[1] Soziale Arbeit ist dann effektiv, wenn sie die Klienten nachweisbar zur Selbsthilfe befähigt, was – methodisch gesehen – auch bedeutet, sie beim Wegräumen und Überklettern von Hindernissen zu unterstützen.

Wir setzen damit den Ethik-Code und die Dienstleistungen für die Klienten an die erste Stelle der Dringlichkeitsliste für Soziale Arbeit. Das bedeutet, dass wir von einer professionellen (Sozial-)Arbeit erwarten, dass sowohl ihre personellen als auch ihre finanziellen und sonstigen Mittel sparsam, d. h. ökonomisch, eingesetzt werden müssen.

Der ökonomische Einsatz von Mitteln darf jedoch nicht nur auf die partielle Arbeit eines einzelnen sozialen Leistungsträgers bezogen werden, sondern muss auch sozialplanerisch an gesellschaftlich entstehenden sozialen Kosten gemessen werden. Hier kommt die präventive Soziale Arbeit ins Spiel: Es ist längst bekannt, dass etwa im Bereich der Jugendhilfe bessere Entwicklungsbedingungen im sozialen Lebensraum, bessere Möglichkeiten zur Entfaltung eigener kommunikativer Aktivitäten, verbesserte Ausbildungsmöglichkeiten und die Bereitstellung von Freizeiteinrichtungen zuzüglich unterstützender lebensweltlicher Beratung, dazu beitragen können, dass die Jugendlichen eine für sie befriedigende und sozial verträgliche Lebensweise entwickeln können. Diese Bedingungen herzustellen bedeutet unter Umständen einen großen personellen und finanziellen Aufwand sowie große politische Anstrengungen, die also – kurzfristig gesehen – zunächst hohe „Kosten" im weitesten Sinne erfordern. Wie viel wird aber – gesellschaftlich gesehen – eingespart, wenn dadurch nur bei einem Zehntel der Jugendlichen eines Stadtteils misslungene Lebensentwürfe verhindert und bei einem Fünftel zusätzlich schwierige Lebensentwürfe verbessert werden?

Wie „teuer" im übertragenen, aber auch im finanziellen Sinne kommt eigentlich eine zerstörte Lebensperspektive eines heute Zehnjährigen?

Wie „teuer" kommt die Gesellschaft eine für die älteren Menschen unserer Gesellschaft so entwürdigende Praxis der entmündigenden Heimunterbringung? Warum entscheidet der Kostenträger, ob ein alter Mensch gesundheitlich noch für eine weitgehend selbständige Lebensführung in einer unter Umständen längeren Krankenhaus- und Kurbehandlung wiederhergestellt werden kann oder ob er schnell in ein Pflegeheim geschoben werden soll (weil zum Beispiel die Krankenkasse nicht weiterzahlen will).

Die Effektivität Sozialer Arbeit kann nicht nur an einer einzelnen Maßnahme diskutiert werden, sondern es müssen im sozialen Bereich endlich ökologische Gesamtrechnungen aufgestellt werden, wie dies mittlerweile im Verhältnis von Ökonomie und Ökologie begonnen hat. Solche Gesamtrechnungen werden die in Deutschland etablierte, völlig unsinnige und unübersichtliche Überdifferenzierung und Zersplitterung der Kostenträgerschaft überwinden.

Eine sozialpolitische Forderung sollte zum Beispiel bei der Finanzierung von Hilfen gestellt werden: Wie kann das Verursachungsprinzip zugunsten eines Finalprinzips aufgegeben werden, das nicht fragt, wie eine Problematik entstanden oder versichert ist, sondern wie bedarfsangemessen unterstützt und abgesichert werden kann? Ist denn jemand bedürftiger, wenn er bei einem Arbeitsunfall verletzt wurde, wofür die Berufsgenossenschaft zahlt, oder wenn er bei einer Berufsunfähigkeit aufgrund eines Freizeitunfalls die normale (geringere) Rente beziehen muss? Diese sozialpolitischen Fragen müssen Sozialarbeiter bewegen, denn sie berühren unmittelbar ihre Praxis.

Demzufolge muss der Einzelne in seinem Wirkungsfeld sozialpolitisch tätig sein (Kommune und Berufsverband), die Berufsverbände können – zwar nicht immer viel – zusätzlichen sozialpolitischen Einfluss geltend machen. Die Fachleute für diese Fälle sind die Sozialarbeiter in ihrer Praxis.

Fachleute werden Praktiker verstehen, wenn sie konzeptionell und methodisch professionell arbeiten, wenn sie die Organisationsstruktur ihrer Einrichtung und ihres Trägers innovativ verändern und wenn sie – aus diesen Gründen heraus – für soziales Management aufgeschlossen sind. Erst dann können sie nachvollziehen, was auf diesen Handlungsebenen geschieht und geschehen muss, und es können aus ihrer Mitte ausreichend viele und gut qualifizierte Sozial-Manager hervorgehen, die auch die Leitung übernehmen können, um dieses Feld nicht Fachfremden zu überlassen.

Bevor wir in den folgenden Kapiteln näher auf das Management in sozialen Einrichtungen, seine Aufgabenfelder und Instrumente eingehen, werden wir uns sowohl mit den gegenüber dem Sozialmanagement bestehenden kritischen Einwänden und Vorurteilen als auch mit dem Nutzen einer Management-Kompetenz auseinander setzen. Hoefert verweist wie wir darauf, dass der Begriff „Sozialmanagement" vielen Angehörigen der sozialen Berufe verdächtig vorkomme, weil er an Industrie, Ausbeutung oder technokratische Verwaltung von Menschen erinnere. Die Widerstände gegenüber den Sozialmanagement fasst der Autor in Gegensatzpaaren zusammen.[2]

Die Widerstände gegenüber dem Sozialmanagement

Sozialmanagement als Instrument der Herrschenden

Sozialmanagement wird als ein Instrument der Herrschenden angesehen, das sich mit dem Selbstverständnis der Sozialarbeiter als Vertreter der Unterschicht nicht vertrage. Im Hinblick auf unsere vielfältigen Kontakte ins europäische Ausland erscheint uns diese „Oben-versus-Unten-Haltung" als Berufsorientierung einmalig.

„Technizismus gegen Menschlichkeit"

Sozialmanagement würde – so Hoefert – als „technizistisch" und als mit den „humanen" Idealen der Sozialarbeit nicht vereinbar, also als unmenschlich angesehen. Dieser Gegensatz „Technizismus gegen Menschlichkeit" tritt auch in der Form auf, dass die Sozialmanager der „gefühlswarmen" Sozialarbeit als „gefühlskalt" gegenübergestellt werden. Die Leser werden hoffentlich merken, wie problematisch es ist, Soziale Arbeit überwiegend als „Gefühlsarbeit" anzusehen. Selbstverständlich erfordert Soziale Arbeit die ganze Person des Praktikers, natürlich auch seine Gefühle und die des Klienten.

Professionelle Soziale Arbeit ist aber im mehrfach ganzheitlichen Sinne Kopf- und Handarbeit und eine rational gesteuerte Arbeit zur Herstellung von Beziehungen, jedoch nicht nur der zwischenmenschlichen, sondern auch der zwischen Klienten und Organisationen, zwischen Klienten und ihrem sozialen, lokalen und materialen Umfeld. Gefühle sind nie einfach abzustellen.

Was aber machen gefühlsbetonte, warmherzige Kollegen, wenn sich dieses Gefühl der Wärme gegenüber bestimmten Klienten nicht einstellt? Handeln professionelle Sozialarbeiter unmenschlich, wenn sie für ihre Handlung von den Klienten nicht „geliebt" werden?

Wir haben oben von der Notwendigkeit gesprochen, dass sich Soziale Arbeit an einem Ethik-Code orientiert, der an den Menschenrechten ausgerichtet ist, und haben das Sozialmanagement und seine Effizienz-Kriterien daran festgemacht. Diese sind nicht nur kurzschlüssig ökonomischer Art.

„System gegen Individuum"

Parallel zu dem „Unmenschlichkeits-Vorwurf" wird der Gegensatz von „System gegen Individuum" angeführt. Während das Sozialmanagement hauptsächlich Systemstrukturen sähe, betone soziale Arbeit die Individualität. Dieser „Gegensatz" ist künstlich. Wir wissen, dass ein gute Arbeit ermöglichendes Management einer sozialen Organisation auch die individuellen Perspektiven der Mitarbeiter, deren Arbeitsmotivation und Kooperation fördern muss, weil aufgrund der Besonderheit der sozialen Dienstleistungen nur dadurch Effizienz in der Arbeit und Problemlösungskapazität in schwierigsten gesellschaftlichen Lagen zu erreichen ist. Gleichzeitig wird auch der Individualität der Klienten Rechnung getragen, wenn Sozialmanagement seine Aufgabe erfüllt, wodurch Praktiker mit den Klienten nach den Kriterien der „Neuen Fachlichkeit" professionell arbeiten können.

Begrenzung der Freiheit

Konsequentes Sozialmanagement würde „... die notwendige Freiheit bei der Behandlung von Einzelfällen" begrenzen.[3] Sicher wird dadurch ein erhöhtes Maß an Kontrolle der Arbeit der Sozialarbeiter möglich. Dies wird aber auch aus Gründen der Professionalitätsentwicklung notwendig. Wenn die Soziale Arbeit in ihrer Leistung gesellschaftlich besser anerkannt werden will, so muss sie auch ihre Arbeitsweisen und -ergebnisse öffentlich machen. Was nutzt es ihr, wenn sie weitgehend tun und lassen kann, was sie will, weil sich niemand für ihre Arbeit interessiert? Größere Rechte auch im Interesse ihrer Klienten wird sie auf diese Weise nicht erhalten und dazu ihre „Freiheit" mit Bedeutungs- und Wirkungslosigkeit erkaufen.

„Sozialfeindlichkeit" des Sozialmanagements

Wenn Sozialmanagement als industrienah und damit sozialfeindlich beschrieben wird, so trifft man auf die geistige Hauptabwehrfront der Sozialarbeiter. Alles, was im Bereich der Wirtschaft und Industrie an Instrumenten zur Verbesserung der Organisationskultur, der innerbetrieblichen Abläufe sowie der Beeinflussung von Mitarbeitern und der Kooperation entwickelt worden ist, wird von Sozialarbeitern oft abgelehnt, selbst dann, wenn diese nachweislich nützlich wären. Hier kommen tiefsitzende Sperren zum Vorschein.

Die Einrichtung, in der man arbeitet, wird oft eher als privates Selbstverwirklichungsmittel, der Beruf auch als Mittel zur Selbsttherapie gesehen. Diese und caritative Motive schließen es aus, den Arbeitsplatz innerhalb eines Dienstleistungsbetriebes wahrzunehmen. Verbunden mit der oft beklagten „Helfer-Mentalität" ist hierin ein Hauptgrund für die mangelnde Bereitschaft deutscher Sozialarbeiter zu sehen, sich in einer Berufsgewerkschaft zu organisieren.

Zwischenbilanz

Nach der Auseinandersetzung mit diesen Gegenargumenten wenden wir uns den unwiderlegbar vorteilhaften Argumenten zu. Wir hoffen, gerade durch die genannte Verknüpfung der Ebene des Sozialmanagements mit der des praktisch-methodischen Handelns dazu beizutragen, dass zumindest bei den Praktikern, die den Aufbruch zu einer eigenständigen Profession „Soziale Arbeit" in der Orientierung an der Neuen Fachlichkeit mitgehen wollen, Vorbehalte gegenüber einem vernünftigen und nicht technokratischen Sozialmanagement abzubauen. Praktiker müssen sich durch Fortbildung nicht nur die neuen professionellen Arbeitskonzepte und -methoden aneignen, sondern auch solche des Sozialmanagements und anschließend auch den Mut zur Übernahme solcher Aufgaben und Positionen finden.

3. Fünf Argumente für Management in sozialen Organisationen

Argument 1: Überprüfung der Ziele und Dienstleistungen der sozialen Organisation

Wenn soziale Dienstleistungs-Organisationen bereits über eine längere Zeit bestehen, besonders, wenn sie aufgrund ihrer Größe eine Vielzahl von Arbeitsbereichen und Mitarbeitern haben, können wir oft Fehlentwicklungen beobachten. So können im Laufe der Arbeit Widersprüche zur Gründungsidee auftreten (zwischen den in konzeptionellen Überlegungen formulierten Zielen und Zielgruppen und den beabsichtigten Wirkungen der Arbeit einerseits und deren Realisierung andererseits). Wir können solche Fehlplanungen oder -entwicklungen mit einer Organisationsuntersuchung feststellen. In der Literatur zur Organisationsentwicklung wird auch der Begriff „Organisationsdiagnose" oder „Sozioanalyse" verwendet. (Den Begriff „Organisationsdiagnose" lehnen wir wegen seiner Nähe zur medizinischen Fachsprache ab.[4] Der Begriff der „Sozioanalyse" kann leicht missverstanden werden, weil durch seine sprachliche Nähe zur „Analyse" tiefenpsychologische Sachverhalte vermutet werden könnten und wir diese Assoziation vermeiden wollen.[5] In der Sozialarbeit selbst wie auch im Sozialmanagement ist die Entwicklung einer eigenen Fachsprache und damit Theorie für eine eigenständige Entwicklung der Profession ebenso wichtig wie die Entwicklung eigenständig sozialarbeiterischer Arbeitskonzepte und Methoden, vgl. hierzu das amerikanische Konzept „Person in Environment" und die Forderung nach einer „Domain of Social Work", über die wir unter Bezug auf eigene Forschungen berichten.)

Solche Fehlentwicklungen werden zwar von den Mitarbeitern einer Einrichtung wahrgenommen, aber es gelingt ihnen nicht, diese genau zu beschreiben und Änderungsvorschläge zu machen. Oft fehlt auch der Wille, eine als unbefriedigend empfundene Praxis zu verändern. Ferner sind die Praktiker durch eine oft selbst mitverantwortete Arbeitsüberlastung nicht in der Lage, über die Bewältigung der Alltagsarbeit herauszukommen oder sie haben resigniert.

Wir erleben Jugendhäuser, in denen sich längst nicht mehr die Jugendlichen treffen, für die diese ursprünglich gedacht waren: Jugendliche, die in einem Stadtteil die geringsten Chancen haben, ihre Freizeit nach ihren Bedürfnissen und gleichzeitig in gesellschaftlich akzeptierten Bahnen zu organisieren. Dort arbeiten seit langen Jahren Sozialarbeiter, die das Ende der Selbstorganisationsbewegung in Jugendzentren verschlafen haben. Diese leisten dann wenig effektive Jugendarbeit und „bedienen" lediglich einige Neigungsgruppen, um ihren eigenen Hobbies nachgehen zu können. Gleichzeitig treffen sich zunehmend Jugendliche auf der Straße und begehen aus unterschiedlichen Motiven die ersten Schritte in einen für sie selbst nicht wünschenswerten sozialen Aus- oder weiteren Abstieg.

Solch eine Situation ist nicht haltbar und doch dauert sie weiter an. Diese Diskrepanzen und Fehlentwicklungen sind aus vielen Bereichen der Sozialen Arbeit bekannt. Erinnert sei nur an das Beispiel vieler Erziehungsberatungsstellen, die aufgrund ihrer Konzeption, Organisation (z. B. Typ Arztpraxis) der bestehenden Zugangsprozeduren (z. B. mit Wartelisten) und nicht zuletzt aufgrund ihrer meist verbalen und psychozentrierten Arbeitsmethoden überwiegend mit „Mittelschicht"-Klienten arbeiten.

Wir beabsichtigen mit diesem Buch Sozialarbeiter anzusprechen, die etwas für sich (gegen den drohenden Burn-out) und für ihren Berufsstand (gegen fortbestehende Einflusslosigkeit) tun wollen. Es muss ins Bewusstsein der Praktiker treten, dass Management in sozialen Organisationen im sozialen Sinne „ganzheitliche" Lösungen anstrebt. Diese betreffen die Konzeption auf der Ebene der Organisation, der Zielentwicklung, der Kooperationsbeziehungen der Mitarbeiter untereinander sowie mit Klienten, die Funktionalität der Arbeitsplätze und die Dokumentation der Arbeit und nicht zuletzt die konkreten Arbeitsvollzüge auf Konzept- und Methodenebenen.

Sozialarbeiter brauchen Management-Kompetenzen, damit sie Fehlentwicklungen und Widersprüche erkennen und wissen, wie man diese verringern kann und vor allem auch wie eine kompetente Leitung einer Einrichtung verantwortlich und professionell handeln kann. Diese Kenntnisse sind wichtig aus der Perspektive der einzelnen Sozialarbeiter in der Arbeit mit Klienten. Sie sind es aber auch im Hinblick auf Leitungsaufgaben, die Sozialarbeiter nicht fremden Berufen überlassen sollten.

Angesichts der festgestellten unbefriedigenden Zustände in sozialen Organisationen wird unter Umständen eine Organisationsuntersuchung notwendig sein, für die externe Organisationsentwickler beauftragt werden müssen. Was immer auch festgestellt wird, innovative Veränderungen lassen sich nur mit Hilfe der Mitarbeiter herbeiführen. Und genau diese Bereitschaft entsteht dann eher, wenn nicht nur die Missstände erkannt werden, sondern auch die realen Möglichkeiten zur Veränderung bekannt sind und mitgetragen werden.

Management in sozialen Organisationen liefert als Methodik dieses Know-how und als Aufgabe für Leitungskräfte und -gremien den Überblick über den Gesamtprozess zur Planung und Entwicklung einer Einrichtung über alle Arbeitsbereiche und -ebenen und bedient sich dabei in der Wirtschaft und der Sozialplanung entwickelter Instrumente.

Argument 2: Verbesserung der Kooperationsbeziehungen zwischen sozialen Einrichtungen und die Einbeziehung der sozialen Organisationen in die regionale Sozialplanung

Ein qualifiziertes Management in sozialen Organisationen hat eine wichtige Aufgabe zu übernehmen, die die in der Arbeit mit Klienten steckenden Sozialarbeiter wegen des dafür erforderlichen Zeitaufwands nicht übernehmen können, jedenfalls nicht in der dafür notwendigen Qualität: mit systematischer Entwicklung, Pflege und Intensivierung der Zusammenarbeit mit anderen sozialen Organisationen, Dienstleistungsagenturen, Behörden und Selbsthilfegruppen, die für die Erfüllung ihrer Arbeit wichtig sind. Das gilt insbesondere auch für die regionale Sozialplanung und für die kommunalpolitischen Gremien, Parteien und Anwohner bestimmter Einrichtungen, die auf deren Toleranz angewiesen sind, denn hier werden die Rahmenbedingungen für die Arbeit jedes einzelnen Sozialarbeiters mitbestimmt. Selbst einzelne Einrichtungen, wie beispielsweise Unterkünfte für Asylbewerber oder Jugendhäuser, die – sagen wir es ehrlich – auf Nachbarn verunsichernd bis störend wirken können (sei es durch lebhaftere fremde Lebensweisen oder durch Lärmemissionen bei Disco-Abenden in Jugendhäusern, die beinahe alle baulich für solche Nutzung nicht geeignet sind und zudem oft nur wenige Meter von Wohnanlagen entfernt liegen), müssen diese Aufgabe systematisch wahrnehmen.

In den Niederlanden haben Jugendzentren oft einen „Walking-Around-Manager", mit der Aufgabe, mit allen Anwohnern, allen anderen sozialen Einrichtungen, mit dem Jugendgericht und der Polizeistation ständig und systematisch guten Kontakt zu halten und für Verständnis und Akzeptanz der Einrichtung und der Klienten zu werben. Dazu gehört zuallererst die fachlich einwandfreie Information über die Arbeit, die Klientel und betriebsbedingte, nicht immer vermeidbare Beeinträchtigungen der gewohnten Alltagsroutine. Um keine Missverständnisse aufkommen zu lassen: Wir sind der Meinung, dass gewisse Beeinträchtigungen der gewohnten Lebensweise von Bürgern, also auch von den Nachbarn sozialer Einrichtungen akzeptiert oder doch zumindest hingenommen werden müssen, weil es die Humanität gebietet, dass wir als Gesellschaft randständige Gruppen, z. B. unterprivilegierte Jugendliche, Behinderte oder Menschen, die in Deutschland Asyl suchen, unterstützen.

Völlig unakzeptabel ist es jedoch, Asylbewerber in menschenunwürdigen Unterkünften unterzubringen, die eine die Nachbarn störende Lebensweise erzwingen, indem durch Überfüllung und unzureichende sanitäre Anlagen hygienisch unhaltbare Zustände erzeugt werden. Völlig unakzeptabel ist es weiterhin, wenn Asylbewerber unzureichend sozial betreut werden, so dass sie die ihnen fremde Lebensweise und Kultur nicht verstehen lernen. Hinzu kommt, dass oft auch keine systematische antirassistische und interkulturelle Sozialarbeit mit den Anwohnern betrieben wird, um ihnen die fremden Lebensweisen und Kulturen der Asylbewerber näher zu bringen. Dies gilt auch für die Vermittlung möglicher Fluchtgründe nach Deutschland, die man durch Informationen über Lebensumstände in deren Heimatländern vermitteln kann. Leider ist die sozialarbeiterische Begleitung von Asylbewerbern nur in seltenen Fällen ausreichend gesichert. Die Arbeit mit Einwanderern und deren ortsansässiger Umgebung hat in anderen europäischen Städten (z. B. in Amsterdam) bereits sehr gute Erfolge verzeichnet. Diese Arbeit muss sicher auch von den einzelnen Sozialarbeitern geleistet werden. Sozialmanagement hat sicherzustellen, dass diese Aufgabe des „Walking-Around-Management" planvoll wahrgenommen wird und dass die Arbeitsbedingungen der Mitarbeiter so gestaltet werden, dass sie an dieser Aufgabe teilnehmen können.

Argument 3: Innovationsfähigkeit herstellen und erhalten

Die Liste verkrusteter sozialer Organisationen ist endlos. Da stimmen die Ziele nicht mehr mit den Erfordernissen der Arbeit überein. Aus Ehrenamtlichkeit entstandene Organisationen konservieren überkommene Strukturen. „Funktioneller Dilettantismus" beeinträchtigt immer noch die Arbeit vieler „Freier Träger", besonders dann, wenn ideologische Vorgaben über Fachlichkeit gesetzt werden. Es werden Leitungspositionen nicht mit dafür qualifizierten Fachleuten, sondern nach verbandlichen oder politischen Gesichtspunkten besetzt. Falsche Personalplanung (Rücksichten!), Entmutigung der Mitarbeiter durch unangemessenes Hineinreden, fachlich falsche Entscheidungen, finanzieller Bankrott u. v. m. sind weitere Gründe für die Notwendigkeit von Sozialmanagement. Ganz entscheidend ist hierbei jedoch, dass nur solche Systeme überlebensfähig bleiben, die lernfähig sind, die den sich wandelnden Anforderungen und Problemen mit angemessenen neuen Organisationsstrukturen, Konzepten und Methoden begegnen können. Salopp gesagt: Viele Träger und Einrichtungen Sozialer Arbeit sind eigentlich längst tot, sie merken es nur nicht. Eine „tote" Einrichtung ist eine, die nicht gemerkt hat, dass ihre Klientel längst andere Bedürfnisse entwickelt hat, als durch sie realisiert werden können.

Gerade angesichts der neuen Diskussion um Soziale Arbeit als Dienstleistungsangebot und des Wandels der Klientel zu „Kunden" ist eine Umorientierung der Träger und ihrer sozialen Dienste dringend erforderlich, wenn nicht sogar überlebensnotwendig. Neues Stichwort in der Sozialen Arbeit: Kundenorientierung!

Geringe Flexibilität zeigen die „Freien Träger" zudem bei der Zusammenarbeit mit kleinen, aus der Selbstorganisation von Klienten oder Sozialarbeitern hervorgegangenen Einrichtungen und Trägern. Eine 1991 veröffentlichte Untersuchung stellte den großen etablierten Trägern hierüber ein schlechtes Zeugnis aus. Anstatt mit den zuletzt genannten zusammenzuarbeiten und deren innovatives Potenzial zu nutzen, wurden von den Forschern überwiegend Abgrenzung und Konkurrenz zu Selbsthilfegruppen festgestellt. Entgegen öffentlicher Verlautbarungen wurden deren Aktivitäten abgewertet. Die Autoren sprechen von einem „Non-Verhältnis". Nicht nur die neue Professionalität (vgl. „Neue Fachlichkeit"), sondern auch die praktische Erfordernis im Interesse von Klienten würde eigentlich eine Zusammenarbeit erfordern.[6]

Kommunale Träger Sozialer Arbeit sind in dieser Frage nicht immer aufgeschlossener und damit innovationsfähiger. Hier hängt es ganz entschieden von lokalen und kommunalpolitischen Besonderheiten ab, inwieweit neue Kooperationsformen zwischen der etablierten Sozialarbeit und Selbsthilfe-Initiativen bestehen. Es gibt Anzeichen dafür, dass diese auf unterer Ebene wachsen, was allerdings auch für einzelne soziale Dienste „Freier Träger" vor Ort gilt.

Sozialmanagement muss durch ständige Beobachtung sozialer Entwicklungen und Herausforderungen, auch seitens der Mitarbeiter, in systematischer Weise die Voraussetzungen dafür schaffen, dass die Innovationsfähigkeit der Organisation hergestellt wird und erhalten bleibt.

Argument 4: Personalplanung und Personalführung

Die Qualität der geleisteten Arbeit hängt ganz wesentlich auch davon ab, welche Mitarbeiter mit welchen Qualifikationen welche Aufgaben übertragen bekommen und wie ein produktives Arbeitsklima hergestellt werden kann, in dem die Mitarbeiter ihre Handlungskompetenzen voll entfalten können. Hierzu gehört auch die Aufgabe der Erhaltung, Wiederherstellung und Erneuerung der Arbeitsmotivation, die gerade in sozialen Berufen immer äußerst problematisch und gefährdet ist.

Wenn man die Stellenanzeigen für soziale Berufe analysiert, so wird man feststellen, dass diese oft zu wenig wichtige Informationen für die Bewerber enthalten, häufig viel zu vage bleiben und teilweise völlig unsinnige Qualifikationsanforderungen enthalten. Potenzielle Bewerber erfahren zu wenig über die Arbeit, die sie erwartet, fast nichts über die Personalausstattung. Oft werden von ihnen nur Engagement und Durchhaltevermögen oder Bereitschaft zur Wahrnehmung ungünstiger Arbeitszeiten (wie bei der Tätigkeit in Heimen oder in der Jugendarbeit) gefordert, manchmal „Erfahrungen" im Arbeitsbereich. Dann kommt es plötzlich vor, dass in irgendeinem Allgemeinen Sozialen Dienst (ASD) einer Kommune (früher „Familienfürsorge" genannt) eine Zusatzausbildung in Familientherapie gefordert wird, eine fachliche Unsinnigkeit, die auf völlige Ahnungslosigkeit in methodischer Sozialarbeit schließen lässt, besonders angesichts der im ASD herrschenden Arbeitsbedingungen. Kurz: Die Personalplanung muss professioneller werden.

Und dies gilt in gleichem Maße für das Management des Betriebsklimas und der Personalführung. Es geht hier um die geplante und systematische Herstellung einer Organisationskultur, wie sie in gut arbeitenden Abteilungen der Wirtschaft bereits besteht. Dort gilt, wie im Bereich sozialer Non-Profit-Organisationen, dass Arbeitsqualität und -leistung steigen, wenn Mitarbeiter besser zusammenarbeiten, wenn ihre Leistung honoriert wird und wenn ihre innovativen Initiativen und Ideen von der Leitung wohlwollend aufgenommen und gewürdigt werden.

Argument 5: Verbesserung der Effizienz der Einrichtung und der Effektivität der Arbeit

Gegen diese Aufgabe des Sozialmanagements besteht bei den Angehörigen der sozialen Berufe der größte Vorbehalt. Ist es nicht unmoralisch, „von ganzem Herzen kommende Hilfe" nach ökonomischen Gesichtspunkten zu betrachten?

Sollten Sozialarbeiter nicht Samariter mit caritativem Engagement sein, die selbstlos helfen, die entweder nach dem irdischen Leben oder nur durch die Zuneigung der Klienten belohnt werden? „Dienen anstatt Verdienen" heißt es in caritativen Organisationen. Dies erfordert von Angehörigen der sozialen Berufe die Bereitschaft, sich bis zum Ausbrennen für die tätige Nächstenliebe aufzuopfern, ohne Feierabend und Privatsphäre, die den Klienten jederzeit offen steht. In der Wohnung der Sozialarbeiter könnten dann obdachlose Klienten übernachten.

Ein demokratisch gesinnter, weltoffener Normalbürger würde bei diesem Gedanken erschaudern, erst recht Kollegen, die an der Professionalisierung ihres Berufsstandes Interesse haben. Schließlich wissen wir, dass gutgewollte und mit großer Nächstenliebe betriebene soziale Arbeit auch das Gegenteil bewirken kann, nämlich eine sehr unmenschliche Bevormundung und Klientifizierung in Abhängigkeit von den „Wohltaten". Ein Beispiel hierfür mag die Essenausgabe für Nichtsesshafte sein, bei der vor dem Essen zum Beten angehalten wird. Das Gegenteil ist das auch von einer Kirche organisierte Restaurant, in dem eine einfache, aber schmackhafte und zu niedrigen Preisen abgegebene Verpflegung für wenig Verdienende angeboten wird. Hier wird die Menschenwürde der Betroffenen nach den Umständen weitgehend gewahrt.

Die Soziale Arbeit muss vom rein caritativen Denken Abschied nehmen, sonst werden ältere Kollegen selbst zu Klienten gemacht und tragen erheblich selbst dazu bei. Sozialarbeit muss sich angesichts engerer Finanzrahmen auch ökonomischen Argumenten öffnen. Der

Generalsekretär der Caritas der Erzdiözese Wien, Raimundt Badelt, hat dazu Folgendes geäußert:

„Ich glaube, dass der Non-Profit-Bereich so groß und so wichtig ist, dass er es sich selbst und seiner Verantwortung gegenüber der Gesellschaft schuldig ist, auch in wirtschaftlichen Kategorien zu denken und dies zu forcieren. Wenn man es nicht tut, bringt man sich selbst in Schwierigkeiten und vergeudet Mittel, die für Randgruppen da sein sollten. Um es überspitzt im religiösen Kontext zu sagen: Eine Sünde der Wirtschaft, auch von Sozialeinrichtungen, kann auch die Unwirtschaftlichkeit sein."[7]

Diese Aufgeschlossenheit gegenüber wirtschaftlichen Argumenten sollte man erst recht von den Sozialarbeitern erwarten dürfen, die für bessere Arbeitsbedingungen und Bezahlung eintreten. Wird nämlich Soziale Arbeit als ein System sozialer Dienstleistungen in einer demokratischen Gesellschaft verstanden, dann ist es nicht nur legitim, für ordentliche (Dienst-)Leistungen auch eine ordentliche Bezahlung zu erwarten, die für Absolventen einer insgesamt viereinhalbjährigen Ausbildung nach einem längeren Schulbesuch angemessen wäre.

Zum Finanzaufkommen für Soziale Arbeit tragen alle Mitglieder unserer Gesellschaft bei, einige mehr, andere weniger. Aber dies ist für die Argumentation unerheblich. Auf mitunter sehr verschlungenen Wegen tragen auch die Klienten der Sozialarbeit trotz ihrer Armut und ihres eventuellen Angewiesenseins auf Sozialhilfe zur Finanzierung der Sozialen Arbeit bei. Wer angemessen entlohnt wird, sollte also auch zu bester Qualität und Quantität an Service verpflichtet werden.

Deshalb müssen folgende Fragen gestellt werden:

- Was bewirkt Soziale Arbeit, was leistet sie?
- Wie geht sie mit den überwiegend öffentlich beschafften Mitteln um?
- Welche Qualität und Quantität (an Leistungen) erbringt sie für ihre Klientel?
- Was tragen einzelne Sozialarbeiter oder Teams zu dem Dienstleistungsangebot bei?
- Entsprechen die vorhandenen Mittel, die bestehende Organisationskultur, die Kompetenzen und Qualifikationen der Mit-

arbeiter einer sozialen Einrichtung den gegenwärtigen und neuen Anforderungen an eine professionelle Praxis?

- Ist eine angemessene Reflexion der Praxis sowie Fort- und Weiterbildung gewährleistet?
- Wird von der Einrichtung effektive Öffentlichkeitsarbeit geleistet?[8]

Diese Fragen gehören nach unserer Meinung zur Klärung, was unter Effektivität von Einrichtungen im Non-Profit-Bereich zu verstehen ist. Auch die unter Sozialarbeitern weit verbreitete These von der angeblichen Nicht-Überprüfbarkeit der Praxis Sozialer Arbeit und ihrer Ergebnisse – eine Voraussetzung der Effizienzprüfung – ist eher als Schutzbehauptung der Sozialarbeiter anzusehen, die Angst haben, dass ihnen mangelnde Wirksamkeit ihrer Arbeit vorgeworfen wird. Im entsprechenden Kapitel werden wir uns gesondert mit der Frage der Evaluation oder Überprüfung von Arbeitsergebnissen Sozialer Arbeit auseinander setzen und den Nachweis erbringen, dass dies bei realistischer Zielsetzung, professioneller Methodenwahl und fachlicher Begründung sehr wohl möglich ist.

Was immer gegen die Wirtschaft von der Seite Sozialer Arbeit einzuwenden ist: Es gibt kaum so viel schlechtes Personalmanagement und Selbstausbeutung von Mitarbeitern mit lächerlichen materiellen Gegenleistungen und weitgehend noch ohne wirkliche Karriere-Chancen wie in der Sozialen Arbeit. Die Soziale Arbeit trägt selbst kräftig mit dazu bei. Warum wird nicht auch in der Sozialen Arbeit der Anreiz besserer Entlohnung und Ausstattung der Arbeitsplätze sowie besserer Aufstiegsmöglichkeiten genutzt, wenn sich solche Maßnahmen für nachweislich bessere Dienstleistungen bei vielleicht gleichem Finanzaufwand auswirken?

Sozialmanagement stellt diese Fragen zudem nach den eingemachten Tabu-Bereichen der Sozial-Branche. Eine ketzerische Frage: Was ist daran verwerflich, wenn Lean Management dazu führt, dass vier besser bezahlte, ausgestattete und damit motivierte Sozialarbeiter, mit effizienterer Arbeitsorganisation und Methodik eine größere Qualität und Quantität an Service für die Klienten erbringen als es fünf schlecht bezahlte, überarbeitete, weil ineffizient überaktive Sozialarbeiter tun können, die auch noch Dankbarkeit der Klienten erwarten als Belohnung und Ersatz für angemessene Bezahlung? Auch die Gewerkschaften müssen umdenken. Starre Tarifpolitik ohne fachliche Kompetenz kann der Sozialen Arbeit nicht gerecht werden.

Aber zurück zur engeren Fachdiskussion: Selbst unter Beibehaltung des bestehenden Tarifrahmens ist es möglich, innovative Reorganisation der Einrichtung zu betreiben und vorhandene Mittel umzuverteilen (etwa bei Einsparung einer Stelle die anderen übertariflich besser auszustatten). Wer weiß, wie viele Einrichtungen gerade in der Jugendarbeit völlig vernachlässigt sind, wie hoch die Fluktuation ist und wie viele unbesetzte Stellen in diesem Berufsfeld existieren, der wird hier, wie auch in anderen besonders belastenden Arbeitsfeldern („coal-face-social work") für besondere Maßnahmen eintreten.

Betriebsinterne Reorganisation und entsprechende aufgabenbezogene Lohngestaltung sind Aufgabe des Sozialmanagements und können schneller realisiert werden als allgemeine Tarifverbesserungen. Die Erfahrungen aus anderen Branchen zeigen aber auch, dass übertarifliche Regelungen in vielen Betrieben Einfluss auf die Tarifpolitik haben können. Gerade im Bereich der notwendigen Effektivitäts- und Effizienzsteigerung, die den Klienten zugute kommt, liegt die Notwendigkeit des Managements sozialer Organisationen auf der Hand. Letztlich lautet unsere Position: Ohne die Einführung von Managementfunktionen und entsprechend qualifizierter Sozialarbeiter (nicht nur in der Leitungsebene), die Sozialmanagement verstehen und Selbstmanagement betreiben, wird eine wirkliche Professionalisierung der Sozialen Arbeit nicht erfolgen.

4. Gefahren des Sozialmanagements

Dabei gilt es jedoch auch auf Gefahren hinzuweisen, die mit dem Boom des Sozialmanagements verbunden sind.

Sozialmanagement als Mittel zur Machtausübung

Sozialmanagement muss für die Klienten effektiv verbesserte Dienstleistungen auch wirklich erbringen und darf nicht das Hobby von Leitungsfunktionären werden, die über Sozialmanagement ihre Machtpositionen ausbauen. Dieser Zuwachs an Dienstleistungen für die Betroffenen muss nachgewiesen werden oder das Leitungsmanagement verliert seine Legitimation.

Sozialmanagement als bloße Technokratie

Sozialmanagement muss alle Handlungsebenen einer sozialen Organisation erfassen, es muss bis in die Konzeptarbeit und die methodische Praxis der Mitarbeiter reichen, es muss eine fachlich ausgewiesene professionelle Praxis ermöglichen, sonst wird es bloße Technokratie. Dies setzt eine enge Klammer zwischen der Ebene der konkreten Dienstleistungsproduktion und den verschiedenen Leitungsebenen voraus.

Um die Kommunikationsbedingungen herzustellen, müssen Leitungsangehörige nicht nur wissen, mit welchen Problemen und mit welchen Zielsetzungen die Sozialarbeiter arbeiten, sondern müssen auch über die fachlich ausgewiesenen Arbeitsmethoden Bescheid wissen. Umgekehrt müssen auch die unmittelbaren Dienstleistungsproduzenten etwas von Management (auch Selbstmanagement) verstehen, damit eine Organisation mit Beteiligung der Sozialarbeiter geführt und innovative Prozesse auf breiter Grundlage (Organisationsentwicklung) durchgeführt werden können. Und die kann, wenn sie längerfristige Wirkung haben soll, auch eine gewisse Teilung der Leitungsmacht bedeuten. Dies erst wäre die Grundlage für die Herausbildung einer Corporate Identity unter den Mitarbeitern.

Sozialmanagement zur Einsparung von Finanzmitteln

Sozialmanagement darf nicht zur bloßen Einsparung von Mitteln der Einrichtung benutzt werden, wenn darunter die für die Klienten erbrachten Dienstleistungen leiden. Bei aller gebotenen Sparsamkeit im Einsatz von Mitteln ist so manche wirkliche Effektivitätsüberlegung nicht nur am Output einer konkreten Einrichtung zu messen. Was sich gerade bei eher präventiv wirkender Sozialarbeit kurzsichtig als zu aufwendig darstellt, kann in einen weiteren Rahmen gestellt erhebliche gesellschaftliche Kosten nicht nur im finanziellen Bereich einsparen helfen. Ein höherer Aufwand bei Maßnahmen, die verhindern, dass beispielsweise Jugendliche ins Gefängnis müssen (sozialpädagogische Sondermaßnahmen wie Wüstentrekking und Segeltörns), kann, wenn die Maßnahmen konzeptionell fachlich eingebettet sind, langfristig auch Finanzmittel einsparen helfen. Diese Langzeitwirkungen müssen jedoch beobachtet und evaluiert werden.

Sozialmanagement als Veranstaltung für die Führungsebene

Sozialmanagement-Qualifikationen dürfen nicht nur in teuren Fortbildungsseminaren für Leitungsfunktionäre vermittelt werden, bei denen allein schon wegen des hohen Kostenaufwands Spitzenfunktionäre weitgehend unter sich bleiben. Sie müssen – wenn unsere Einschätzung richtig ist, dass Reorganisationsprozesse wirksamer mit dem Konsens der Betriebsangehörigen durchzuführen sind – auch für Sozialarbeiter mit Normaleinkommen erschwinglich sein. Sonst wird auch die inhaltliche Ausrichtung des Sozialmanagements nicht an der wirklichen Dienstleistungsproduktion der sozialen Einrichtung geschehen und damit zu einer eher undurchschaubaren Veranstaltung für karrieresüchtige Manager. Hier müssen vermehrt Fachhochschulen Weiterbildungs-Studiengänge anbieten.

Aufgabenorientiertes Management in sozialen Einrichtungen

2

1. Begriffsklärung

Zunächst wollen wir eine Begriffsklärung vornehmen. Dies ist wichtig, da wir uns zum einen zwischen Fach- und Alltagssprache bewegen, zum anderen, weil es sich bei „Management", wie bei der Sozialarbeit, um eine interdisziplinäre Angelegenheit handelt, bei der Erkenntnisse und Methoden unterschiedlicher Sozial- und Wirtschaftswissenschaften problemorientiert zusammengeführt werden. Sowohl beim Management als auch bei der Sozialen Arbeit handelt es sich um Bereiche praktischen Handelns, die einen handlungstheoretischen Erklärungsrahmen brauchen. Es ist für beide ein handlungswissenschaftliches Konzept zu entwickeln, das praxisbezogene Forschung und innovative Entwicklung der Gegenstandsbereiche ermöglicht.

Dabei gilt es drei Fragen zu beantworten:

- die Frage nach dem Selbstverständnis
- die Frage nach dem Verhältnis zu anderen Wissenschaften
- die Frage nach den eigenständigen Arbeitsmethoden

Da wir an dieser Stelle keine Begründung für die Eigenständigkeit der Management-Disziplin und der Sozialen Arbeit erörtern wollen, beschränken wir uns darauf, wichtige aus Nachbardisziplinen übernommene Begriffe zu erläutern und gleichzeitig Regeln anzugeben und zu definieren, nach denen die aus den jeweiligen Wissenschaftsdisziplinen abgerufenen Erkenntnisse und Methoden im Management und in der Sozialen Arbeit zusammengeführt werden können. Wenn irgend möglich, werden wir nahe an der Alltagssprache bleiben, jedoch dort, wo es den Lesern nachvollziehbar ist, die Fachsprache benutzen.

„Non-Profit-Unternehmen"

Soziale Einrichtungen werden in der Management-Fachsprache als„Non-Profit-Unternehmen" bezeichnet, wenn sie nicht erwerbswirtschaftlich bestimmt sind, sondern bedarfswirtschaftlich.[1] Die größeren Träger, wie z. B. die Arbeiterwohlfahrt, werden „Non-Profit-Organisationen" genannt. Diese Bezeichnungen stammen aus der Betriebswirtschaft. Der eigentlich soziologische Organisationsbegriff würde für beide gelten. Einrichtungen sind Organisationen und Träger sind Dach-Organisationen. Wir werden das eine „Träger" und das andere „Einrichtung" nennen und beides als Organisation bezeichnen. Wir bezeichnen die konkrete Einrichtung, wie beispielsweise einen bestimmten „Allgemeinen Sozialen Dienst" (ASD) oder eine Drogenberatungsstelle soziologisch als Organisation oder betriebswirtschaftlich als Unternehmen. (Einrichtungen der Sozialen Arbeit, wie Jugendämter, Sozialpädagogische Familienhilfen [SPFH] und andere Einrichtungen, die Hilfen zur Erziehung anbieten, werden in der soziologischen Fachsprache als „Organisationen" bezeichnet. Der umgangssprachliche Begriff „Institution" wird hierfür falsch gebraucht. „Institution" bezeichnet historisch verfestigte gesellschaftliche Handlungsmuster und Gebräuche. So ist z. B. „Ehe" eine Institution oder allgemein „Schule", „Gerichtsbarkeit". Eine konkrete Schule hingegen ist eine Organisation. Wir halten an dieser Unterscheidung fest, obwohl auch in der Fachliteratur der Sozialen Arbeit hier eine unzulässige Verwischung der Begriffe stattfindet.)

Soziale Dienste werden nun in Organisationstypen ganz unterschiedlicher Art angeboten. Im vieldiskutierten „Wohlfahrtsmix" von „Staat" und „Markt"[2] ergeben sich auch im Bereich der „Moralunternehmen"[3], wie soziale Dienstleistungsbetriebe auch genannt werden, Mischformen aus Profit- und Non-Profit-Organisation:

- Reine Non-Profit-Organisationen mit einem staatlichen, meist kommunalen Träger, wie der Allgemeine Soziale Dienst, die Jugendämter, städtische Altenheime usw.
- Reine Non-Profit-Organisationen, die von einer öffentlich-rechtlichen Körperschaft (z. B. Versicherungsträger) unterhalten werden, wie beispielsweise Müttergenesungsheime
- Reine Non-Profit-Organisationen eines großen „Freien" Trägers oder Verbandes (Arbeiterwohlfahrt, Caritas, Deutsches Rotes Kreuz etc.)
- Reine Non-Profit-Organisationen, die von aus Selbsthilfegruppen entstandenen, gemeinnützigen Vereinen, also kleinen Freien Trägern, unterhalten werden (Kinderläden, Klein-Heime usw.)
- Misch-Typen von Profit- und Non-Profit-Organisationen: wenn Sport-, Karnevals- und andere Vereine in einigen Bereichen profitorientiert arbeiten oder wenn Profi-Fußballvereine Sozialarbeiter als Fan-Berater einstellen
- Reine Profit-Unternehmen in der Sozial-Branche (wie die oben genannten Serviceleistungen für Kinder und Alte)

Zimmer spricht von „intermediären Hilfe- und Dienstleistungsorganisationen" zwischen Staat und Markt und nennt sechs Typen:

- staatliche/kommunale Wirtschaftsbetriebe
- (Selbsthilfe-)Gruppen
- Vereine
- Soziale Verbände
- Sozialbetriebe/Soziale (Dienstleistungs-)Einrichtungen
- „Moralunternehmen"

In unseren weiteren Ausführungen beschränken wir uns auf Non-Profit-Organisationen in der Sozialbranche, die dort den größten Teil der Leistungsanbieter ausmachen. Wir haben über Widerstände gesprochen, die bei Mitarbeitern gegenüber dem Management auftreten. Dabei ist auch die Neigung anzusprechen, wirtschaftliche Argumente von sich wegzuschieben, da sie angeblich mit humanen und sozialen Dienstleistungen nicht vereinbar seien. Wenn man diese Mitarbeiter für wirtschaftlichere Organisationsentwicklungen gewinnen will, sollte man zuforderst die Verbesserung der Qualität der Dienstleistungen für die Klienten im Auge haben, dies auch vermitteln und dann davon sprechen, dass die eingesetzten Mittel auch wirtschaftlich verwendet werden müssen.

Ein sehr gutes Beispiel ist das Projekt „Klippo" in Bremerhaven.[4] Hier wurde eine Sozialraumbudgetierung unter fachlichen sozialarbeiterischen Gesichtspunkten eingeführt. Sozialarbeiter des ASD Leherheide Nord in Bremerhaven und eines freien Trägers, der flexible Hilfen anbietet, bildeten stadtteilbezogene Jugendhilfe-Teams, die jeweils ein bestimmtes Budget zur Verfügung haben, das sie nach fachlichen Kriterien über alle kameralistischen Grenzen hinaus für ihre Arbeit einsetzen können. Wenn z. B. eine alleinerziehende Mutter mit mehreren Kindern in Stress gerät und Unterstützung braucht, dann können die Klippo-Teams ohne bürokratische Hindernisse Mittel einsetzen, um eine passende Hilfe zu organisieren, z. B. eine „Oma kaufen", d. h. eine Nachbarin dafür bezahlen, dass sie der alleinerziehenden Mutter hilft. Das Projekt wird evaluiert und zeigt beachtliche Erfolge. Es hat sich auch gezeigt, dass nach fachlichen Gesichtspunkten eingesetzte Mittel von den Sozialarbeitern sparsamer als vorher eingesetzt werden, weil sie sich überlegen, wie sie die Mittel effektiv und effizient einsetzen.[5] Überschüssige Mittel können im Folgejahr oder für neue präventive Projekte eingesetzt werden. Weil die Qualität der Dienstleistungen für die Klienten mit Hilfe der neuen Steuerung verbessert wurde, konnten auch bei langjährigen Kollegen Widerstände beseitigt werden.

2. Neue Herausforderungen für die Sozialbranche

Organisationen im sozialen Dienstleistungssektor sind zunehmend neuen Herausforderungen gegenübergestellt. Sie müssen sich also angemessen weiterentwickeln. Strunk[6] spricht von einer Modernisierungskrise der Non-Profit-Organisationen. Sie müssten sich zukunftsgerichtet verändern, sonst würden sie ihrem Auftrag nicht mehr gerecht werden. Dann werden sie bei zunehmender Finanzknappheit und Veränderungen der politischen Rahmenbedingungen nicht weiterbestehen können: Wie viele Träger und Einrichtungen der Sozialbranche sehen derzeit ihre Arbeit und ihren Bestand (was für sie mindestens genauso wichtig ist) gefährdet, weil die Stellen der Arbeitsbeschaffungsmaßnahmen (ABM) zu Gunsten des Einsatzes von Arbeitslosen nach Hartz IV gekappt werden? Große Sorge bereiten auch die derzeitigen Erwägungen, die Wehrpflicht und damit auch die Zivildienstpflicht abzuschaffen. Die Möglichkeit, die Zivildienstleistenden für ein Taschengeld ernsthafte Arbeit verrichten zu lassen, was man durchaus als Ausbeutung der Arbeitskraft bezeichnen kann, würde somit entfallen.

Die Beispiele belegen die Notwendigkeit, dass sich Non-Profit-Unternehmen veränderten gesellschaftlichen Bedingungen anpassen müssen. Die Herausforderungen für Träger und Einrichtungen der Sozialbranche, die ein zukunftsorientiertes Management, also Controlling erfordern, fassen wir zusammen:

- Es entwickeln sich Selbsthilfe-Gruppen, auf die die etablierten Träger und Verbände sich sowohl in ihren Organisationsstrukturen als auch in der Qualität ihrer Dienstleistungen einstellen müssen, wenn sie nicht ins Abseits geraten wollen. Dass sie dies in zu geringem Maße leisten, haben Oliva, Oppl und Schmidt[7] bereits Anfang der 90er Jahre nachgewiesen. Wenn Träger und Verbände nicht angemessen auf Selbsthilfeinitiativen reagieren, geraten sie immer stärker – auch in der Öffentlichkeit – in Widerspruch zur anerkannten Forderung der Sozialen Arbeit, der „Hilfe zur Selbsthilfe", die die meisten Träger als Leitspruch propagieren. Gerade die „Freien Träger" verdanken diesem Gedanken ihre Existenz.

- In weiten Bereichen entwickelt sich demgegenüber aufgrund zunehmender Individualisierung eine Tendenz zur Aufkündigung moralischer Bindungen, zum Beispiel Pflege- und Unterhaltsbereitschaft innerhalb von Lebensgemeinschaften und Generationen. Eine Folge: eine Zunahme an öffentlichen und privaten Einrichtungen zur Versorgung und zur Pflege von Alten und Behinderten sowie für Erziehungshilfen bei Kindern verlassener Lebensgefährten und „Scheidungsweisen".
- Die Bevölkerungsentwicklung verschärft dieses Problem quantitativ und qualitativ. Neben der gewaltigen Zunahme alter und hilfsbedürftiger Menschen in unserer Gesellschaft wird auch deren Betreuung durch Angehörige zunehmend schwieriger, zumal fast alle Rahmenbedingungen zur Betreuung alter Menschen in der Familie (geeignete Wohnungen, finanzielle Absicherung, ausreichend ambulante Dienste zur Unterstützung der Pflegenden, Arbeitsplätze, die auf die Pflege von Angehörigen durch Beschäftigte Rücksicht nehmen etc.) fehlen. Die längeren Lebenszeiten erfordern erhebliche Einschränkungen und Pflegearbeiten auf längere Zeit. Diese Entwicklung bedeutet eine zunehmende Nachfrage nach Versorgungs- und Pflegeplätzen in den Einrichtungen der freien und öffentlichen Wohlfahrtspflege.
- Da deren Leistungen immer teurer werden und die erworbenen Unterhaltsansprüche nicht ausreichen, um sie abzudecken, entsteht ein immer stärkerer Druck auf Effektivierung und Kostenminimierung.
- Unter Druck geraten die großen Träger der Sozial-Branche auch durch die zunehmende Konkurrenz privat-wirtschaftlich organisierter Einrichtungen, die sich stärker am Markt ausrichten. Um auf diese neuen Anforderungen angemessen zu reagieren, müssen bei Trägern und Einrichtungen Erneuerungen in Gang gesetzt werden, die mit zukunftsorientiertem Management, dem Controlling, gelöst werden müssen.

Controlling als Form der Unternehmensplanung

Controlling ist ein Managementbereich, der darauf angelegt ist, die Zukunftsfähigkeit einer Organisation zu sichern. Es handelt sich also um eine Form der Unternehmensplanung und -weiterentwicklung, und zwar unter Mithilfe aller Organisationsmitglieder. Controlling ist also keinesfalls mit Kontrolle gleichzusetzen. Meist von der Leitungsebene in Angriff genommen, kann zukunftsgerichtetes Controlling nur dann wirksam werden, wenn die Mitarbeiter einer sozialen Einrichtung aktiv mitwirken. Hierbei wird die Zukunftsfähigkeit des Unternehmens abgesichert. Folgen von gegenwärtigen Entscheidungen werden simuliert. Aus der Einschätzung zukünftiger Entwicklungen werden dabei Folgerungen für die heute zu treffenden Entscheidungen entwickelt.

Controlling hat auch die Aufgabe der gegenseitigen Abstimmung aller personellen und materiellen Ressourcen und bereitet damit auch konkrete Entscheidungen der Unternehmensleitung vor. Es setzt eine Führung voraus, die bereit ist, Mitarbeiter an Entscheidungen zu beteiligen und Verantwortung zu delegieren. Es wirkt im operativen und im strategischen Bereich der Unternehmensführung.

Instrumente des Controlling sind im Bereich der Finanzen betriebswirtschaftlicher Art: Berichte und Analysen über die Entwicklung des Budgets, aufgeschlüsselt nach Kostenstellen, Kostenarten und Budgetvorgaben zur Liquiditätssteuerung. Im Bereich der Arbeitsleistungen werden Durchlaufstudien betrieben. Im Bereich der Zukunftsplanung werden Plan- und Entscheidungsspiele eingesetzt. Diese weite Auffassung von Controlling ist nicht in erster Linie auf finanzwirtschaftliche Aspekte ausgerichtet.

Wir warnen ausdrücklich davor, diese Managementaufgabe nur zur Verbesserung der Wirtschaftlichkeit von sozialen Organisationen einzusetzen, wie dies – folgt man den Berichten in einschlägigen Fachzeitschriften – überwiegend geschieht. Die Frage der Wirtschaftlichkeit sozialer Organisationen ist wichtig und es müssen hier Verbesserungen erreicht werden. Entscheidend ist dabei, dass die Qualität der Dienstleistungen für die Betroffenen zumindest erhalten bleibt oder besser noch erhöht werden kann.

Controlling, verstanden als funktionsübergreifendes Steuerungsinstrument zur Abstimmung von Planung, Kontrolle und Information, das sich nicht auf den engeren wirtschaftlichen Aspekt beschränkt, das auch nicht als bloßes Instrument zum Krisenmanagement eingesetzt wird, kann sich nicht nur auf das Rechnungswesen beschränken, sondern benötigt ein umfassendes Konzept, das nicht nur „Operatives Controlling", sondern auch „Strategisches Controlling" beinhaltet:

- Operatives Controlling bedeutet: die Analyse und Verbesserung der Arbeit eines Unternehmens auf der Grundlage bestehender Planungen, Strukturen und Arbeitsweisen durch Planung, Kontrolle sowie der Information

- Strategisches Controlling heißt: Unternehmensentwicklung und Zukunftsplanung im Hinblick auf gewünschte Zielzustände

Beide Typen des Controlling sind sowohl auf quantitative als auch auf qualitative Gesichtspunkte ausgerichtet. Dies macht deutlich, dass Controlling in sozialen Organisationen immer in Gefahr ist, rein technisch oder wirtschaftlich verstanden zu werden. Dies gilt auch für Sozialmanagement allgemein. Wir behaupten: Controlling als Instrument partizipatorischer Planung zur Verbesserung von Quantität und Qualität und zur Einsparung von Mitteln kann nur dann verantwortungsvoll betrieben werden, wenn es von Sozialmanagern in Angriff genommen und von Mitarbeitern betrieben wird, die:

- einerseits die humanitären Ziele der jeweiligen Einrichtung im Hinblick auf die Dienstleistungen für die Klientel berücksichtigen
- andererseits auch Fachleute für deren inhaltliche Umsetzung in organisatorische, konzeptionelle und methodisch/fachliche Praxis sind

Wir bestehen auf dieser Klammer, die allzu oft vergessen wird. In der Fachliteratur angeführte Beispiele belegen die finanzwirtschaftliche Einseitigkeit. Wir werden dies an einem Beispiel aus der Fachliteratur darstellen, um daran anschließend zu verdeutlichen, wie bei einem zukunftsorientierten Controlling ökonomische und fachliche Aspekte verknüpft werden müssten, um die Kriterien der „Neuen Fachlichkeit" zu berücksichtigen und sich dadurch auch gegenüber der professionellen Sozialarbeit zu rechtfertigen.

Zunächst also das Beispiel als Zitat: „In einem Verband der freien Wohlfahrtspflege hat sich seit der Gründung des Mahlzeitendienstes im Jahre 1980 ein Dienstleistungsangebot entwickelt, dessen zentrale Zielsetzung die Belieferung von Essensteilnehmern mit warmen Mahlzeiten und deren soziale Betreuung ist. Vor zwei Jahren erscheint es der Leitung des Mahlzeitendienstes notwendig, auf der Basis einer Wirtschaftlichkeitsprüfung Reorganisationsmaßnahmen einzuleiten. Gleichzeitig werden Vorschläge zum Fuhrparkmanagement und zur logistischen Gestaltung neuer Touren gefordert. Da man gerade ein Controlling auf Verbandsebene implementiert hat, möchte man als Verbandsmitglied dessen Akzeptanz bei den Mitarbeitern gefördert sehen und beauftragt daher den Controller, die entsprechenden Untersuchungsschritte durchzuführen."[8]

An diesem Beispiel, das wir absichtlich unverändert übernommen haben, lassen sich zwei wichtige Probleme eines verengten Konzepts von Controlling darstellen:

- Das Controlling im Beispiel erstreckt sich nur auf die rationellere Gestaltung des Fahrdienstes und lässt alle Aspekte der sozialarbeiterischen Seite der Dienstleistung außer Acht. Vermutlich lautete der Auftrag an die Unternehmensberatungsgesellschaft nicht anders.
- Die Mitarbeiter werden am Prozess des Controllings nicht beteiligt, der Controller hat nur die Aufgabe, die Akzeptanz der Reorganisation bei den Mitarbeitern zu erhöhen. Abgesehen davon, dass die Beteiligung der Mitarbeiter nur bei der Umsetzung der Pläne gesucht wird, könnte es ja auch sein, dass die geänderten Fahrtrouten eine Verschlechterung der „Betreuung" der alten Menschen bedeutet. Da aber über die Art der Betreuung nichts gesagt wird, bleibt dies im Dunkeln.

Wir werden nun anhand eines anderen Beispiels aufzeigen, wie ein an den fachlichen Anforderungen der Sozialen Arbeit orientiertes Controlling aussehen müsste.

Ein großer Freier Träger im Gesundheits- und Sozialwesen unterhält in einem Kreisverband eine Abteilung Sozialarbeit, die mit insgesamt fünf Fachkräften, einer Praktikantin und einer Verwaltungskraft folgende soziale Dienstleistungen anbietet:

- Hilfen für Aussiedlerfamilien
- Kuren und Erholungsmaßnahmen für Mütter
- Betreuung einer Familien- und Seniorenbildungsstätte
- Aids-Beratung
- Ambulanter Dienst für Schwerstbehinderte, mobiler Hilfsdienst und familienentlastende Dienste

Der zuletzt genannte Bereich ist im Wesentlichen ein Fahrdienst für Schwerstbehinderte und „Essen auf Rädern", also die Auslieferung von in der Stadtküche zubereiteten Mahlzeiten an alte Leute durch 50 Zivildienstleistende. Mit diesen Hilfen soll auch eine „Betreuung" der alten Menschen durch Gespräche und kleine Hilfsdienste im Haushalt erfolgen. Der Auftrag für die Zivildienstleistenden lautet also auch: Mahlzeitenlieferung und soziale „Betreuung". Die Aufgabe von zwei hauptamtlichen Mitarbeitern der Abteilung Sozialarbeit ist die Abstimmung des Einsatzes und der Fahrtrouten der Zivildienstleistenden, die Vermittlung bei Beschwerden und Konflikten zwischen Kunden und Zivildienstleistenden sowie die Beratung und Motivierung der Helfer in regelmäßigen Gesprächsrunden. Die Soziale Arbeit erfolgte ohne ein inhaltliches Konzept und ohne ein ausgewiesenes methodisches Vorgehen.

Ein hauptamtlicher Mitarbeiter, ein Diplompädagoge, sah seine Hauptaufgabe in der Koordination der Dienstleistungen der Zivildienstleistenden, der computergestützten Effektivierung der Arbeit und der Leitung der Einsatzbesprechungen. Eine Sozialarbeiterin hatte die Aufgabe, bei Meinungsverschiedenheiten zwischen den Zivildienstleistenden (Zivis) und den Kunden zu vermitteln und diese bei Schwierigkeiten zu beraten.

Eine Effektivierung der Dienstleistungen ist sicher eine Aufgabe des Controlling. Schließlich bedeutet die Existenz dieses Hilfsdienstes eine ganz erhebliche Unterstützung für viele alte Menschen, die dadurch länger in ihrer eigenen Wohnung leben können. Auch die alltäglichen, wenn auch zu kurzen Gespräche der Zivis mit ihren Kunden können im Einzelfall von großer Bedeutung für die noch relativ unabhängige Lebensbewältigung der alten Menschen sein.

Controlling müsste sich in dieser Organisation auf folgende Bereiche beziehen:

- die Unternehmensethik
- die strategische Unternehmensentwicklung
- die operative Unternehmenseffizienz

Dabei würden auch die qualitativen Aspekte berücksichtigt. Die Unternehmensethik müsste in diesem Falle zunächst einmal festgestellt werden. Der Controller muss die Fachkräfte dazu bringen, aus den allgemeinen ethischen Grundsätzen, wie sie jeder Träger hat, fachbezogene Ziele für die sozialen Dienstleistungen zu entwickeln.

Ausgehend von einer Analyse des Ist-Zustandes einer Einrichtung müsste unter Berücksichtigung von sozialen, politischen und rechtlichen Rahmenbedingungen und den materiellen und personellen sowie methodischen Mitteln eine fachbezogene Planung einsetzen, in der Teilziele und die Prüfsteine für ihre Erreichung erarbeitet werden. Eine Unternehmensberatung hätte zuerst eine Organisationsanalyse durchgeführt, die auch die qualitativen Aspekte berücksichtigt. Ein mögliches Ergebnis liegt auf der Hand: Über „Essen auf Rädern“, durchgeführt von Zivis, also Laien, mit zudem noch sehr wenig Zeit, lässt sich eine „soziale Betreuung“ als wirkliche Unterstützung der alten Menschen zum möglichst selbständigen Leben in ihren „eigenen vier Wänden“ nicht erreichen. Welche Veränderungen müssten vorgenommen werden, um den hier vertretenen Ansprüchen des „Modellunternehmens“ gerecht zu werden und die Zukunft der Organisation abzusichern?

Unter dieser Fragestellung hätten sich zunächst die zuständigen Mitarbeiter des Trägers gemeinsam mit den Sozialarbeitern über die Zielsetzungen und die Qualität ihrer Dienstleistungen beraten müssen. Der Unternehmensberater hätte diese fachliche Entwicklungsplanung ins Leben zu rufen und zu begleiten. Möglich wäre ein Rat, den Essens-Service von überzogenen Sozialbetreuungsaufgaben zu befreien und diesen möglichst rationell und kostensparend durchzuorganisieren. Diese professionell betriebene Dienstleistung könnte z. B. in Kooperation mit Cateringbetrieben auch von Teilzeitarbeitskräften mit angemessener Bezahlung (z. B. Studenten) durchgeführt werden. Dies muss nicht einmal teurer sein, im Gegenteil, denn es können pro Mitarbeiter viel mehr Kunden bedient werden, wenn die ausdrückliche Betreuungsaufgabe hier wegfiele.

Die Aufgabe der sozialen Betreuung müsste ebenfalls in einem sozialen Haushaltshilfen-Dienst effektiviert werden. Schließlich hat die soziale Einrichtung bereits zwei volle Sozialarbeiterstellen für diesen Bereich bereitgehalten. Diese müssten dabei beraten werden, wie ein gut funktionierender Betreuungsdienst aufgebaut und finanziert werden könnte.

In Schweden hat sich ein nachahmungswürdiges Beispiel für die Betreuung von hilfebedürftigen Alten[9] gegründet: In diesem Konzept gibt es einige wenige hauptamtliche Sozialarbeiter, die in einem Day-Care-Center arbeiten. Dort können die Klienten ihren Tag in Gesellschaft und mit für sie interessanten Tätigkeiten verbringen. Gleichzeitig findet dort eine Anleitung, Beratung und Führung von Laienhelfern durch die Sozialarbeiter statt. Die Laienhelfer rekrutieren sich aus Nachbarn der psychisch Kranken, die nach der Auflösung der geschlossenen Psychiatrie im Stadtteil um das Day-Care-Center herum leben. Diese Nachbarn, also Hausmänner und Hausfrauen, haben keine Erwerbsbeschäftigung, weil kleine Kinder da sind o. Ä. Sie erhalten eine Grundausbildung, für deren Teilnahme sie bereits entlohnt werden. Nun betreuen sie mit jeweils einigen Stunden täglich jeweils einen Klienten im Nachbarhaus oder um die Ecke und erhalten dafür eine steuerfreie Aufwandsentschädigung. Dieses Modell lässt sich auch in Deutschland einsetzen. Gerade für die Betreuung von alten Menschen in ihren Wohnungen erscheint dies geeignet. Für die Altenhelfer fällt der Arbeitsweg weg. Im Notfall sind sie für die Kunden schnell erreichbar. Im Urlaubsfall stellt die soziale Organisation eine Vertretung. Mit Sicherheit lassen sich genügend Nicht-Berufstätige finden, die mit Haushalt und Kindererziehung nicht ausgelastet sind und sich etwas Taschengeld steuerfrei hinzuverdienen wollen, die außerdem mit vielen sozialen Kontakten zu anderen Helfern und mit einer anerkannten Bezeichnung belohnt werden.

Wir haben von Emma dieses Prinzip für unser präventives, sozialraumorientiertes Programm „Familie im Stadtteil" übernommen, das wir in Bremerhaven mit dem ASD und dem Helene-Kaisen-Haus realisieren.[10] Dies ist auch über die Krankenkassen und die Sozialhilfe finanzierbar. Denn in beiden Bereichen würden sich erhebliche Einsparungen bei Krankenhaus- und Altenheimkosten ergeben. Neben der besseren Versorgung der alten Menschen wird somit auch eine verstärkte soziale Betreuung durch tägliche Ansprache und Milderung der Einsamkeit erreicht. Und dies hat auch Wirkungen, zumal in manchen Fällen auch die Kontakte der alten Menschen zu ihren Kindern wieder hergestellt werden können, die oft vom „schlechten Gewissen" daran gehindert werden, ihre Eltern zu besuchen: Die Grundversorgung wäre ja durch den Service gedeckt.

Unternehmensberatung und zukunftsorientiertes Controlling hätten die Aufgabe, solche Entwicklungsmöglichkeiten zu fördern und Einrichtungen dabei zu unterstützen. Das würde allerdings bei solchen Beratern auch eine sozialarbeiterische Fachlichkeit voraussetzen. Dies gilt – wie bereits oben gesagt – auch für das Sozialmanagement allgemein. Diese Möglichkeiten der Organisationsentwicklung setzen jedoch eine gewisse fachliche Aufgeschlossenheit beim Träger voraus, die bei einigen „Sozial-Konzernen" nicht gewährleistet ist.

Personalmanagement

3

1. Anforderungen an Arbeitnehmer in der Sozialbranche

Arbeitgeber der Sozialbranche sind keineswegs immer humaner im Umgang mit ihren Bediensteten als Profit-Unternehmen der Wirtschaft. Profit-Unternehmen sind in aller Regel von ihren Angestellten in ihrem Verhalten gegenüber Arbeitnehmern einschätzbar. Diese Berechenbarkeit gibt Sicherheit. Angestellte in Profit-Unternehmen wissen, dass ihre Leistung, ihr Beitrag zum Wohle des Unternehmens gefordert wird. Das drückt sich unmittelbar in schwarzen Zahlen (Profit) aus, mittelbar im öffentlichen Ansehen der Firma, das wiederum in enger Beziehung zum Gewinn des Unternehmens gesehen wird.

Von den Mitarbeitern solcher Unternehmen werden Einsatz, Kreativität und Leistung gefordert, besonders dann, wenn sie über das gleiche Ausbildungsniveau wie Sozialarbeiter verfügen und als höher qualifizierte Arbeitskräfte im mittleren und höheren Management entsprechend einzustufende Arbeiten erledigen. Das Privatleben interessiert den Arbeitgeber in aller Regel nicht, es sei denn, es kollidiert mit Betriebsinteressen, es wird zum öffentlichen Skandal, bei Verstößen gegen Gesetze oder bei auffälliger Sucht-Abhängigkeit. Im letzteren Fall ergeht ein Auftrag an die Betriebssozialarbeit.

Entlohnung und Aufstieg hängen meist von den oben genannten Kriterien ab, manchmal auch von Beziehungen. Im Großen und Ganzen regelt sich also über den wahren oder vermeintlichen Beitrag zum Betriebserfolg auch, wie hoch das Einkommen der Mitarbeiter ist und wie viel sie im Betrieb zu bestimmen haben. Auch die Arbeitszeit-Lohn-Relation ist in Profit-Unternehmen übersichtlich und ausgeglichen. Betriebsrat und Gewerkschaft wachen über die Rechte der Arbeitnehmer, die nicht in Leitungspositionen sind. Diese erhalten deutlich mehr Geld für Überstunden oder sie werden, wie die höheren Manager, weit übertariflich bezahlt. Fallen also die besonders gute Bezahlung und die Karriere als zusätzliche Anreize weg, so hatten die Mitarbeiter bisher recht gute Arbeitsbedingungen: geregelte Arbeitszeit, preiswerte Verpflegung in der Kantine, 14 Monatsgehälter, in zunehmendem Maße auch wieder Werkswohnungen usw.

Wenn Mitarbeiter jedoch über längere Zeit zu wenig leisten, droht ihnen die Versetzung auf einen weniger attraktiven und schlechter bezahlten Posten oder im Extremfall die Entlassung.

Bei Moral-Unternehmen ist dies völlig anders. Für die Arbeitnehmer ist deren System unüberschaubarer und damit auch unmenschlicher. Obwohl die Effizienz eines solchen Non-Profit-Unternehmens selten überprüft wird, besteht eine Anforderung an die Mitarbeiter zur individuellen Höchstleistung, zum aufopfernden Dienen (anstatt Verdienen), zu fortwährenden unbezahlten Überstunden bei einem vergleichsweise kärglichen Lohn. Über eine äußerst problematische Helfermentalität wird aufopfernde Samariterarbeit gefordert: Soziale Arbeiter sollen sich im Dienste der tätigen Nächstenliebe auf Kosten aller privaten Lebensinteressen ganz der Sache widmen, möglichst aus eigener Tasche Arme speisen, Klienten in der eigenen Wohnung beherbergen, alles mit ihnen teilen. Und das alles auch noch mit der richtigen Lebensführung, der richtigen Kirchenzugehörigkeit und – bei katholischen Trägern – kirchlichen Trauung versehen. Wer kann es bei solch aufopfernder Dienstbarkeit noch wagen, nach der Effektivität der Arbeit für die Klienten zu fragen?

Wer kann andererseits solche Mitarbeiter kalt versetzen oder entlassen, wenn sie keine Leistung bringen? Wo doch Entlassungen nur wegen „unmoralischer" Lebensführung legitim sind? Kurzum: Wer bei Non-Profit-Unternehmen, insbesondere bei Moral-Unternehmen, humanere Arbeitsplätze für die Mitarbeiter erwartet, der ist auf dem Holzweg. Bei kirchlichen Trägern gibt es weder einen Betriebsrat noch die gewerkschaftlichen Sicherheiten gegen die kalte Ausbeutung am Arbeitsplatz.

Das Eigenartige an dieser Situation ist jedoch, dass diese Entrechtung und Ausbeutung von Arbeitnehmern auch deshalb so gut funktioniert, weil die Mitarbeiter insbesondere weltanschaulich gebundener „Freier Träger" dieses Arrangement zu ihren Ungunsten immer noch mittragen und sich über ihre Helfer-Motivation erpressen lassen, nach dem Motto: „Sie können ihre Klienten doch nicht im Stich lassen!" Wohlgemerkt: Wir wissen, dass es in sozialen Berufen auch für das Privatleben ungünstige Arbeitszeiten geben muss. Doch dann müssen diese Tätigkeiten auch besonders (gut) bezahlt werden und es muss ein ausreichender Freizeitausgleich organisiert werden.

Ob die teilweise selbst auferlegte Arbeitshetze und Ausbeutung der Arbeitskraft (mit der Perspektive offenen oder geistigen Frührentnertums) wirklich den Klienten zu deren Besten gereicht, ist dabei völlig dahingestellt. Wir bezweifeln dies verhement. Wir wissen, dass mangelnder professioneller Abstand und mangelnde Sachlichkeit öfter schaden als nützen (diese banale Erfahrung machen Sozialarbeiter als Eltern gegenüber ihren eigenen Kindern). Für die Heimerziehung ist es belegt, dass sich auch heute noch, obwohl die Erzieher meist ihr Bestes geben, zum Leidwesen der Kinder Mängel auftun, die auf der Gesamtstruktur des Heimes und seines Trägers beruhen. Diese Gesamtstruktur wendet sich gegen die guten Absichten und Bemühungen der Erzieher. Diese Wirksamkeit oder Unwirksamkeit der Arbeit in Unternehmen der Sozialbranche wird noch zu selten untersucht. Dagegen wehren sich oft auch die Sozialarbeiter mit den fadenscheinigsten Argumenten, weil sie die Beschaulichkeit ihrer quasiprivaten Helfertätigkeit nicht auf dem sachlichen Prüfstand der Praxisevaluation sehen wollen. Dagegen wehren sich oft auch die Leitungen der Non-Profit-Unternehmen, weil eine nachgewiesene Ineffizienz auch auf die Unfähigkeit der „strukturellen Dilettanten"[1] hinweisen könnte.

Kurzum: Unternehmen im Non-Profit-Bereich sind keineswegs die humaneren Arbeitgeber, auch wenn sie unfähige Mitarbeiter auf allen Ebenen in der Regel nicht entlassen, wie dies im Profit-Bereich bei mangelnder Kompetenz und Effektivität öfter der Fall ist. Diese Praxis ist weder den Mitarbeitern noch den Klienten gegenüber wirklich human.

Mitarbeiter, die als „Sozialfälle" gelten, unter Umständen durch die schlechten Arbeitsbedingungen dazu gemacht wurden, also klientifizierte Sozialarbeiter, werden weiter auf die Klienten „losgelassen", wobei die Kollegen wissen, dass sie ausgebrannt sind. Dieser „therapeutische" Umgang mit Kollegen wird auch von ihnen selbst bemerkt. Diese Demütigung kann nicht immer als human bezeichnet werden. Menschlichkeit und Fürsorglichkeit muss doch in erster Linie den Klienten zugute kommen, den in dieser Gesellschaft schlecht behandelten, benachteiligten Bürgern. Ausgebrannte und demotivierte Sozialarbeiter können dies nicht leisten.

Hier ist Personalmanagement gefordert, was für viele Träger der Sozialbranche noch ein Fremdwort zu sein scheint. Unter Personalmanagement fassen wir folgende Aufgaben zusammen:

- Personalentwicklung
- Leitungsmanagement
- Mitarbeiter-Motivation/Belohnungssysteme
- Fort- und Weiterbildung

2. Personalentwicklung

Die zunehmend wichtige Management-Aufgabe der Personalentwicklung will folgende Probleme aufgreifen:

- Wie kann das für die Aufgaben der Einrichtung passende Personal gewonnen werden?
- Mit welchen Mitteln und Vorkehrungen kann es gelingen, dass das richtige Personal zum richtigen Zeitpunkt zur Verfügung steht?
- Wie kann das Personal gefördert und weiterqualifiziert werden?
- Wie kann dem „burn-out"-Problem begegnet werden, wie geht man damit um, wenn es auftritt?
- Wie können Anreize (Belohnungssysteme) für die Personalentwicklung genutzt werden?
- Wie kann der Umgang mit dem Personal in Krisensituationen aussehen?
- In welchem Zusammenhang stehen Personalentwicklung und das Betriebsklima?
- In welchem Verhältnis steht die Personalbeurteilung zur Personalentwicklung?

In der Literatur wird Personalentwicklung im engeren Sinne als Managementaufgabe zur termingerechten Besetzung frei werdender Stellen mit qualifiziertem Personal angesehen.[2] Damit ist zum einen die rechtzeitige Gewinnung von neuem Personal und seine gezielte Einpassung in die Betriebsabläufe gemeint, wobei die „Prägekraft der ersten Arbeitstage" berücksichtigt werden soll.[3] Dies soll unter Beachtung sowohl der demographischen Entwicklungen als auch der sich ändernden Werthaltungen der Nachwuchskräfte geschehen.[4] Zum anderen ist hiermit aber auch die Förderung der Fähigkeiten der Mitarbeiter angesprochen und ihre Vorbereitung auf die Übernahme neuer oder anspruchsvollerer Organisationsrollen.[5] Ohne unterstützende Hilfe kann eine interne Beförderung auch zum Kompetenzverlust statt -zuwachs bei Mitarbeitern führen. Wie z. B. ein guter Pfarrer nicht unbedingt ein guter Kirchenverwaltungsfachmann sein muss, kann die Fachkraft in ihrer Fachaufgabenstellung durch neu übertragene Führungsaufgaben überfordert und – dadurch demotiviert – schlechte Arbeit leisten.[6]

Brauns fordert, dass Leitungskräfte und Führungsnachwuchs idealerweise aus einer konsequenten, auf das jeweilige Unternehmen zugeschnittenen Personalentwicklung hervorgehen sollten. Der Autor, Geschäftsführer des Paritätischen Wohlfahrtsverbandes in Berlin, betont, dass eine sträfliche Vernachlässigung und Unterentwicklung dieses Bereichs oft daran zu merken ist, dass Unternehmen der Sozialbranche sich in hektischer Betriebsamkeit ergehen, wenn im Bedarfsfall eine – nicht immer glückliche – Suche nach Führungskräften einsetzt, weil kein geeigneter Nachwuchs herangebildet worden ist.

Gerade in der Wohlfahrtsbranche existieren so gut wie keine Programme für Trainees oder Assistenten-Stellen für die Geschäftsführung, in denen Führungsnachwuchs systematisch herangebildet und Berufsanfänger planvoll durchdacht in die Betriebsstrukturen eingeführt werden können. Auch der mögliche Wechsel zwischen unterschiedlichen Einrichtungen eines Trägers oder Verbandes wird nicht konzeptionell betrieben. Personalentwicklung könnte auch den oft hinderlichen Konflikt zwischen Sozialarbeitern und Verwaltungskräften sowie Juristen und Betriebswirten in der Organisation so weit verringern, dass die Arbeitsfähigkeit nicht in Gefahr gerät. Wenn man die in der Wirtschaft entwickelten Konzepte nicht aus grundsätzlichen, ideologischen Positionen ablehnt, wird man gerade für die Heranbildung von Management-Nachwuchs sehr vernünftige und praxisbewährte Konzepte entdecken.

3. Leitungsmanagement

Leitung und Führung sind innerhalb der Sozialen Arbeit spätestens seit der so genannten Phase der „Kritischen Sozialarbeit" Begriffe, die verpönt sind. Sie stehen dem Drang vieler Mitarbeiter nach „Selbstverwirklichung" im sozialen Beruf im Wege. Schließlich werden in einer idealen herrschaftsfreien Arbeits- und Lebenssituation (beides war als neue Form von Gesellschaftlichkeit als Einheit mitgedacht) keine Hierarchie, keine Rang- und Dienstordnung gebraucht. Das Ziel des Abbaus der Herrschaft von Menschen über Menschen sollte bei den Mitarbeitern in den sozialen Diensten verwirklicht werden, die sich als „Experten" für neue Modelle des Zusammenlebens verstanden, um damit beispielhaft für die Gesellschaft „Betroffenen" zu dienen, wie damals die Klienten noch bezeichnet wurden.

Dieses Denken erhielt fortan einen Platz innerhalb der Angehörigen unserer Profession, aber auch außerhalb der sozial-kritischen, -reformerischen oder -revolutionären Kreise. In der Tat signalisiert das Wort „Mitarbeiterführung" einen Widerspruch und „... erzeugt in sozialen Arbeitsfeldern Distanz und Misstrauen".[7] Das Wort „Mitarbeiter" verweist auf ein Verständnis von gleichberechtigtem Miteinanderarbeiten. Das gleichberechtigte Team ohne besondere Funktionszuweisung an Einzelne wird immer noch als die ideale Arbeitsform innerhalb der Sozialen Arbeit angesehen. Diese Haltung ist nicht unberechtigt. Schließlich sind die von der Ethik Sozialer Arbeit geprägten Ziele für die Arbeit mit Klienten Autonomie und Selbstverantwortung durch Förderung ihrer Selbsthilfefähigkeiten.

Die durchaus schlüssige Argumentation verweist auf die richtige Denkfigur der Einheit von Form und Inhalt: mit repressiven und autoritären Mitteln, Methoden und Organisationsformen lässt sich bei Klienten keine Verhaltensautonomie erreichen. Wer als Sozialarbeiter keine eigene Entscheidungsbefugnis hat oder in einer Organisation arbeitet, die selbständiges, fachlich legitimiertes Handeln nur schwer zulässt und dann auch noch die von uns als „Gratisangst"[8] bezeichnete „Schere im Kopf" aktiviert, der wird auch gegenüber den Klienten handlungsunfähig.

In einem Praxisforschungsprojekt haben wir hinsichtlich der meisten untersuchten Arbeitssituationen in typischen und sehr unterschiedlichen Praxisfeldern und Einrichtungen festgestellt, dass viele Sozialarbeiter beachtliche Handlungsspielräume hatten. Diese waren nicht immer Ausdruck einer ihrer eigentlichen Bedeutung angemessenen Aufmerksamkeit seitens der Führung. Oft war es auch Gleichgültigkeit und Unkenntnis der Sozialen Arbeit, die diesen Handlungsspielraum in der alltäglichen Praxis bedingten, nach dem Motto: „So lange es keinen öffentlichen Skandal gibt, sondern eine gute Presse, so lange ist alles, was die Sozialarbeiter machen, in Ordnung, egal, was sie wirklich tun."

Die unbedingt notwendige Vergrößerung der öffentlichen Beachtung der Sozialen Arbeit und ihrer Ergebnisse hat die Folge, dass Kritik an der Praxis öffentlich entsteht. Und das ist durchaus gewollt. Trotzdem wird das konkrete Handeln in der Praxis weiterhin nicht im Detail von Vorgesetzten zu kontrollieren sein. Dazu sind die Arbeitsvollzüge der meisten Sozialarbeiter zu komplex und leitende Mitarbeiter sozialer Einrichtungen nicht genug informiert über das konkrete berufliche Handeln.

Ein Ergebnis unserer Untersuchung war, dass selbst dort, wo Träger und Leitung einer Einrichtung an der konkreten Sozialarbeit interessiert waren, noch große Handlungsspielräume vorhanden waren. Diese wurden aus verschiedenen Gründen nicht genutzt. Teilweise erzeugten sie Angst bei den Praktikern, die froh gewesen wären, wenn man die bestehende Verwirrung der Anforderungen durch deutliche Richtlinien und Grenzen verringert hätte. Nicht wenige beklagten, dass unklare Leistungserwartungen dazu geführt hätten, dass sie sich eigene, weit überzogene Maßstäbe und Ziele gesetzt hätten, die nur schwer zu erfüllen wären. Dadurch würden sie sich ihren eigenen Leistungsdruck erzeugen oder von Klienten erzeugen lassen. Nach unserer Meinung lassen diese Ergebnisse auch die Einschätzung zu: Wir haben noch einen weiten Weg zu gehen, bis ein besserer professioneller Standard erreicht wird.

Zurück zum Leitungsmanagement: Auch auf der Ebene konkreter Dienstleistungen gibt es in den meisten Fällen eine Organisation mit abgestuften Entscheidungskompetenzen, also eine Hierarchie mit Vorgesetzten oder vorgesetzten Abteilungen. Trotzdem bestehen oft die notwendigen Handlungs- und Entscheidungsspielräume. An der Leitungsstruktur liegt es in den meisten Fällen nicht, wenn Sozialarbeiter nicht selbständig genug entscheiden und fachlich kompetent arbeiten.

Weil nun nicht jeder bereits aufgrund seiner Persönlichkeitsentwicklung ausreichende Durchsetzungsfähigkeit und Entscheidungskompetenz entwickelt hat, wenn er in die Ausbildung oder den Beruf der Sozialen Arbeit eintritt, bieten wir seit Jahren regelmäßig Seminare zum Entscheidungs- und Konfrontationstraining und Berufskonfliktplanspiele sowie Kooperationsübungen in Aus- und Weiterbildung an. Damit wird das Problem nicht vollständig zu lösen sein. Aber diese Seminare helfen, Schwächen zu erkennen und neue Verhaltensmöglichkeiten zu trainieren. In einigen Fällen vermitteln wir die Selbsterkenntnis und den Rat, dass der gewünschte Beruf kein Selbsttherapeutikum sein kann und ein Studien- oder Berufswechsel angeraten sei.

Dies gilt in verschärftem Maße für „Mitarbeiterführung als Fachaufgabe“[9]. Wenn innerhalb sozialer Dienste das seelische und soziale Wohlbefinden der Mitarbeiter nicht die alleinige Richtschnur sein kann, sondern in allererster Linie die sicherlich davon nicht unabhängige Qualität der sozialen Dienstleistungen für die Klientel, so ist mit dem weitverbreiteten Vorbehalt gegen die funktionell bedingte Gliederung von Entscheidungskompetenzen aufzuräumen.

Gefordert sind erkennbare Organisationsstrukturen, die eine fachlich kompetente Praxis ermöglichen und den dafür notwendigen Handlungsspielraum für die Mitarbeiter sicherstellen. Jeder Mitarbeiter hätte in dieser Organisationsstruktur klare Zuständigkeiten, überschaubare Kommunikationswege und Arbeitsgruppen mit je nach Erfordernis wechselnden Gruppenstrukturen.[10]

Das Leitungsmanagement hat die Rahmenbedingungen für erfolgreiche Arbeit sicherzustellen. Schall nennt folgende:

- Beachtung der Arbeitsziele Sozialer Arbeit: Sie hat wirksame Dienstleistungen für ihre Klientel zu erbringen. Sie ist „(...) keine besondere Form von Selbstbestätigung und Sorge für das eigene Ich" der Mitarbeiter.
- „Trotzdem darf das Ergehen der Helfer nicht aus dem Blick geraten. So wenig Faulheit und Bequemlichkeit gute Ratgeber im Arbeitsfeld sind, so wenig dürfen Überforderung und Selbstausbeutung den Rahmen für die Arbeit abgeben."
- In der Sozialarbeit müssen verschiedene Berufe mit unterschiedlichen Qualifikationen zusammenarbeiten. „Diese Zusammenarbeit macht die Arbeit effektiv und beugt Übermüdung vor. Sie ist jedoch letztlich nur durch Moderation und Führung erreichbar."

Der für soziale Dienstleistungsorganisationen angemessene Leitungsstil muss für alle Mitarbeiter nachvollziehbar sein. Die beste Leitungskompetenz zeigt sich dadurch, dass sie auf Mitbeteiligung und Mitsprache setzt und den fachlichen Argumenten aller Mitarbeiter offen ist. Gutes Management zeichnet sich dadurch aus, dass es die Mitarbeiter ermutigt, innovativ zu denken und Verbesserungsvorschläge zu machen. Diese Vorschläge, die häufig aus der Unzufriedenheit mit bestehenden Zuständen und der Arbeit bestimmter Mitarbeiter geboren wurden und daher auch mit konkreter Kritik verbunden sind, gilt es zu fördern und positiv aufzunehmen – selbst dann, wenn die Kritik der Leitung gilt. Für solche Vorschläge, die die Arbeit der Einrichtung im Interesse der Klienten verbessern können, sollte ein angemessenes System von Belohnungen entwickelt werden. Nicht ermutigt werden darf üble Nachrede, sexuelle Belästigung, Mobbing und das Anschwärzen von Kollegen zum Vollzug persönlicher Rache. Nach unseren Erfahrungen sind solche „Anschläge" auf den Ruf und die Würde von Kollegen mit einiger Praxis in der Leitung von fachlich begründeter Kritik deutlich zu unterscheiden. Die Einrichtung eines kollegialen Schiedsgremiums ist zu empfehlen.

Ein schlechtes Beispiel für das Umgehen mit Vorschlägen von untergebenen Mitarbeitern ist uns aus der Direktion eines größeren Elektrizitätswerkes bekannt. In diesem Falle hat sich ein Vorgesetzter jeweils die Ideen seiner Mitarbeiter berichten lassen und diese danach als seine eigenen dargestellt und weitergeleitet.[11]

Dies kam zutage, als eine Organisationsberatung die Frage untersuchte, warum so viele Mitarbeiter „innerlich gekündigt" hatten. Die „innere Kündigung" fand ihren Ausdruck darin, dass Mitarbeiter sagten: „Ich erledige meine tägliche Routinearbeit, rege mich nicht mehr auf über das, was im Betrieb geschieht, erscheine pünktlich zur Arbeit und gehe vor allem pünktlich nach Hause und widme mich meiner Familie und meinem Hobby".[12]

Wir können nur bestätigen, dass dieses Verhalten nicht nur in großen Verwaltungen von Wirtschaftsunternehmen auftritt. Wir haben diese „innere Kündigung" in vielen Jugendhäusern festgestellt, in denen Sozialarbeiter sich nicht mehr wirklich dafür interessieren, ob ihre Angebote die eigentliche Klientel, für die diese Jugendhilfeeinrichtung bereitgestellt wurde, überhaupt erreichen oder ob diese sich als Streetgang längst ihrem Einfluss entzogen haben. Einige dieser Kollegen frönen mit Gruppenangeboten lediglich noch eigenen Hobbies. Es sind oft ausgebrannte Sozialarbeiter, die das Ende der Phase der Selbstorganisation in Jugendzentren verschlafen haben und keine Konzepte für neue Aufgaben entwickeln. In diesen Einrichtungen werden Honorarkräfte und Praktikanten im „offenen", angeblich nicht konzeptionell zu strukturierenden Bereich eingesetzt. Wer so lange in der Jugendarbeit steht, der muss eben auch beim Älterwerden eine professionelle Rolle einnehmen. Es ist ein grundlegender und laienhafter Irrtum zu glauben, dass nur junge Sozialarbeiter eine erfolgreiche Jugendarbeit machen können.

„Innere Kündigung" kann viele Gründe haben. Häufig ist sie die Folge von Kardinalfehlern des Managements. Zu solchen Führungsfehlern gehören:

- die Ausgabe von Richtlinien, die bis ins Einzelne gehen und keinen ausreichenden Gestaltungsspielraum zulassen
- schlechtes Informationsmanagement und zu geringe Transparenz, die das Vertrauensverhältnis unter den Mitarbeitern belasten
- die Aufstellung von Sollvorgaben, ohne vorher darüber mit den Mitarbeitern zu sprechen
- demotivierende Kontrolle und verletzender Tadel anstelle konstruktiver Kritik
- mangelnde Anerkennung vollbrachter Leistungen
- Desinteresse der Leitung an Ideen der Mitarbeiter
- Verärgerung bei Vorgesetzten, wenn Ideen der Mitarbeiter von den eigenen abweichen und vielleicht sogar besser sind[13]

In Non-Profit- wie in Profit-Unternehmen ist die Mitarbeiter-Motivierung eine wichtige Aufgabe des Personalmanagements und der Personalführung.

4. Mitarbeiter-Motivierung/Belohnungssysteme

Wer beruflich Soziale Arbeit leisten will, wählt diesen Beruf und vorab das Studium, um „mit Menschen zu arbeiten", „zu helfen", „zur sozialen Veränderung beizutragen" oder „um sich selbst zu bestätigen". In einigen Fällen wird zumindest das Studium auch als – wie schon gesagt – „Selbsttherapeutikum" benutzt. Dieses Motivbündel, das den Beruf als eine Besonderheit gegenüber anderen ausweist, die ebenfalls mit einem Studium zu erreichen sind, hemmt gleichzeitig seine Professionalisierung. Außerdem verspricht der Beruf wenig gesellschaftliches Ansehen, Karriere und Geld. Auch das Sozialmanagement hat – wie bereits oben betont – im Interesse der Professionalisierung und der qualifizierten Personalentwicklung dafür zu sorgen, dass die bekannte „helfersyndromatische" Einseitigkeit der Berufswahl- und damit der Mitarbeiter-Motivation aufgehoben wird. Wenn wir uns mit der Frage der Motivation von Mitarbeitern in Einrichtungen der Sozialen Arbeit befassen und dies nicht nur vor dem Hintergrund der fragwürdigen Diskussion über die „hilflosen Helfer"[14] betrachten, so halten wir dies für legitim.

Im Personalmanagement müssen wir davon ausgehen, dass nicht wenige Mitarbeiter in der Sozialbranche eine bis ins krankhafte gehende Helfermentalität besitzen. Andernfalls wäre die von einigen Anstellungsträgern gewünschte Selbstaufopferung und Selbstausbeutung besonders in den Moralunternehmen nicht so groß. Vermutlich hätten manche dieser Träger große Schwierigkeiten, ihre Dienstleistungen aufrechtzuerhalten, wenn sie nicht mit dieser Tatsache rechnen würden. Es kann nicht unser Interesse sein, diese Haltung mancher caritativen Organisationen zu unterstützen. Wir wenden uns in erster Linie an jene Träger, sozialen Organisationen und Mitarbeiter der sozialen Dienste, die sich der notwendigen Professionalisierung und Effektivierung der Sozialen Arbeit nicht widersetzen.

Eine der damit zusammenhängenden Thesen ist, dass qualitativ hochwertige, ausreichend effektive und nachprüfbare soziale Dienstleistungen dann zu erwarten sind, wenn der Beruf des Sozialarbeiters als ein Beruf wie jeder andere aufgefasst wird. Dies hat Konsequenzen für die Förderung der Arbeitsmotivation und der Belohnungssysteme. Die Grundannahme für die Entwicklung von Leistungsbereitschaft ist folglich die, dass die Mitarbeiter von sozialen Organisationen allgemein menschliche Bedürfnisse aufweisen. Maslow[15] spricht von einer Pyramide der Bedürfnisse, die er generell bei Menschen festgestellt hat. Diese Bedürfnisse sind hierarchisch aufgebaut. Wenn die Bedürfnisse auf der ersten Stufe befriedigt sind, treten die auf der nächsten Stufe in den Vordergrund.

Wir vertreten die Auffassung, dass es aufgrund des Fortbestehens, ja sogar der Vermehrung von Armut und Verelendung keinesfalls angemessen ist zu behaupten, unsere Gesellschaft bewege sich mehrheitlich zu „höherwertigen" Zielen. Wir sehen mit vielen Praktikern, dass sämtliche von Maslow beschriebenen Bedürfnisebenen Geltung besitzen. Dies sind:

1. Physiologische Bedürfnisse: Hunger, Durst, Schlaf, Schutz vor Bedrohung, Sexualität, Entlohnung usw.
2. Sicherheit: Arbeitsplatz, Transparenz, relativ feste und verlässliche Beziehungen (privat und am Arbeitsplatz), Stabilität, Zukunftsorientierung usw.
3. Sozialität: Damit wird der Mensch als gesellschaftliches Wesen angesprochen, das kommunizieren möchte, ein angenehmes Verhältnis zu Lebenspartnern, zu Nachbarn, Freunden und

Kollegen haben will, das Freundschaften und gegenseitige Hilfe ebenso pflegt wie Kampf, Konkurrenz und Feindschaften.

4. Wertschätzung: Sie bedeutet Anerkennung durch Mitmenschen, insbesondere durch wichtige Bezugspersonen und bezieht sich auf Leistungen im privaten und beruflichen Bereich.

5. Selbständigkeit: Zuerkannte Kompetenz, Entscheidungsfreiheit, große Handlungsspielräume im Beruf und im Privatleben, Beteiligung an Entscheidungen und Planung usw.

6. Selbsterfüllung: Möglichkeiten, eigene Fähigkeiten und Fertigkeiten zu entwickeln und einzusetzen.

Die Bedürfnisse im Einzelnen

Es ist durchaus wichtig, sich die Sozialarbeiter mit prinzipiell gleichen Bedürfnissen wie ihre Klienten vorzustellen. Es hilft, die eigene Überheblichkeit abzubauen und Gemeinsamkeiten mit den Klienten zu entdecken. Für die Verbesserung der Motivation der Mitarbeiter erscheint der Rekurs auf die Maslowsche Bedürfnispyramide sehr sinnvoll. Im Folgenden stellen wir die Hierarchie der Bedürfnisse von Mitarbeitern sozialer Dienste dar.

Physiologische Bedürfnisse

Sozialarbeiter beanspruchen eine bessere Entlohnung, die es ihnen ermöglicht, auch in Ballungsräumen eine Wohnung mindestens mittlerer Qualität zu bezahlen, sich und eine Familie angemessen zu unterhalten und dabei auch auf kulturelle Angebote und Urlaubsreisen nicht zu verzichten. Arbeitsentlohnung und Arbeitsbedingungen sollten auch die Aufrechterhaltung von Freundschaften ermöglichen. Zu den physiologischen Bedürfnissen zählt nach den Ergebnissen unserer Untersuchungen auch die Möglichkeit, die Arbeitskraft längerfristig zu erhalten, was durch Gestaltung der Arbeitsbedingungen, durch qualifikationsauffrischende Fortbildung und Supervision geschehen kann. Die Frage nach einem leistungsgerechten Lohn wird mit der weiteren Professionalisierung zunehmend akuter.

Sicherheit

Die Arbeitsplatzsicherheit ist formell meist gegeben, zumindest bei öffentlichen Trägern, bei denen dieses Prinzip sogar so weit getrieben worden ist, dass oft die Leistungsmotivation darunter leidet. Zur Sicherheit gehören jedoch auch die Sicherheit der eigenen Stellung im Betrieb, der Entscheidungsbefugnisse und Zuständigkeiten.[16]

Soziale Motive

Solidaritätsgefühle gegenüber den Klienten, ein angenehmes Verhältnis zu den Kollegen, Möglichkeiten zu Freundschaften und gegenseitige Hilfe bei der Arbeit stellen die wesentlichen Bedürfnisse der Sozialarbeiter auf der Ebene der sozialen Motive dar.

Wertschätzung

Die Anerkennung der Arbeit und der eigenen Person durch Kollegen und Vorgesetzte und daraus folgend ein gutes Betriebsklima fördert die Arbeitsmotivation und die Corporate Identity. Das Selbst- und das Fremdbild der Sozialen Arbeiter sind erheblich verbesserungswürdig. Allein schon durch regelmäßige Einschätzungen der von der Einrichtung erbrachten Dienstleistungen und der gemeinsam erarbeiteten Außendarstellung für die Medien kann an der Entstehung der eigenen Wertschätzung gearbeitet werden.

Selbständigkeit

Wesentliche Bedingungen für die Zufriedenheit am Arbeitsplatz sind die Anerkennung der fachlichen Autorität, fachliche Entscheidungsfreiheit, Beteiligung an der Zielsetzung, der Arbeitskonzeption der Einrichtung und an wichtigen Entscheidungen der Betriebsorganisation.

Selbsterfüllung

Hierzu gehört die in vielen Arbeitsbereichen durchaus gegebene relativ große Freiheit in der zeitlichen und organisatorischen Einteilung der Arbeit. Auch die vielfältigen Möglichkeiten der inhaltlichen und methodischen Gestaltung der konkreten Arbeit zur

Unterstützung der Klienten sind ein großer Vorteil. Hinzu kommt, dass in kaum einem anderen Beruf die dort Tätigen ihre eigenen Fähigkeiten und Fertigkeiten in solch einem Maße umsetzen können.

Diese in Anlehnung an Maslow[17] formulierten Bereiche sind, wenn die erste Bedürfnisebene annähernd befriedigt werden kann, als nahezu gleichwertig zu betrachten. Wer – mit Recht – Leistung von Mitarbeitern einer sozialen Organisation erwartet, der sollte mit dazu beitragen, dass alle Bedürfnisebenen berücksichtigt werden.

5. Fort- und Weiterbildung

Weil die Problemlagen, mit denen es die Soziale Arbeit zu tun hat, einem ständigen Wandel unterliegen, gilt auch hier wie in den meisten anderen Berufen: Was einmal im Studium gelernt und möglicherweise bereits den Erfordernissen der Praxis angepasst wurde, das reicht nicht für ein Berufsleben! Selbst dann, wenn der Arbeitsplatz lange Zeit nicht gewechselt wurde, kommen neue Aufgaben hinzu, alte werden weniger oder verändern ihre Substanz. Wer hat beispielsweise Anfang der 80er Jahre von der Aids-Problematik gewusst? Heute lässt sich keine Soziale Arbeit im Bereich der Jugendhilfe mehr denken, ohne dass Aids-Prävention mitdiskutiert werden muss.

Ein anderes Beispiel ist die Schuldner-Beratung. Auch früher sind Menschen an Überschuldung zugrunde gegangen. Mit der gigantischen Ausweitung des Kredit-Wesens und der Verbreitung der neuen bargeldlosen Zahlungsmittel sind auch die Klientele der Sozialen Arbeit davon betroffen, so dass viele Sozialarbeiter in unterschiedlichen Einrichtungen wenigstens etwas von der Schuldner-Problematik und dem Umgang damit wissen müssen, um die Klienten an die richtigen Stellen zu vermitteln.

Mag es im kommerziellen Weiterbildungsboom auch so manches überflüssige Angebot geben, so sollten die Unternehmen der Sozialbranche ihren Mitarbeitern neben trägerinterner Fort- und Weiterbildung mindestens jedes zweite Jahr die Möglichkeit zur Teilnahme an einer externen Fortbildung geben. Im eigenen Interesse sollten sie nicht nur die Freistellung, sondern auch die Kosten dafür voll übernehmen.

Es ist unsere Absicht, die Professionalisierung der Sozialen Arbeit voranzutreiben und diesen Beruf auch karrierefähig zu machen. Ein Beruf ohne individuelle Aufstiegsmöglichkeiten motiviert nicht immer die für diesen Beruf qualifiziertesten Bewerber und trägt auch nicht genug zur kollektiven Aufwertung des Berufs bei. Jedenfalls werden derzeit bereits Stellen für Sozialarbeiter mit einer Zusatzausbildung im Sozialmanagement angeboten, die in der Regel höher bewertet werden als dies üblich ist.

Andererseits werden zunehmend Stellen für Diplom-Sozialarbeiter und Diplom-Sozialpädagogen unter Tarif bezahlt. Diese Entwicklung darf von der Profession nicht kommentarlos hingenommen werden.

Ressourcen-Management angesichts knapper finanzieller Mittel

4

1. Lean Management

Angesichts ihrer angespannten Finanzlage müssen sich viele Träger überlegen, wie sie ihre Aufgaben mit verringerten sachlichen und personellen Mitteln erfüllen können. Gleichzeitig gibt die Mangelsituation Gelegenheit, darüber nachzudenken, welche Arbeiten zur Erfüllung dieser Aufgaben erforderlich sind und welche nicht. Wir setzen bei der Klärung dieser Frage ein verantwortliches Verhalten der Träger und Einrichtungen voraus, zumindest jedoch eine von Verantwortung für die Dienstleistungsbezieher und die Mitarbeiter geprägte Absicht.

Lean Management heißt das Stichwort. Dieser Begriff kommt aus dem Bereich der Wirtschaft und bedeutet zunächst allgemein, dass die Produktion von Gütern und Dienstleistungen mit einem hohen Grad an Effizienz und Effektivität erfolgt. Mit sparsamem Einsatz von Material- und Personalkosten sollen qualitativ hochstehende Produkte in quantitativ hohem Umfang produziert werden. Was im Profit-Bereich gilt, das soll nun auch im Non-Profit-Bereich gelten.

Wir wollen an dieser Stelle nicht die Frage klären, ob die sozialen Dienstleistungen oder der Gesundheitsbereich zu teuer und nicht mehr bezahlbar sind. Das Problem liegt eher in der notwendigen Reorganisation aller sozialen Vorsorgebereiche. Im Interesse einer Verbesserung der Effizienz und Effektivität geht es um die Zusammenlegung von sozialpolitischen Bereichen zur Absicherung der sozialen Unterstützungsleistungen bei kurz- und längerfristiger Arbeitslosigkeit, der Renten, des Gesundheits-, Ausbildungs- und des Umschulungswesens. Diese Bereiche und die sozialen Dienste gilt es umzustellen: Verbesserte und erhöhte Anstrengungen in der Vorbeugung ersparen Mittel in der Problembearbeitung.

Wie das Beispiel Schweden nach wie vor zeigt, kann eine umfassende Arbeitsmarktpolitik, gekoppelt mit einem umfassenden System von Ausbildungs-, Umschulungs- und Wiedereingliederungsmaßnahmen viele Sozialfälle verhindern. Für unsere Argumentation bedeutet es: Prävention vor der Bearbeitung von Folgeproblemen unsozialer Zustände ist humaner und kostet letztlich in menschlicher, sozialer und finanzieller Hinsicht weniger.

Lean Management darf daher die Ziele der Dienstleistung in qualitativer und quantitativer Hinsicht nicht aus dem Auge verlieren. Lean Management, wie wir es verstehen, ist somit keinesfalls mit Rationalisierung gleichzusetzen. Wenn man das Ziel aus den Augen verliert, dann verkommt Sozialmanagement überhaupt zu einem blinden und schädlichen Werkzeug kurzfristiger Rentabilitätserwägungen.

Wichtig: Die Qualität der erforderlichen Dienstleistungen darf nicht leiden und, ebenso wichtig, die fachlich bestimmte Klientel darf nicht aus Rationalitätsgründen vernachlässigt oder ausgetauscht werden, weil eine andere leichter zu erreichen oder einfacher zu betreuen ist. Keinesfalls darf also Lean Management dazu benutzt werden, sinnvolle und notwendige soziale Dienstleistungen abzubauen. Lean Management bedarf, wie jede Neuerung, besonders wenn sie einschneidend ist und eine größere Umstellung der Praxis von Mitarbeitern auf allen Ebenen einschließt, nicht nur der Zustimmung, sondern auch der Unterstützung aller betroffenen Kollegen.

Wir verweisen hierbei auf die seit längerem bekannten Theorien der partizipatorischen Planung. Letztlich ist ein fachlich zu verantwortendes Ressourcen-Management ohne eine gründliche Organisationsdiagnose nicht zu bewerkstelligen. Wie bei der Organisationsentwicklung ist auch die Organisationsdiagnose nur in einer Zusammenarbeit der Organisationsmitglieder auf allen Ebenen zu erreichen.

Deshalb benötigt, wer Lean Management in einer sozialen Organisation durchführen will, verlässliche Informationen über folgende Bereiche:

- Das konzeptionelle Selbstverständnis des Trägers der Einrichtung
  (zu erheben mittels Analyse von Selbstdarstellungen und Konzeptpapieren)
- Das Verständnis der Mitarbeiter auf allen Ebenen vom Gesamtkonzept und von ihrer eigenen Arbeit
  (zu erheben mit qualitativen Interviews, Survey Feedbackanalyse)
- Die Nutzer (Klientel) der betreffenden Einrichtung und ihre besonderen Problemlagen
  (zu erheben mit Hilfe der Berufsfeldanalyse, siehe Arbeitshilfen)
- Die Dienstleistungen für die Klienten
  (zu erheben mit Durchlaufstudien, Assessments, Analyse der Arbeitsprozesse mit Hilfe des Selbstreflexiven Arbeitskonzepts)
- Die Arbeits- und Entscheidungsabläufe in der Einrichtung
  (mit dem Survey-Feedback-Verfahren)

- Der Arbeitszeitaufwand für unterschiedliche Falltypen (zu erheben mit qualitativer Zeitbudget-Analyse)
- Die Dienstleistungen aus der Sicht der Klienten (Befragung)

Es ist offensichtlich, dass diese vielschichtigen Informationen ohne die Mitwirkung der Mitarbeiter nicht zu erhalten sind. Wir warnen ausdrücklich vor unseriösen Firmen, die für viel Geld Organisationsberatung versprechen, Mitarbeiter von sozialen Einrichtungen oder solchen des Gesundheitswesens mit unprofessionellen Erhebungen von der Arbeit abhalten und letztlich an der Aufgabe scheitern, oder vor solchen, die nur eine schlichte Rationalisierung und Finanzeinsparung leisten können, ohne die spezifischen Inhalte der untersuchten sozialen Organisationen anzustreben.

Im Zuge der Gesundheitsreform und der damit verbundenen Effektivierung der Arbeit von Krankenhäusern ist uns ein besonders drastisches Beispiel für dilettantische Unternehmensberatung von Montgomery berichtet, über das wir hier kurz berichten wollen:[1]

In einem großen Krankenhaus war eine Unternehmensberatungsfirma mit einer Wirtschaftlichkeitsprüfung beauftragt worden. Dies geschah, obwohl bereits ein längerfristiges Forschungsvorhaben lief, das den größten Teil der Ziele verfolgte, die mit der neuen Untersuchung erreicht werden sollten. Hier wurden in wöchentlichen Fragebögen die Aktivitäten der Mitarbeiter und der dafür erforderliche Zeitbedarf erhoben (Zeitbudget-Studie). Die Unternehmensberatung erhob nun mit einer Fülle von Erhebungsinstrumenten alle möglichen Daten, deren inhaltlicher Zusammenhang den Befragten nicht ersichtlich war. Über die relative Wertlosigkeit von Daten, die von ungeschultem Personal erhoben werden, hat David Boulton (Manchester Metropolitan University)[2] einen wichtigen Beitrag zur soziologischen Forschungsdiskussion geleistet. Es sollte zu denken geben, wenn überlastete Krankenschwestern Befragungen durchführen und dabei Erhebungsbögen ausfüllen, die ganz unterschiedliche Auslegungsmöglichkeiten zulassen.

Viele Mitarbeiter (Schwestern, Ärzte, Verwaltungskräfte) fragten sich, was die Unternehmensberatung mit diesen Daten anfangen wollte. Im weiteren Verlauf zeigte sich die weder personell ausreichend ausgestattete, noch fachlich angemessen qualifizierte Firma nicht mehr in der Lage, so der Autor im Ärzteblatt, die Untersuchung dem Auftrag entsprechend zu beenden und die nutzlosen Datenberge auszuwerten. Ein qualifizierter Sachverständiger und ein Subunternehmer stiegen aus, weil die Qualität der Untersuchung vor allem wegen des durch die rasche Abfolge der Erhebungsschritte entstandenen Zeitdrucks nicht zu gewährleisten war. Dieser unzulässige Zeitdruck war bereits den befragten Mitarbeitern aufgefallen und hatte zu großem Ärger Anlass gegeben. Am Ende wurde das vom Auftraggeber – der Krankenkasse – gewünschte Ergebnis hergestellt, das nach Meinung des Autors bereits vorher festgestanden hatte: die Einsparung von Krankenhausbetten. Die zum Teil sinnlosen, überwiegend nicht ausgewerteten Datenberge sollten nur die Absicht der Krankenkasse „untermauern".

Wir erleben auch 13 Jahre nach der Erstausgabe des vorliegenden Buches noch einen Boom von unseriösen Consulting-Firmen, die angesichts leerer Kassen und der dadurch erforderlichen Einsparungen ihre Dienste anbieten und ohne Fachwissen und den erforderlichen Apparat versuchen, die „schnelle Mark" zu machen. Wir raten daher jedem, der Management-Beratung für soziale Organisationen sucht, sich zunächst von einem unabhängigen und wissenschaftlichen Kriterien verpflichteten Fachgremium unterstützen zu lassen.

Deutlich wird an diesem Beispiel aber auch, dass rein betriebswirtschaftlich denkende und arbeitende Unternehmen zur Überprüfung und Herstellung von Effizienz in einer Einrichtung denkbar ungeeignet sind, die soziale Dienstleistungen erbringen soll. Wenn sie den besonderen Arbeitsaufwand, den besonders schwierige Klientele dem Sozialarbeiter abverlangen, vernachlässigen, können sie durch ihre Empfehlungen sogar die Existenz einer sozialen Einrichtung in Frage stellen.

Aus diesem Grunde werden wir bei der Frage des angemessenen Einsatzes von personellen und sachlichen Ressourcen größten Wert auf ihre Verbindung zu den Fragen nach Aufgaben und Arbeitsinhalten legen. Denn es handelt sich bei den Dienstleistungen um solche, die unmittelbar mit der Menschenwürde der Klienten verbunden sind. Hier treten im Falle eines rein wirtschaftlichen Denkens ähnliche ethische Probleme auf wie beim Handel mit Organen und Blutkonserven im medizinischen Bereich. Eine aus Gründen der Verbesserung der Wirtschaftlichkeit abgelehnte Annahme eines Klienten kann ebenso schwere Folgen zeitigen wie eine aus Kostengründen abgelehnte medizinische Behandlung.

Der Rückzug eines Teils der Sozialarbeiter auf „Mittelschichtsklientel" in „white collar"-Beratungseinrichtungen kann auch als eine Art von Hilfeverweigerung für diejenigen angesehen werden, die die Unterstützung durch Sozialarbeiter am dringendsten benötigen.

Die Verknüpfung des Ressourcen-Managements mit den Inhalten der jeweiligen Einrichtung geschieht nach unseren Vorstellungen folgendermaßen:

2. Verknüpfung des Ressourcen-Managements mit den Inhalten der sozialen Einrichtung

Präzisierung der Aufgaben der Einrichtung

Dies ist erforderlich, da die Bestimmung, was eine Einrichtung gegenüber welchen Klienten zu leisten habe, oft nicht sehr genau definiert ist. Entweder dienen allgemein gehaltene Konzeptbeschreibungen nur der Außendarstellung, um Geld für die Arbeit zu erhalten und um erst einmal ein eigenes Konzept zu erarbeiten oder um höheren Förderungskriterien zu entsprechen. So nennen sich viele Kinderheime „therapeutisch", weil sie dann höhere Pflegesätze kassieren können, ohne dass sie wirklich therapeutisch arbeiten, was auch bei so genannten „Sozialisationsstörungen" keineswegs erforderlich wäre.

Zielgruppenbestimmung

Die Aufgabenpräzisierung ist nicht ohne eine Zielgruppenbestimmung vorzunehmen. Hierbei wird eine Zielgruppenanalyse notwendig. Es könnte sein, dass die bei Gründung der Einrichtung vorgenommene Zielgruppenorientierung inzwischen überholt ist, weil eine demographische Veränderung stattgefunden hat. Es könnte auch sein, dass Organisation und Arbeitsmethoden dazu geführt haben, dass sich die Klientel einer Einrichtung seit ihrer Gründung verändert hat. Insbesondere Beratungsstellen, die für Unterschichts-Klientel eingerichtet wurden, geraten leicht in die Gefahr, ihre eigentliche Zielgruppe zu verlieren, wenn sie nach Einrichtung und Arbeitsweise an eine typische psychotherapeutische Praxis erinnern.

Eine weitere Aussonderung ergibt sich, wenn die Arbeitsmethode hauptsächlich aus „reden" besteht und von den Klienten gar erwartet wird, dass sie „ihre Probleme" im inner- oder intrapsychischen Bereich beschreiben sollen. Die große Mehrzahl der klassischen Klientel Sozialer Arbeit ist dazu schon sprachlich nicht in der Lage; viele sind es auch leid, wenn anstelle von praktisch wirksamer Hilfe schon wieder geredet wird.

Außerdem ist die Bereitschaft, über persönliche Schwierigkeiten oder Partnerprobleme zu sprechen, weitgehend bildungsabhängig. Insbesondere Männer in der Unterschicht sprechen nicht gerne über Beziehungsprobleme. Hierbei fühlen sie sich den Frauen unterlegen. Wer also mit Unterschicht-Familien arbeiten will, muss dies berücksichtigen. Organisation und Methode können den Ausschluss der Klientel bedeuten, für die unsere Gesellschaft Soziale Arbeit veranstaltet.

Untersuchung der Zugangswege der Klienten

Die Frage, wie die Klienten zur Einrichtung gelangen, ist von großer Bedeutung für die Arbeit. Zum einen haben die Klienten auf ihrem Weg durch soziale und andere staatliche Agenturen bereits eine bestimmte Sozialisation als Klient hinter sich, sie haben gelernt, sich den Spielregeln der Einrichtungen anzupassen und unter Umständen auch Sozialarbeiter gegeneinander auszuspielen. Andererseits führt eine effiziente Arbeit nur über eine Koordinierung der Aktivitäten unterschiedlicher Einrichtungen mit einer Klientengruppe (Familie) oder einzelnen Klienten. Diese Koordination im Sinne des Case Managements (CM) ist die erste Maßnahme, auch im Sinne der situationsangemessenen Ressourcen-Zuordnung, weil sich durch das Assessment herausstellt:

- welche Unterstützungsleistung die Klienten wirklich benötigen
- welche Klienten in der eigenen Einrichtung Dienstleistungen erhalten können
- welche Dienstleistungen von Mitarbeitern und welche möglicherweise von anderen Einrichtungen erbracht werden
- welcher Mitarbeiter in welcher Einrichtung das Case Management übernimmt

Durchlaufstudie über die Erbringung der klientenbezogenen Dienstleistungen

Als vierten Schritt sehen wir die „Durchlaufstudie" an. Wir sehen diesen Schritt bewusst noch vor einer Organisations-Strukturanalyse, weil erst der Prozess der Erbringung der einrichtungsspezifischen Dienstleistungen Aufschluss darüber gibt, wie in einer sozialen Agentur Entscheidungen sowohl auf der formellen als auch auf der informellen Ebene getroffen werden und zwar wenn es darauf an kommt. „Wer entscheidet in der Kaffeepause?", fragten einst Dechmann und Ryffel[3] und zeigten am Beispiel eines Allgemeinen Sozialen Dienstes (ASD), wie Mitarbeiter mit Entscheidungen des formellen Leiters umgingen und welchen Einfluss ein anderer Kollege auf die Arbeit hatte, mit dem sie in der Mittagspause ihre Arbeit besprachen.

Eine Durchlaufstudie wird sich auf die einzelnen Klienten beziehen und dabei folgende Fragen klären:

- Nach der Frage, wie die Klienten an diese Einrichtung gelangt sind, muss in einem Assessment die genaue soziale Problemlage festgestellt werden, gekoppelt mit der Frage, woher der Auftrag zum Handeln kommt und wer der eigentliche Auftraggeber (eine andere Dienststelle, die Klienten selbst) bzw. der eigentliche Klient (die Eltern, ein Kind, ein Jugendlicher, Nachbar oder der Schularzt bzw. Lehrer, Erzieher in der Kindertagesstätte) ist.
- Im Assessment muss ferner geklärt werden, welche konkrete Dienstleistung nachgefragt wird, ob sie in der Dienststelle oder anderswo erbracht wird und welche Mitarbeiter-Gruppe die weitere Arbeit in der Einrichtung übernehmen soll. Für diese Klärung bietet sich in der größeren Dienststelle die Einrichtung einer eigenen Intake-Gruppe (Aufnahme-Gruppe) an, die nach gründlichen Erstgesprächen entscheidet, welche Kollegen in der Einrichtung oder welche anderen Einrichtungen die weitere Zusammenarbeit mit dem Klienten leisten sollen.

Beispiel und Schlussbemerkung

Eine Stockholmer Sozialstation in einem sozialen Brennpunkt mit hohem Ausländeranteil hat sich beispielsweise folgende Struktur gegeben:

Die Intake-Gruppe prüft, welche Arbeitsgruppe die weitere Arbeit übernimmt. Ist allein finanzielle Unterstützung erforderlich, so übernimmt diese Arbeitsgruppe die weitere Arbeit (oft nur für ganz kurze Zeit). Wird Schul- und Ausbildungshilfe erforderlich, so übernimmt die entsprechende Gruppe. Im Falle des Verdachts auf Kindesmisshandlung oder -missbrauch wird die Investigation-Group beauftragt, die Sachlage zu klären. Eine andere Abteilung ist für Pflegefamilien zuständig. Die größte Gruppe ist die der sozialen Einzelhilfe, die nur dann in Aktion tritt, wenn eine intensive und längerfristige Arbeit mit einer Familie oder einem einzelnen Klienten erforderlich ist. Diese Gruppe müsste im Sinne des Case Managements die Koordinierung der Hilfe – falls erforderlich – zwischen den Unterabteilungen und mit anderen Dienststellen übernehmen.

Da das Case Management dort noch nicht bekannt war, fehlte leider dieser wichtige Schritt. Die Gesamtorganisation des ASD Tensta in Stockholm stellte jedoch bereits einen wichtigen Fortschritt gegenüber den Organisationsformen der uns bekannten Sozialstationen dar, in der Sozialarbeiter „unsortiert" alle „Fälle" auf den Tisch bekommen, wenn diese in die nach Wohnort/Straßen bezogene Zuständigkeit fallen. Die dort arbeitenden Sozialarbeiter beklagen sich ständig über Arbeitsüberlastung und haben nicht selten keine fachlich haltbaren Gesichtspunkte für ihre Prioritätensetzung. Folge: Sie kommen aus dem Stress nicht heraus und halten diesen für unabwendbar. Eine unprofessionelle Organisation fördert unprofessionelle Arbeit.

Gefragt werden muss:

- Wird ein Vertrag mit den Klienten geschlossen, in dem die von der Einrichtung und den Mitarbeitern einerseits und die vom Klienten andererseits zu erbringenden Leistungen festgehalten sind?
- Werden Service-Pläne erstellt, in denen Umfang, Personaleinsatz, Zeitdauer und weitere Ressourcen der sozialen Dienstleistung angegeben sind?
- Wie werden solche Service-Pläne in ihrem Ablauf überwacht? Enthalten sie Kriterien zur Überprüfung der erreichten Ziele?
- Wie wird die Beendigungsphase definiert? Unter welchen Umständen kommt es zu einer Wiederaufnahme des Falles?

Wenn die Arbeit mit jedem einzelnen Klienten derart geplant und aufgezeichnet wird, wie dies in jeder professionellen Sozialarbeit der Fall sein sollte, dann wird sich allein durch die bessere Organisation der Fallarbeit nach einer Eingewöhnungsphase eine bessere Ressourcen- und -nachweisorganisation ergeben, die noch wesentlich begünstigt werden kann, wenn die Organisation der Einrichtung auf die von ihr zu erbringenden Dienstleistungen zugeschnitten wird.

Was über Lean Management gesagt wurde, kann nur dann einsetzen, wenn – wie hier aufgezeigt – eine inhaltlich richtige und fachlich qualifizierte Arbeit gesichert bleibt oder zuvor hergestellt wurde.

Selbstmanagement in der Sozialen Arbeit

5

1. Der Interessenkonflikt zwischen Sozialarbeiter und Klient

In diesem Kapitel bewegen wir uns auf der unmittelbaren Ebene des beruflichen Handelns in der Sozialen Arbeit, der wir unser Hauptaugenmerk widmen, weil sich in deren Produktivität jegliches Management in sozialen Organisationen ausweisen muss. Sonst wird es zur bloßen Spielerei für die Führungsebene (nicht selten von Diplom-Pädagogen), deren Interesse am Sozialmanagement immer auch kritisch betrachtet werden muss. Unsere Fürsorge gilt dabei nicht in erster Linie den Sozialarbeitern und Sozialpädagogen, sondern den Klienten und damit verbunden den Arbeitsbedingungen, Handlungsspielräumen und dem Handwerkszeug der Praktiker.

Fest steht für uns: In aller Regel besteht zwischen den Anstellungsträgern und den Sozialarbeitern, die die fachlich gebotenen Unterstützungsleistungen festlegen und die Interessen der Klienten zum Ausdruck bringen, ein Interessenkonflikt. Sozialarbeiter haben kein „doppeltes Mandat", wie Böhnisch und Lösch dies einmal formuliert haben[1], sie sind Angestellte des Trägers und haben daher einen Auftrag. Die Klienten haben sie zunächst nicht beauftragt, etwas für sie zu tun. Ein abweichender Auftrag der Sozialarbeiter entsteht aus ihrer professionellen Fachlichkeit unter Bezug auf die gegensätzlichen Interessenlagen der Träger, die auch die Gesellschaft repräsentieren, die mitverantwortlich dafür ist, dass Bürger zu Klienten von Sozialarbeit werden, und der Klienten-Interessen, deren Anspruch auf wenigstens durchschnittliche Teilnahme am öffentlichen Leben und Wohlstand nicht erfüllt wird.

In dieser Zwischenposition ist von den Sozialarbeitern strategisches Ausnutzen aller Handlungsspielräume zugunsten ihrer fachlich geforderten Interessenwahrnehmung und ihrer professionellen Praxis gefordert. Der Berufskonflikt der Sozialarbeit ist nach keiner Seite hin aufzulösen, weder durch Aufgabe fachlicher Anforderungen und Willfährigkeit gegenüber dem Anstellungsträger noch durch Einnahme einer wirklichkeitsfremden Position der Interessengleichheit mit den Klienten. Wir gehen davon aus, dass dieser strukturell gegebene Konflikt und die sich daraus ergebenden konkreten Berufskonflikte von den Sozialarbeitern ausgehalten werden müssen.

Das hier geforderte strategische Verhalten[2] ist erlernbar, so dass Berufskonflikt-Planspiele in manchen Studiengängen Sozialwesen und in der Fortbildung einen festen Platz haben[3]. Wir haben Berufskonflikt-Planspiele seit vielen Jahren zum Standardprogramm an unserem Fachbereich gemacht und in zahlreichen Fortbildungsseminaren mit Berufspraktikern und Hochschullehrern eingesetzt. Dabei haben wir eine Variante mit besonders konfrontativen Rollenspielelementen entwickelt, bei der die personale Handlungsebene mit der Ebene des Handelns in Organisationen und politischen Handlungsfeldern verknüpft wird und Strategien im Umgang mit typischen Berufskonflikten deutlich werden. Diese Form wurde zu einer Zeit entwickelt, als unerfahrene Sozialarbeiter zum Teil mit völlig unrealistischen politischen Forderungen reihenweise scheiterten. Auch fachliche Inkompetenz wurde mitunter ein Grund zum Misserfolg, der dann in einer politischen Aufwertung als ein Beweis für die Unterdrückung durch staatliche oder private Träger umgemünzt wurde. Wir haben das an einem in der Öffentlichkeit viel diskutierten Fall der Ausländerberatung in einer Stadt im Rhein-Main-Gebiet mit intensiven Recherchen nachgewiesen.[4]

Berufskonflikt-Planspiele sind also eine Möglichkeit, in Studium und Fortbildung Kompetenzen für ein professionelles Handeln in solchen Konflikten zu erwerben.

2. Selbstmanagement des professionellen Alltagshandelns in der Sozialen Arbeit

Die oft geringe Effektivität Sozialer Arbeit und das dadurch geprägte Bild in der Öffentlichkeit wird nach unserer Meinung nicht nur durch professionelle Inkompetenz bewirkt. Häufig wird von der Sozialarbeit mehr erwartet, als sie wirklich unter oft einengenden Rahmenbedingungen leisten kann. Es ist aber auch eine Aufgabe sozialer Dienste, realistische Arbeitsziele zu entwickeln, diese in der Öffentlichkeit zu vertreten und politische Aufgaben im Hinblick auf die Verbesserung der Lebensbedingungen der Klientel zu definieren, wo die eigene Praxis ihre Grenzen findet.

Darüber hinaus braucht die Praxis Sozialer Arbeit auch endlich in einem doppelten Sinne „ganzheitliche" Konzepte und Methoden:

- Zum einen müssen diese auf die ganze Person/Gruppe in ihrer sozialen Nahumwelt gerichtet sein und die Komplexität dieser Lebenswelten berücksichtigen und nach ausgewiesenen Regeln so weit reduzieren, dass Handlungsfähigkeit entsteht.

- Zum anderen müssen diese Konzepte und Methoden nicht nur die Interaktionen und Verhältnisse zwischen den Sozialarbeitern und den Klienten organisieren, sondern auch all jene Tätigkeiten im Berufsalltag miteinbeziehen, die einen Beitrag zur Verwirklichung der Arbeitsziele leisten: die Hilfebereitstellung für die Klienten; die Herstellung von verbindenden Beziehungen zwischen beiden, wozu auch die Förderung von Selbsthilfefähigkeiten der Klienten zur Bearbeitung von Problemlagen gehört.

Diese Problematik verweist einen Teil der Verantwortung für nicht gelingende Praxis auch auf die Hochschulen zurück, die verstärkt an der Entwicklung praxistauglicher Konzepte und Methoden arbeiten müssen, indem sie diese gemeinsam mit den Sozialarbeitern in deren Praxis entwickeln, ihre Umsetzung wissenschaftlich begleiten und Auswirkungen für die Klienten erforschen.

Einführung des Selbstreflexiven Arbeitskonzepts (SAK)

Das Selbstreflexive Arbeitskonzept haben wir in Zusammenarbeit mit Praktikern aus unterschiedlichen Arbeitsfeldern entwickelt und sowohl in Fortbildungsveranstaltungen als auch mit Teams aus der Praxis mehrfach erprobt.[5] Es wird von den Praktikern als wichtiges Handlungskonzept zum Selbstmanagement sowohl einzelner Sozialarbeiter als auch von Teams eingeschätzt.

Wir sind bei der Praxisentwicklungsarbeit mit diesem Konzept auf strukturelle, organisatorische und kulturelle Bedingungen gestoßen, die – in der Regel – eine Organisationsentwicklung der Einrichtung erforderlich gemacht haben. Dies kann immer geschehen, wenn innovative Konzepte von Sozialarbeitern erprobt werden. Die Veränderungsfähigkeit einer Organisation wird gefordert. Wir stoßen hierbei an Managementbereiche, die die gesamte Einrichtung betreffen. Insofern kann konzeptionelles und methodisches Arbeiten auch ein Politikum sein, wo die Fachlichkeit der Sozialen Arbeit auf politische Vorgaben und strukturelle Bedingungen von Organisationen stößt.

Im Sinne des fachbegründeten strategischen Handlungsgebots sollten sich Sozialarbeiter nicht zu schnell entmutigen lassen, wenn sie auf zähe Strukturen und nur an Machterhalt interessierte Positionsinhaber stoßen. Hier greifen moderne Management-Ansätze, die sich langfristig auch gegen Widerstände durchsetzen können, da sie einen großen Teil der vorgeschobenen Argumente (finanzieller oder personeller Art) oder angebliche Sachnotwendigkeiten entkräften helfen.

Wenn Sozialarbeiter an wirklich nicht innovationsfähige Organisationen und Personen stoßen, so sind sie wenigstens in der Lage, fachlich qualifiziert die Hemmnisse zu benennen, die eine professionelle Arbeit be- oder verhindern. Sie müssen sich dann bewusst und mit fachlicher Begründung entscheiden, ob sie eine Reduktion ihrer Handlungsziele vornehmen können und wollen, ob sie im Interesse ihrer Fachlichkeit eine längerfristige Konfliktstrategie zur Erweiterung ihres Handlungsspielraums wählen oder ob sie – im ungünstigsten Falle – die Arbeitsstelle aufgeben.

3. Selbstmanagement mit dem Selbstreflexiven Arbeitskonzept

Selbstmanagement in der Praxis Sozialer Arbeit muss sich mit folgenden Gesichtspunkten befassen, die in einem systematischen Zusammenhang stehen mit:

- den politischen, rechtlichen, strukturellen und organisatorischen Rahmenbedingungen der Arbeit und damit auch des Trägers der Einrichtung und des Arbeitsplatzes und den dadurch bereitgestellten Spielräumen für das berufliche Handeln
- dem daraus entstehenden Arbeitsauftrag, Konzeptionen der Einrichtung und des Trägers und den Aufgabenstellungen für die Sozialarbeiter, andere Mitarbeiter und Führungskräfte, den formalisierten und informellen Zielvorgaben und den fachlich begründeten möglicherweise abweichenden Zielsetzungen für die Arbeit
- den personellen, finanziellen, sachlichen und räumlichen Ressourcen und Arbeitsmitteln, die bereitstehen oder gebraucht würden
- der effizienten Arbeitsorganisation der Interventionsvorbereitung oder -unterstützung, der professionell erforderlichen Datensammlung und -bearbeitung (Aktenführung, Gesprächsprotokollierung, Karteiorganisation), der Kommunikation mit Kollegen und anderen Dienststellen

- der konzeptionellen Zielbestimmung der Sozialen Arbeit, der Arbeitsmethoden und -techniken als planbare systematische und an Dritte vermittelbare Arbeitsweisen
- der hinreichend validen Überprüfung und Beurteilung der Arbeitsergebnisse
- der Vermittlung der Arbeitsergebnisse an die interessierte Öffentlichkeit

Die hier aufgeführten Aufgaben des SAK stellen die Verbindung zwischen dem Selbstmanagement der einzelnen Sozialarbeiter oder Teams zur Ebene des Gesamtmanagements einer sozialen Organisation her. Sie sollen die „Voraussetzungen für die Arbeit klären helfen" und die „Gestaltung des Handlungsspielraums" vorbereiten.[6]

Die wesentliche Aufgabe des SAK liegt jedoch in einer Unterstützung des methodischen Handelns von Sozialarbeitern in ihrer Alltagspraxis und soll sämtliche Tätigkeiten in der Sozialen Arbeit umfassen, ausdrücklich auch solche, die nicht den unmittelbaren Kontakt mit Klienten betreffen, wenn diese mit der Dienstleistung gegenüber den Klienten konzeptionell verbunden sind.

Das SAK setzt den Schwerpunkt jedoch auf den Bereich des konzeptorientierten methodischen Handelns von Sozialarbeitern in ihrer beruflichen Alltagspraxis. Als ein großrahmiges Handlungskonzept soll das Selbstmanagement der Sozialarbeiter anleiten. Praktiker sind, wenn wir Rückmeldungen aus der Praxis vertrauen, mit Hilfe des SAK in der Lage, sämtliche Tätigkeiten, die zu ihrer Dienstleistung gegenüber Klienten gehören, methodisch zu organisieren und zu überprüfen. In eindeutiger Frontstellung zur Psychozentrierung traditioneller Methoden der Sozialen Arbeit ist es mit den sozialräumlichen Methoden Case Management, Environment-Aktivierungs-Methode und Milieuarbeit vereinbar und damit lebensweltlich orientiert.

Darüber hinaus werden eben nicht nur die Interaktionen zwischen Sozialarbeitern und Klienten oder Klienten-Gruppen organisiert, sondern auch Büro-Tätigkeiten wie Aktenführung, Protokollierung, Beantragung von Mitteln für die eigene Arbeit und die Unterstützung der Klienten bei Antragstellungen und Kontakten zu anderen Behörden etc., alle Interaktionen der Sozialarbeiter mit Kollegen und anderen Dienststellen sowie handwerkliche Tätigkeiten und vieles mehr, was nachweislich dem gesetzten Ziel dient.

Das SAK entspricht folgenden, aus der Handlungsforschung entlehnten Strukturmerkmalen:

- zuerst wird eine gründliche Berufsfeldanalyse (BFA) und Zielplanung vorgenommen
- anschließend erfolgt ein reflektiertes Handeln mit Selbstevaluation, d.h. Praktiker sind in einem bestimmten Maße auch Forscher
- danach wiederholen sich die Phasen und Arbeitsschritte mit neuen Inhalten und – gegebenenfalls auch – Methoden nach einem Feedback (Iteration)

Im Folgenden stellen wir die einzelnen Arbeitsschritte des Selbstreflexiven Arbeitskonzeptes (SAK) dar.

1. Arbeitsschritt: Bezugnahme und/oder Formulierung von berufsfeldspezifischen, noch relativ allgemeinen Zielen

In diesem ersten Schritt geht es darum, einen Ethik-Code, z.B. den vom DBSH formulierten, auf eine bestimmte Zielgruppe Sozialer Arbeit zu beziehen. Der Ethik-Code geht, wie oben beschrieben, von den in jeder demokratischen Verfassung aufgenommenen Menschenrechten aus und formuliert für die Soziale Arbeit allgemeine Handlungsziele und sich daraus ergebende Rechte und Pflichten der Sozialarbeiter und zum Teil auch Klienten. Da der allgemein gehaltene Ethik-Code jedoch keine Angaben über die besonderen Lebensumstände einer Klientel und deren Rechte enthält, muss dieser Bezug hergestellt werden durch die Frage, in welcher Weise die betroffene Klientel zunächst allgemein in ihrer Menschenwürde eingeschränkt wurde.

Zu fragen ist also: Was wissen wir über diskriminierende oder in anderer Weise einschränkende Lebenslagen von ausländischen Mitbürgern oder von Sozialhilfeempfängern und was bedeuten die festgestellten Beeinträchtigungen ihrer Teilhabe an gesellschaftlich durchschnittlichen Lebensmöglichkeiten für die Soziale Arbeit als Beruf?

Diese allgemeine Zielbestimmung soll in Teams erfolgen oder in fachorientierten Arbeitsgruppen mit Teilnehmern aus verschiedenen Einrichtungen. Sie dient auch der Erklärung der professionellen Standards und Werte und der möglichen Angleichung durch die Diskussion. Bewährt hat sich hierfür und für die Evaluationsphase (Sechster Arbeitsschritt) das von uns entwickelte „Rating Assessment" (RA).[7]

Beispiel (Teil 1)

Die Sozialarbeiterin einer Sozialpädiatrischen Einrichtung zur Früherkennung und -förderung von Behinderungen bei Kindern tritt neu in die Einrichtung ein. Sie wird sich umgehend mit den Zielsetzungen der Arbeit, den Klienten, den Mitarbeitern und den Arbeitsmitteln bekannt machen. Dieser Prozess ist im zweiten Arbeitsschritt vorgesehen. Bereits vor der Bewerbung setzt sie sich mit der Lage behinderter Menschen, insbesondere Kindern, in dieser Gesellschaft auseinander. Sie weiß, dass Behinderte in unserer Gesellschaft nicht annähernd so behandelt werden, dass ihre Menschenrechte voll gewahrt würden.

Diese Problematik stellt sich sicher in anderen Gesellschaften noch viel schärfer. Gemessen am insgesamt vorhandenen Reichtum dieser und anderer europäischer Gesellschaften, müssten die allgemeinen Lebensbedingungen Behinderter bei uns besser sein. Aufgrund ihrer Auslandserfahrungen weiß sie z. B., mit welchen Bemühungen in den Niederlanden und in Schweden versucht wird, den Behinderten die volle Teilhabe am gesellschaftlichen Leben zu ermöglichen und zwar nicht nur punktuell durch besondere Aktivitäten einiger Projekte und Einrichtungen, sondern generell und strukturell: angefangen bei öffentlichen Wegen, Verkehrsmitteln und Gebäuden, die rollstuhlgerecht angelegt sind, weiter bei der Vielzahl von ambulanten Hilfen, der personellen und technischen Unterstützung, damit behinderte Kinder am Unterricht der Normalschule und Erwachsene am Arbeitsleben teilnehmen können.

Sie weiß, dass sich die hiermit beschriebene Randstellung von Behinderten verschärft, wenn sie aus Familien der einkommens- und bildungsschwachen Schichten stammen. Und schließlich ist ihr darüber hinaus bewusst, dass es behinderte Kinder, besonders aus Familien in einer sozioökonomischen Randlage in einer Gesellschaft, die keine kinderfreundlichen Lebensbedingungen bereit hält, noch einmal schwerer haben.

Sie wird sich also als allgemeine Zielformulierung für ihre Arbeit mit behinderten Kindern und deren Eltern überlegen, welchen Beitrag sie in ihrer Arbeit innerhalb der Sozialpädiatrie dazu leisten kann, der Diskriminierung ihrer Klienten entgegen zu arbeiten und welche Unterstützung sie und ihre Kollegen den betroffenen Kindern und Familien geben können.

Diese an der Ethik Sozialer Arbeit anknüpfende Diskussion muss in jeder Einrichtung unter allen Mitarbeitern geführt werden, um bei der notwendig zu entwickelnden professionellen Distanz nicht in Zynismus zu verfallen, eine bei helfenden Berufen nicht selten auftretende Abwehrhaltung als Schutz vor zu starkem Engagement.

Aus dieser allgemeinen Zieldiskussion, die wir mit dem Instrument des Rating Assessment (RA) in Gang bringen würden, lassen sich später konkrete Ziele für die Einrichtung und für die einzelnen Mitarbeiter-Gruppen entwickeln. Selbstverständlich können die grundlegenden Lebensbedingungen bestimmter Klienten, also auch der behinderten Kinder und ihrer Familien, in dieser Gesellschaft durch die eigene Sozialarbeit und medizinisch-therapeutische Hilfe in der Regel nicht so weit verändert werden, dass die Klienten wirklich voll an dieser Gesellschaft mit ihren Möglichkeiten teilhaben können. Deshalb müssen im dritten Arbeitsschritt des SAK in der Arbeit erreichbare Ziele formuliert werden. Die gemeinsame Diskussion der Grundorientierung der Mitarbeiter ist jedoch wichtig für die Entwicklung einer Corporate Identity der Einrichtung, der professionellen Orientierung Sozialer Arbeit, für Prävention und ein weitgehendes politisches Engagement.

2. Arbeitsschritt: Sammlung von Informationen über das Berufsfeld und den Arbeitsplatz

Hier geht es um die systematische Sammlung von Informationen über methodische Datenerhebung und über praktische Recherchen, um so viel wie irgend möglich über die Klientel der Einrichtung, ihre besonderen Lebenslagen und Lebensstrategien und -entwürfe zu erfahren. Dies gilt gleichermaßen für kommunale und politische Strukturen der Wohn- und Lebensbereiche, der „Soziotope" und der Problemlagen.

Ferner betrifft die Informationssammlung den Träger, die Einrichtung (Auftrag, rechtliche und organisationelle Struktur) und die Mitarbeiter sowie deren Zusammenwirken (auch Organisationskultur). Schließlich sind auch die Arbeitsressourcen und -mittel wichtig. Für diese Informationssammlung haben wir das bereits eingangs erwähnte Instrument der Berufsfeld-Analyse entwickelt (siehe Arbeitsblätter).

Das Berufsfeld-Analyse-Instrument enthält die Abschnitte:

1. Struktur des Arbeitsplatzes
2. Soziales und politisches Umfeld
3. Berufliches Handeln der Sozialen Arbeiter

Diese Abschnitte der Berufsfeld-Analyse enthalten differenzierte Kategorien nicht nur über den Träger und den Arbeitsplatz, sondern auch über die Lebensbedingungen und sozialen Räume der Klienten. Im Bereich der Arbeitsplatzkategorien sind auch Einflüsse unserer Praxis der Organisationsentwicklung und im Bereich der Umfeldanalyse solche der Soziotop-Analyse enthalten.

Es handelt sich also bei der Berufsfeld-Analyse nach unserem Instrumentarium um eine umfangreiche und längerfristige Arbeit, die nicht schnell abgehakt ist. Praktiker, die hiermit erfolgreich arbeiten, sehen die Berufsfeld-Analyse als einen längerfristigen Prozess an. Es ist sinnvoll, bei Beginn der Arbeit so viele Informationen wie möglich über die Bereiche I und II zu sammeln, damit eine professionelle Arbeit beginnen kann. In allen drei Bereichen wird der Prozess der Informationssammlung im Grunde nie abgeschlossen. Dies liegt daran, dass die gesellschaftlichen Teilbereiche, in denen Soziale Arbeit geleistet wird, und ihre Einrichtungen sich in einem ständigen Wandel befinden.

Eine solche Berufsfeld-Analyse ist also keinesfalls nur am Anfang einer Einrichtung oder für neue Mitarbeiter notwendig, sondern nach bestimmten Zeitabständen auch für bestehende soziale Dienstleistungsunternehmen. Kaum zu glauben: Wir sind im Zuge unserer Praxisforschung auf nicht wenige, zum Teil große und öffentliche Einrichtungen gestoßen, deren Mitarbeiter weder wussten, was eine Berufsfeld-Analyse ist, noch jemals ein Arbeitskonzept erstellt hatten.

Beispiel (Teil 2)

Die allgemeine Zieldiskussion wird also geführt, d. h. in unserem Beispiel macht sich die neue Sozialarbeiterin zunächst einmal ihre eigenen Gedanken. Wenn ein Team neu anfängt, so geschieht dies unter allen Mitarbeitern. Um Praxisentwicklung und wissenschaftliche Begleitung gebeten, haben wir das Nachdenken über Ziele angeregt. Gemeinsam gelang es uns, zunächst den bereits in der Einrichtung arbeitenden Kollegen, einen Sozialpädagogen, für diese Diskussion zu gewinnen. Die Abklärung der Grobziele erfolgte etwa entlang der von uns oben angerissenen Diskussion über die soziale Lage von behinderten Kindern und deren Familien, insbesondere aus der Unterschicht.

Wir wollten nicht ein allgemeines Lamento, das die Ohnmacht der Sozialen Arbeit nur verstärkt, sondern eine Besinnung auf weitergehende sozial- und gesellschaftspolitische Bestimmung Sozialer Arbeit und ihrer Berufsethik, die im Alltagsgeschäft in der Gefahr steht, vergessen zu werden.

Die neue Sozialarbeiterin arbeitet mit unserem Berufsfeld-Analyse-Bogen. Sie weiß, dass es sich bei dem Träger um einen selbständigen, aber stadtnahen Verein mit weiteren unterschiedlichen Abteilungen für soziale Dienstleistungen handelt. An der Spitze steht ein Vorstand, dem Vertreter des städtischen Jugendamts und ein hauptamtlicher Geschäftsführer angehören.

Der Sozialpädiatrische Dienst (SPD), in dem sie arbeitet, hat den Auftrag, psychische und physische Behinderungen bei Kindern möglichst früh zu erkennen und zu behandeln, soweit dies in der Einrichtung geleistet werden kann, oder andere Einrichtungen einzuschalten. Finanziert wird die Arbeit zu einem großen Teil von den Krankenkassen und zu einem kleineren Teil mit Zuschüssen der Kommune.

Der Sozialpädiatrische Dienst wird von einem Arzt geleitet (medizinische Diagnostik). Weitere Mitarbeiter: eine Psychologin (Psychodiagnostik und -therapie), zwei Logopäden (Sprachtherapie), zwei Ergotherapeuten, ein Heilpädagoge, eine Verwaltungsangestellte und zwei Sozialarbeiter.

Die Lage der Einrichtung, im Stadtteil einer größeren Kommune mit hohem Ausländeranteil, ist nicht zufällig. Als sie vor zehn Jahren gegründet wurde, gab es auch ein Konzeptpapier, in dem diese Lage mit der Absicht begründet wurde, ihre Dienste besonders ausländischen und deutschen Unterschichtfamilien anzubieten, die bis dato unterversorgt waren. Mit dieser Begründung wurde auch eine Abteilung „Soziale Arbeit“ angeschlossen. Von Anfang an wurde die Zusammenarbeit mit diesen Familien als schwierig, aber dennoch besonders wichtig angesehen.

Dies waren die ersten Informationen, die die neue Sozialarbeiterin erhielt. Schnell wurde ihr auch der Arbeitsablauf im SPD deutlich:

Die Kinder wurden von Kinderärzten überwiesen. Die betroffenen Familien wurden zu einem diagnostischen Erstgespräch eingeladen, das der Arzt durchführte. Wurde der Verdacht des Kinderarztes bestätigt, so entschied der Arzt, welche Behandlung zu folgen hatte und welche Mitarbeiter damit beauftragt wurden. Dies geschah auch dann, wenn er feststellte, dass eine Psychodiagnostik erforderlich war. Die Sozialarbeiter wurden eingeschaltet, wenn bestimmte Familien nicht kooperierten, Termine nicht einhielten oder wenn der Arzt aus dem Gespräch oder der Aktenlage feststellte, dass besondere soziale Problemlagen vorhanden waren. In einigen Fällen geschah dies auch auf Veranlassung der therapeutischen Mitarbeiter, die aufgrund ihres Arbeitsauftrags und ihrer Zeitvorgaben beispielsweise keine Hausbesuche durchführen konnten. Auch wenn Fachkenntnisse im Bereich des Sozialhilfe- und des Jugendhilferechts oder wenn Kontakte zu anderen Einrichtungen (Jugendamt, Sozialamt, Familienhilfe, Krankenkassen) erforderlich waren, dann wurden die Sozialarbeiter beauftragt zu intervenieren.

In unserer Entwicklungsarbeit mit Hilfe des SAK haben wir vereinbart, dass wir auf dem Wege zu einem Selbstmanagement zunächst jeden Arbeitsauftrag mit einer Klienten-Familie nacheinander einzeln bearbeiten, um mit einer Zeitperspektive von einem halben Jahr eine fachlich ausgewiesene professionelle Arbeitsorganisation zu entwickeln.

Jeder Sozialarbeiter hat eine Intensivbetreuung von etwa zehn Familien gleichzeitig zu leisten. Da bislang überhaupt keine systematisch fachlich ausgewiesene Arbeit bestanden hatte, weder bei der neuen noch bei der länger dort arbeitenden Fachkraft, war es notwendig, zunächst jeweils die Arbeit mit neuen Klienten-Familien Schritt für Schritt neu zu gestalten.

Wie in der folgenden Übersicht dargestellt, ist das SAK ein Konzept für den Gesamtarbeitsbereich eines Sozialarbeiters oder eines kleinen Teams, das gemeinsam mit Klienten oder Klein-Gruppen arbeitet. Innerhalb des Gesamtarbeitsbereichs wird nun auch die systematische und planvolle Arbeitsorganisation der einzelnen „Fallbearbeitungen" vorgenommen, wobei sozial-räumlich greifende Methoden, wie die Sozialbiographische Analyse (SOA), das Case Management (CM) und die Environment-Aktivierungs-Methode (EAM)[8], eingesetzt werden können, die mit dem SAK kompatibel sind.

Verknüpfung von Case Management und Selbstreflexivem Arbeitskonzept

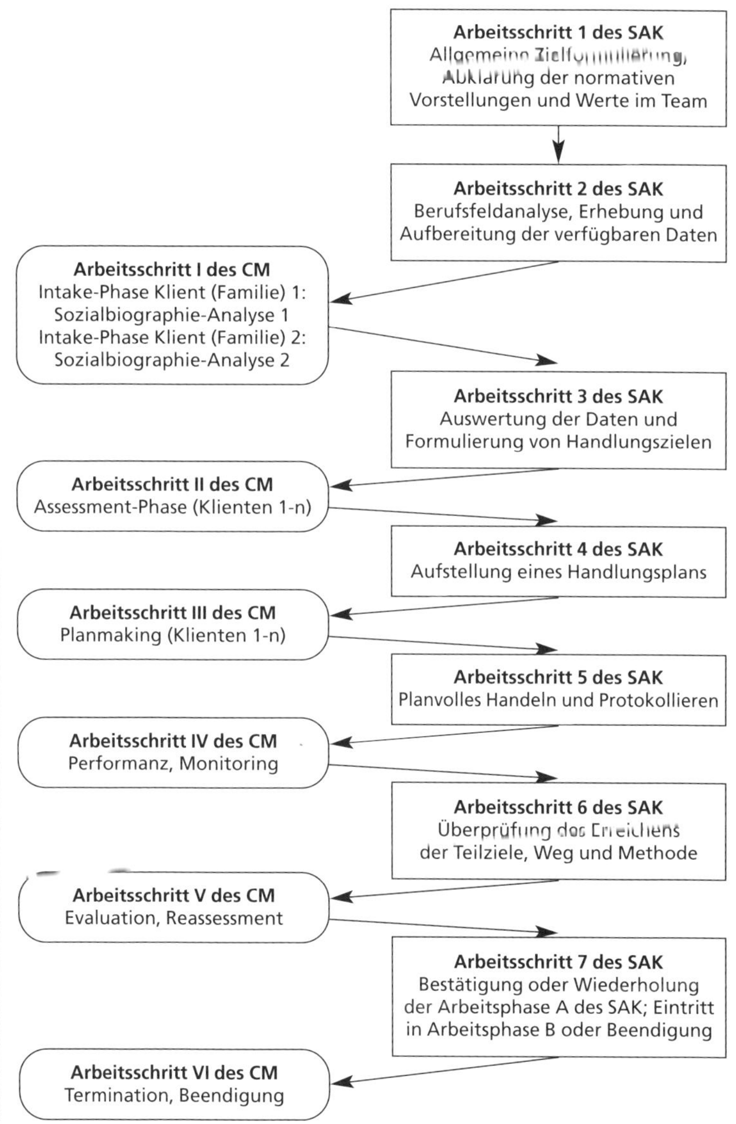

Beispiel (Teil 3)

Da war die Familie A. mit ihrem Sohn (acht Monate), überwiesen von einem Kinderarzt, der aufgrund der Reaktionen des Jungen einen Fall von Autismus vermutet. In einer ausführlichen Diagnose durch den Arzt des SPD hat sich die Vermutung des Kinderarztes bestätigt.

Die Sozialarbeiterin wird damit beauftragt, die Diagnose den Eltern mitzuteilen, sie in dieser für die Familie schwierigen neuen Situation zu begleiten und zu unterstützen. Vor dem Gespräch sieht sie sich die Anamnese-Akte der Familie an.

Sie erfährt über die Familie, die noch ein Mädchen im Alter von acht Jahren hat, dass der Ehemann (28) als Lagerarbeiter den größten Teil des niedrigen Familieneinkommens verdient, und dass die Mutter (26) mit einer Halbtagstätigkeit als Putzfrau immerhin die Miete der Sozialwohnung dazuverdient. Die Familie A. hat damit ein Einkommen knapp über dem Sozialhilfesatz und kommt mit einem Wohngeldzuschuss gerade so über die Runden. Im Gespräch mit dem Arzt betonen sie, dass es sie Mühe gekostet hätte, das Wohngeld zu beantragen, und dass sie niemandem auf der Tasche liegen wollen.

Konzeptgemäß sammelt die Sozialarbeiterin zunächst alle Informationen über die Familie, die sie noch vor ihrem ersten Kontakt mit dieser bekommen kann. Aus den Akten weiß sie, dass die Familie in einer Zweieinhalbzimmer-Sozialwohnung lebt. Die Wohnsiedlung gehört einer gemeinnützigen Wohnungsbaugesellschaft, die die Häuser 1970 erbaute.

Das Wohngebiet wird auf einer Seite von einem Industriegelände, auf der zweiten von einer Autobahn und auf der dritten Seite eines Dreiecks von amerikanischen Kasernen eingeschlossen. Geschäfte und öffentliche Gebäude sind zu Fuß kaum erreichbar.

Weitere Informationen will sie von der Familie selbst einholen, da sie sich dagegen entschieden hat, hinter dem Rücken der Familie über sie zu recherchieren. Sie legt sich konzeptgemäß eine Akte an.

3. Arbeitsschritt: Die Auswertung der Daten und die Formulierung vorläufiger Arbeitsziele

In dieser Phase werden die allgemeineren Ziele für die jeweilige Arbeit mit einer bestimmten Klientel vor Ort konkretisiert. Es werden längerfristige, mittelfristige und Nahziele unter der Angabe von

Zeiträumen formuliert und operationalisiert, indem die angestrebten Zustände und Verbesserungen für eine Klientel unter der Angabe von Indikatoren, die für eine Zielerreichung sprechen, möglichst genau beschrieben werden.

In der Praxisentwicklungsarbeit mit Sozialarbeitern haben sich folgende Fragen als sinnvoll erwiesen.

- Was soll zuerst geschehen, welche Schritte sollen folgen?
- Was müsste in der Lebens-, Wohn- und Arbeitssituation geändert werden, um ihre Lage zu verbessern?
- Wie können Selbsthilfepotenziale aktiviert werden, um Selbsthilfeprozesse zu ermöglichen?
- Wie könnten Environments aktiviert werden, um diese Prozesse zu stützen und Handlungsräume zu erweitern?
- Welche Umstände (soziale, politische, lokale usw.), welche Strukturen in der Gemeinde, Viertel, Nachbarschaft, der Einrichtung, des Trägers, welche Personen und Gruppen behindern angestrebte Verbesserungen in den Lebenslagen der Klienten?
- Welche sind dafür förderlich?
- Welche Mittel auf welchen Ebenen stehen mir als Sozialarbeiter und Bürger zur Verfügung, um dem Gesamtziel näher zukommen?

Beispiel (Teil 4)

Die Sozialarbeiterin überlegt sich, wie sie ihren Auftrag, also zunächst die Mitteilung der Diagnose in einem Gespräch, erfüllen kann, ohne den Eltern mehr als notwendig Schmerzen zuzufügen und damit gleichzeitig eine Ausgangsbasis für eine weitere Zusammenarbeit zu erhalten. Sie weiß, dass Autismus auch erblich bedingt ist und dadurch Schuldgefühle bei den Eltern entstehen können. Sie weiß gleichzeitig, dass eine autistische Störung auch schwer zu therapierende Folgen haben könnte, die durch entsprechende Förderung lediglich abgemildert werden können. Ihr ist auch bewusst, dass auf die Familie A. größte Belastungen physischer, psychischer und nicht zuletzt finanzieller Art zukommen, die vorhandene Lebensentwürfe und -pläne über den Haufen werfen können.

Sie überlegt sich weiter, in welchem Rahmen das Gespräch ablaufen soll. Die größte Sicherheit haben die Eltern, wenn dies bei einem Hausbesuch in ihrer eigenen Wohnung geschieht. Sie verwirft diesen Gedanken, weil allein die unvorbereitete Verabredung eines Hausbesuchs einen Schock für die Eltern bedeuten würde, die bislang offensichtlich jeglichen Umgang mit Sozialarbeitern vermeiden konnten. Sie entscheidet sich dafür, die Eltern in den Sozialpädiatrischen Dienst zu bitten, weil dies der sachlichste und unbelastetste Ort ist. Sie wählt ein Besprechungszimmer und stellt eine freundliche Atmosphäre her (Kaffee und Gebäck, Sitzecke).

Sie teilt den Eltern die Diagnose behutsam mit und bietet sich gleichzeitig als Gesprächspartner und unterstützende Betreuerin an, damit die Familie merkt, dass sie mit ihrem Los nicht alleingelassen ist. Familie A. zeigt sich zwar traurig und enttäuscht über die Behinderung ihres Sohnes, scheint jedoch die volle Härte dieser Tatsache noch nicht zu begreifen. Der Sozialarbeiterin ist dies nicht unlieb. Aus ihrer Erfahrung mit ähnlichen Situationen in ihrer früheren Praxis weiß sie, dass den Eltern erst zu Hause in vollem Maße bewusst wird, was ihrem Sohn und ihnen bevorsteht und der Schmerz erst dann unerträglich wird. Deshalb vereinbart sie für ein paar Tage später einen Hausbesuch.

Inzwischen stellt sie Überlegungen über ihre Handlungsziele an, die sie ebenfalls aufzeichnet.

Fernziele für die Arbeit mit Familie A:

In Anlehnung an ihre Zielsetzungs-Überlegungen von Schritt 1 überlegt sie, was diese Zielsetzung der Aufhebung gesellschaftlicher Benachteiligung für die Familie A. bedeutet. Das behinderte Kind soll die bestmöglichen Chancen haben, später ein weitgehend „normales", d. h. von fremder Hilfe unabhängiges, selbstbestimmtes und in gesellschaftliche Prozesse integriertes Leben führen können. Damit ist gesagt, dass das Kind die bestmögliche Förderung erhalten soll, die mit öffentlich zugänglichen Hilfen erreichbar ist, damit die massive Kontaktaufnahmestörung sich möglichst nicht weiter verstärkt, sondern therapeutisch abgebaut werden kann (Überwindung des Eingeschlossenseins und systematische, die Entwicklung des Kindes begleitende Förderung der Wahrnehmungs- und Mitteilungsfähigkeiten). Der Anfang einer Therapie kann nach einer gründlichen Testphase bereits im SPD gemacht werden. In dieser Phase braucht das Kind auch zu Hause intensive Betreuung, gleichzeitig müssen die Eltern aber auch bereit sein, sich zeitweilig vom Kind zu trennen, damit es in einer Spezialschule weiter gefördert werden kann. Lange Zeit, wenn nicht lebenslang, wird der Sohn Betreuung brauchen.

Für die Eltern würde eine längerfristige Zielsetzung bedeuten, dass sie trotz der erforderlichen Umstellung ihres Lebens wenigstens so weit sozial integriert und selbstbestimmt und ohne Diskriminierung leben können; dass sie lernen, ihr Kind nicht übermäßig zu beschützen; dass sie, falls es für seine Entwicklung erforderlich ist, in einer Internatsschule eine weitere Förderung zulassen, notfalls auch längerfristig; dass sie trotzdem eine soweit irgend möglich enge Beziehung aufrechterhalten. Diese Fernziele gilt es, in erreichbare Teilziele zu übersetzen.

Sie formuliert also die ersten Nahziele für die Soziale Arbeit mit Familie A.:

- Aufbau einer Arbeitsbeziehung mit den Eltern: Die Bereitschaft zur Zusammenarbeit will sie in einem ersten Schritt über ein Gespräch (s. o.) in der Einrichtung erreichen, in dem sie den Eltern behutsam die Diagnose des Arztes mitteilt und erläutert. Mit diesem Gespräch will sie den Eltern gleichzeitig zeigen, dass die Einrichtung und sie selbst unterstützend weiter helfen können und der Familie mit Rat und Tat zur Seite stehen. Da sie sich bewusst war, dass die Eltern diese für sie schockierende Mitteilung nicht sofort voll begreifen können, will sie den Aufbau einer Arbeitsbeziehung (entspricht der Intake-Phase des Case Managements, wie in diesem Band beschrieben) mit einem Hausbesuch fortsetzen.
- Mit dem Hausbesuch verbindet sie eine weitere Zielsetzung: Sie will sich ein realistisches Bild von den Lebensumständen der Familie machen und damit sorgfältig und vorsichtig in die Lebenswelt der Familie „eindringen", weil das Unterstützungsmanagement an den realen Lebensbedingungen der Klienten ansetzen muss.
- Das allgemeine Ziel Sozialer Arbeit, Hilfe zur Selbsthilfe zu leisten und dabei die Selbstbestimmungsrechte der Klienten zu wahren und deren Realisierung zu fördern, will sie auch mit der Strategie erreichen, der Familie beim nun erforderlichen Umgang mit Behörden Hilfe anzubieten. Es stellt sich heraus, dass die Familie noch wenig Erfahrungen im Umgang mit Äm-

tern hat und sich die vorhandenen Hilfsquellen nicht allein erschließen kann. Es müssen nämlich hierfür Kontakte aufgenommen und Anträge gestellt werden bei der Krankenkasse, beim Jugendamt, beim Sozialamt etc. Hierbei beschließt die Sozialarbeiterin, konsequent nur das zu tun, wozu die Eltern allein nicht in der Lage sind und ihre Unterstützungsleistungen immer so knapp wie möglich zu halten, um dadurch den Klienten möglichst viel Eigenleistungen abzuverlangen.

- Die Sozialarbeiterin beabsichtigt (nach dem Case Management und der Netzwerk-Sozialarbeit) herauszufinden, ob es in der weiteren Familie, im Freundeskreis und der befreundeten Nachbarschaft Personen oder Gruppen gibt, die die Familie in ihrer Problemlage unterstützen könnten. Bei der weiteren Nachbarschaft im Haus will sie über Gespräche für Verständnis werben, um eine mögliche Diskriminierung der Familie zu verhindern.
- Behördenkontakte schätzt sie nach dem Hausbesuch als erforderlich ein, um die wirtschaftliche Lage der Familie zu sichern, da die Frau ihre Halbtagsstelle aufgeben will, um das Kind zu betreuen. Hierfür wird ein Antrag auf Hilfe zum Lebensunterhalt und eine Reihe einmaliger Hilfen zu stellen sein. Mit Sozialarbeitern des Jugendamts ist zu verhandeln, welche Fördereinrichtungen später in Frage kommen, mit der Krankenkasse wegen der Kostenübernahme für medizinische Leistungen (Therapie, Medikamente, weitere Untersuchungen, geeignete Ausstattung eines Zimmers), mit dem Wohnungsamt, um eine größere Wohnung zu erhalten.
- Falls in der Beziehung der Eltern oder der Eltern zum gesunden Kind Probleme auftreten, wie dies oft der Fall ist, wenn ein Kind behindert ist, müsste, wenn sie die lebensweltlich gehaltene Beratung der Sozialarbeiterin überfordern, eine geeignete psychologische Beratung organisiert werden.
- Um die Situation der mittelfristig (solange das Kind noch bei den Eltern ist) nicht berufstätigen Mutter, die als Pflegeperson und Hausfrau an das Haus gebunden ist, zu verbessern, will sie dafür sorgen, dass eine Pflegeperson mehrmals wöchentlich in das Haus kommt.
- Sie will den Kontakt zwischen den Eltern und einer Selbsthilfegruppe herstellen, damit sie wissen, dass sie in ihrer Prob-

lemlage nicht allein dastehen und von den Erfahrungen anderer Eltern mit autistischen Kindern Nutzen ziehen können. Sie hofft durch den Erfahrungsaustausch auch die Bereitschaft der Eltern zu erhöhen, ihr Kind später eventuell in eine Fördereinrichtung gehen zu lassen, ohne es dorthin für immer abzuschieben.

Sie weiß, dass es Eltern in einer sozio-ökonomischen Randlage und mit niedriger Schulbildung sehr viel schwerer haben, mit der Behinderung eines Kindes umzugehen. Nicht zufällig setzen sich Selbsthilfe-Gruppen überwiegend aus Angehörigen höherer Bildungsschichten zusammen, die gelernt haben, sich selbst zu helfen und auch auf schwierige Lebenslagen einzustellen. Deshalb muss die Selbsthilfefähigkeit der Familie A. systematisch aufgebaut werden, ohne sie zu unter- oder überfordern. Dies wird das methodische Vorgehen der Sozialarbeiterin bestimmen.

Als vorläufiges Ziel definiert sie, dass die Familie durch die Behinderung ihres Kindes nicht mehr als notwendig in ihrer Lebenslage beeinträchtigt wird, dass sie sich stabilisiert und in ihrer Alltags-Situation ohne professionelle Unterstützungsleistungen zurechtkommt, Behördenkontakte selbständig hält und soziale Dienste nur noch in besonderen Situationen in Anspruch nimmt.

Damit wäre nach dem SAK und dem Case Management die Arbeit in diesem Fall erfolgreich abgeschlossen.

4. Arbeitsschritt: Die Aufstellung eines Handlungsplanes

Der aufzustellende Handlungsplan sollte im ganzheitlichen Sinne alle Tätigkeiten und Handlungen enthalten, die zur Erreichung meiner Ziele wichtig sind: alle Beantragungen von Mitteln, Kontakte und Telefonate, Aktivitäten in und außerhalb der Einrichtung, alle kommunikativen Aktivitäten mit den Klienten, Kollegen und mit anderen Einrichtungen und Behörden, Selbsthilfegruppen usw. Hier erfolgt auch die Entscheidung über mein methodisches Vorgehen, d.h. die Wahl der adäquaten Methoden (etwa in der Einzelhilfe: Case Management oder Environment-Aktivierung für einzelne und Gruppen).

Wir haben hier den Überschneidungsbereich zwischen dem Selbstmanagement-Konzept (hier dem SAK) und den Arbeitsmethoden professioneller Sozialarbeit. Generelle Forderung für die Eigenaktivierung und Selbsthilfeförderung muss auch hier sein: Sozialarbeiter müssen ständig überlegen, welche Leistungen und konkreten Aktionen von den betroffenen Klienten selbst erbracht werden können und bei welchen Sozialarbeiter sie stärker unterstützend agieren müssen, denn Selbsthilfefähigkeit kann von Klienten nur über zugemutete, allerdings abgesicherte Selbsthilfeversuche gelernt werden.

Beispiel (Teil 5)

Der Handlungsplan ist in unserem Fall leicht aufzustellen, da die Zielformulierungen bereits einige Aktivitäten und Vorgehensweisen der Sozialarbeiterin enthalten. Wichtig sind an dieser Stelle zwei Arbeiten: Die o. a. formulierten mittelfristigen und Nahziele sind bereits – jedenfalls ungefähr – in einer chronologischen Reihenfolge dargestellt worden. Nun gilt es, diese Etappenziele in eine Zeitplanung zu bringen. Dies ist wichtig, da die einzelnen Phasen einer Methode (z. B. das CM) in überschaubaren Zeitabschnitten beendet sein sollen. Dies gilt auch für den definierten mittelfristigen Abschluss einer Arbeit. Jede professionelle Methode oder Konzept geht davon aus, dass die Arbeit zu einem übersehbaren Zeitpunkt abgeschlossen ist. Eine auf Dauer angelegte Hilfe ist definitionsgemäß nicht von Sozialarbeitern zu leisten.

Die bis zum dritten Arbeitsschritt gesammelten Informationen über den ersten bearbeiteten Fall machen die Auswahl der Arbeitsmethode möglich. Im vorliegenden Beispiel liegt es nahe, die Methode CM zu wählen, da es sich um eine Klienten-Familie handelt, die in ihrer Problemlage Unterstützung erfahren soll. (Näheres, siehe Kapitel Case Management)

Die Sozialarbeiterin in unserem Beispiel stellt nach dem Case Management-Konzept von Ballew und Mink[9] einen Unterstützungsplan auf, nach dem sie vorgehen will.

Als ersten Schritt nach dem Gespräch im Sozialpädiatrischen Dienst, in dem sie den ärztlichen Befund mitgeteilt hat, macht sie den vereinbarten Hausbesuch. Sie macht sich vorher eine Aufstellung der Gesichtspunkte, auf die sie beim Besuch achten will:

- Eindruck vom Haus, von der Wohnung hinsichtlich ihrer Eignung für die Heimpflege des Sohnes der Familie A. (Größe und Schnitt der Räume, Lichtverhältnisse, Übersichtlichkeit des Kinderzimmers vom Arbeitsplatz der Mutter, mögliche Gefahrenpunkte usw.)

- Verhalten der Eltern im Umgang miteinander und mit dem Kind
- Ängste und Befürchtungen der Eltern
- Stärken und Schwächen der Eltern, Selbsthilfefähigkeit
- wirtschaftliche Lage der Familie

Die Sozialarbeiterin will auf die gemeinsam mit den Eltern vorzunehmende Erstellung eines Unterstützungsplans hinarbeiten. Sie vermutet, dass sie beim ersten Hausbesuch noch mehr Trost spenden und sich als unterstützende Hilfe darstellen muss, um die Bereitschaft des gemeinsamen Krisenmanagements zu fördern.

Die Erstellung eines Kooperationskontrakts und des Unterstützungsplans will sie erst beim zweiten Hausbesuch in Angriff nehmen.

5. Arbeitsschritt: Planvolles Handeln und Protokollieren

Nur über weitgehend systematisches Protokollieren der Aktivitäten der Sozialarbeiter und der Aktionen der Klienten ist eine spätere fachliche Aufarbeitung und Auswertung möglich. Dies betrifft die Einführung einfacher Protokollierungs- und Sozialanalyseverfahren in der Intake- und Assessment-Phase der jeweiligen Methode.

Bei aller gebotenen Vorsicht und Absicherung gegen Missbrauch und nicht fachlich begründeten Kontrollabsichten gegenüber Klienten und Sozialarbeitern gehört hierzu auch die Aktenführung. Ohne diese Dokumentierung der eigenen Praxis und ihrer Wirkungen auf die Klienten kann die Soziale Arbeit sich nicht als Beruf weiterentwickeln und zu einem lernenden System werden, können Sozialarbeiter nicht voneinander lernen und Berufsanfänger auf dem Stand der wissenschaftlichen Diskussion anleiten. Um diese Protokollierungsarbeiten zu vereinfachen, haben wir hierfür eine Reihe von praktischen Arbeitshilfen entwickelt oder aus den Sozialwissenschaften übernommen.

Das SAK weist an dieser Stelle einen deutlichen Unterschied zu den Handlungsmethoden der Sozialen Arbeit auf. Als Rahmenkonzept für die fachliche Gesamtorganisation des beruflichen Handelns eines Sozialarbeiters oder eines kleinen Teams bietet es Hilfen für die Berufsfeldanalyse der Einrichtung und damit ihrer Klientel, bevor die Praktiker nach dem Case Management oder der Environment-Aktivierungs-Methode weiterarbeiten. Es beschreibt die allgemeine Zielfindungsphase vor der Entwicklung von Handlungszielen für den Einzelfall. Und nicht zuletzt – darauf kommt es uns an dieser Stelle besonders an – bezieht es sämtliche beruflichen Handlungen eines Sozialarbeiters in die methodische Gestaltung des Arbeitsprozesses mit ein. Darüber hinaus wird jegliche fallspezifisch erforderliche PR-Arbeit, wie sie in den meisten, auf gute Nachbarschaft oder Behördenbeziehungen (Polizei) angewiesenen Einrichtungen erforderlich ist, nach methodischen Gesichtspunkten gestaltet. Und das bedeutet für diesen Arbeitsschritt, dass alle diese Tätigkeiten zur Erreichung der Handlungsziele ebenfalls sorgfältig dokumentiert werden müssen.

Beispiel (Teil 6)

Die Sozialarbeiterin bespricht den Fall mit ihrem Kollegen und hält dessen Einschätzung der Situation in der Arbeitshilfe um den Unterstützungsplan für die Familie A. fest. Sie legt nach dem Erstgespräch mit der Familie ein Protokoll mit dem Erstgesprächsbogen und nach dem Hausbesuch einen Bogen über dabei erhaltene Informationen, Verlauf und Ergebnisse an.

Protokoll über einen durchgeführten Hausbesuch
Datum: Name KlientIn: Adresse: Tel.: SozialarbeiterIn: Wie ist der Hausbesuch zustande gekommen, vorbereitet worden? Beobachtete Besonderheiten? Neue Informationen? Form und Inhalte des Handelns der/s Sozialarbeiterin/s: Form und Inhalte des Handelns der Klientin/des Klienten: Ergebnis: Weiteres erforderliches Handeln:

Sie notiert sämtliche Telefonate und Gespräche mit Kollegen und dokumentiert alle Schreiben und Eingaben an andere Dienststellen nach folgendem Muster: Name des Bearbeiters, des Adressaten/Gesprächspartners, Datum, Zweck/Anlass des Kontakts, Inhalte des

Kontakts, gewünschtes/erreichtes Ergebnis, Verhältnis zum Etappenziel, Konsequenzen/weitere Aktivitäten.

Das fachliche Selbstmanagement macht erforderlich, dass sämtliche berufliche Aktivitäten des Sozialarbeiters mit Bezug zum Arbeitsplan/Unterstützungsplan dokumentiert werden.

6. Arbeitsschritt: Überprüfung der Arbeitsweise und der Teilziele

Nicht nur die Erreichung operationalisierter Teilziele (vgl. SAK) wird hier überprüft, sondern auch die Angemessenheit der Teilziele für die längerfristige Zielsetzung, für die Möglichkeit der Klienten, der Sozialarbeiter und der Einrichtung, diese zu erreichen. Aber auch die Arbeitsweisen und die professionelle Kompetenz werden überprüft, um aus Fehlern zu lernen.

Als Instrument bietet sich hierbei neben der Auswertung protokollierter Handlungen und Rahmendaten auch das Rating Assessment an, um das professionelle Handeln von Sozialarbeitern zu evaluieren.

Beispiel (Teil 7)

Für das Beispiel der Sozialarbeiterin mit der Familie A. wird dies nur für das erste Handlungsziel verdeutlicht, denn es folgt in dem Kapitel über das methodische Handeln nach dem CM ein weiteres Beispiel.

Das Nahziel war bekanntlich, der Familie A. über ihren Schicksalsschlag hinwegzuhelfen, dabei durchaus in der Nähe zum Seelsorgerischen auch Trost zu spenden und mögliche Schuldgefühle abzubauen. Außerdem wollte die Sozialarbeiterin auf eine nicht vorbelastete Weise einen Hausbesuch durchführen und dazu die Zustimmung der Eltern erhalten. Während des Hausbesuchs wollte sie das Gespräch mit den Eltern fortsetzen und ihnen dabei auch erklären, welche weitere Unterstützung sie vermitteln kann. Die Bereitschaft der Eltern für einen Arbeitskontrakt wollte sie erreichen. Dies alles setzte die Entwicklung einer professionellen Beziehung voraus.

Als Kriterien für die Ziel-Erreichung führte sie auf:

- die Bereitschaft der Eltern, sie in ihrer Wohnung zu empfangen
- die Art des Empfangs bei Beginn und am Ende (konnte sie Vorbehalte gegenüber sozialen Diensten abbauen?)

- Die Qualität und Quantität der von den Eltern gegebenen Informationen über familiäre Dinge, aber auch über mögliche unterstützende Personen und Einrichtungen (z. B. Kirche) aus dem sozialen Netzwerk der Familie wird in einem „Netzwerkökogramm“[10] dokumentiert.
- Die Bereitschaft der Familie, Verantwortung zu übernehmen und einen Unterstützungsvertrag einzugehen, auch wenn der Abschluss des Vertrages noch nicht beim ersten Hausbesuch zu erwarten ist, zumal die Sozialarbeiterin die erhaltenen Informationen zunächst einmal verarbeiten muss. Darüber hinaus wird sie sich – mit Einverständnis der Familie – weitere Informationen über Fördermöglichkeiten bei den Versicherungsträgern und Ämtern holen. Dieses Einverständnis der Familie ist ein starkes Indiz für die Erreichung des Teilzieles.

Sie kann danach feststellen, was sie erreicht und was sie nicht erreicht hat, und sie kann sich nach den Gründen fragen.

7. Arbeitsschritt: Bestätigung oder Neuformulierung des Arbeitsplanes

Diese Phase stellt den Abschluss einer professionellen Handlungsfolge dar.

Das Motto: Aus Fehlern in der Zielformulierung, der Situationsanalyse und des konzeptbezogenen Handelns kann mindestens so viel gelernt werden wie aus Erfolgen, wenn sie nachvollziehbar und feststellbar sind und dann reflektiert werden.

Wichtig: Fehler im Berufshandeln nach diesem Konzept sind in der Regel nicht so schwerwiegend, als wenn die Sozialarbeiter nach dem einfachen Grundsatz von „trial and error“ handelten und jeder immer wieder von vorne beginnen müsste. Dies gilt besonders, wenn man bedenkt, dass nach diesem Konzept eine gegenseitige Supervision und damit eine kollegial begleitete Praxis möglich ist.

In dieser Phase heißt es also: Entweder wird die Arbeit bestätigt und ein neuer Prozess führt weiter, oder es werden Ziele nicht erreicht und Fehler festgestellt, dann muss der Prozess mit einer neuen Datensammlung und Zielformulierung von neuem beginnen (ab Schritt 2). Sonst wird der Prozess ab Schritt 3 in einem neuen wiederholenden Verfahren fortgesetzt. Da sich Lebensumstände und institutionelle Bedingungen verändern, ist auch die Datenerhebung (Schritt 2) nach einem jeweils zu bestimmenden Zeitrahmen neu vorzunehmen.

Nach unserer eigenen Arbeit in der Praxis-Entwicklung mit Sozialarbeitern haben wir die Erfahrung gemacht, dass ein Selbstmanagement nach dem SAK möglich ist, wenn Praktiker gelernt haben, mit den zur Verfügung gestellten Arbeitshilfen umzugehen. Das bedeutet für uns: Innovationen in der Praxis laufen dann besser, wenn die Implementation von neuen Konzeptionen gleichzeitig mit organisiert wird. Die Nachfrage von Sozialarbeitern nach Konzeptberatung und konkreten Arbeitshilfen ist derzeit immer noch sehr groß.

Diese große Resonanz und Akzeptanz des SAK bestärkt uns in der Hoffnung, dass die Professionalisierung gegenwärtig eine neue Stufe erreicht und dass die „Sprachlosigkeit" der Sozialarbeit zu schwinden beginnt.

Burkhart Müller hat einen Beitrag zur Diskussion der Professionalisierung der Sozialpädagogik geleistet, indem er vor der Orientierung an der Medizin warnt. Wir haben diese Warnung auch, aber nicht nur auf die Psychologie und Pädagogik ausgeweitet, deren Bestrebungen, ihr spezielles Theorie- und Methodenverständnis der Sozialen Arbeit überstülpen, für diese nur schädlich sein kann. Die Zeiten, in denen dies noch mangels eigenständiger Theorien der Sozialen Arbeit möglich war, sind vorbei. Gemeinsam mit der wissenschaftlichen Pädagogik haben wir uns dagegen gewandt, Soziale Arbeit als Therapie zu verstehen.[11]

B. Müller hat uns mit Blick auf das SAK vorgeworfen, wir würden mit der Forderung, Soziale Arbeit müsse wirkliche Verbesserungen der Lage der Klienten erzielen und diese dabei in ihrer Menschenwürde achten usw., gleichzeitig die Komplexität gesellschaftlicher Situationen für die Praxis Sozialer Arbeit unter Erhaltung ihrer Struktur ausreichend reduzieren, um die Praktiker handlungsfähig zu machen. Damit würden wir lediglich die „klassische" Liste sozialpädagogischer Ethik und Methode reproduzieren, also keine neue Lösung anbieten, denn wir hätten nicht bedacht, dass das Strukturprinzip des ethisch gesteuerten Handelns dem des methodischen Handelns in den Niederungen der Alltagspraxis strukturell entgegenstünde.

Auf diesen Vorwurf entgegnen wir:

- Das SAK ist ein neues Konzept. Jedenfalls lautet so die Rückmeldung aus der Praxis und von Fachkollegen, denn ein Management-Konzept für den gesamten Arbeitsbereich eines Sozialen Arbeiters, in dem das berufliche Handeln systematisiert, planbar und evaluierbar wird, lag bislang noch nicht vor.
- Es hat sich in der Praxis vieler Sozialarbeiter bewährt, kein Wunder, denn es ist mit Praktikern gemeinsam entwickelt worden und nicht nur ein Produkt wissenschaftlicher Phantasie.
- Es vermittelt zwischen der Ebene der Zielsetzung (Ethik sozialer Arbeit) über ein nachvollziehbares Verfahren (Rating Assessment) und der konkreten Nahzielplanung. Es handelt sich also keineswegs um ein „Herunterdeklinieren" allgemeiner ethischer Grundsätze, denn es gehen in die Nahzielformulierung Informationen aus den realen Handlungsbedingungen in die Zielkonkretisierungen mit ein.
- Idealvorstellungen der Gesellschaft und von Klienten nutzen wenig für das praktische Handeln. Vor dieser Erkenntnis stehen alle Wissenschaften und Berufe, die gegenüber der Gesellschaft verantwortlich handeln müssen. Sozialarbeiter haben hier keine Wahl. Sie müssen täglich praktische Entscheidungen treffen und unter Problemdruck handeln ohne die Muße, mit Distanz darüber nachdenken zu können. Und schließlich ist ein praktisches Handeln nur möglich aufgrund getroffener Entscheidungen in einer hochkomplexen sozialen Situation. Deshalb taugt ein Handlungskonzept nur dann etwas, wenn es hilft, Komplexität auf ihre Grundbestandteile zurückzuführen. Das SAK kann das leisten. Es taugt als Log-Buch für die Praxis der Sozialarbeiter sowie als Kompass und Sextant für tiefe und flache Gewässer, wenn dieses Bild aus der Seefahrt erlaubt ist.

4. Selbstmanagement und Arbeitstechnik

Nach weiteren Rückmeldungen von Sozialarbeitern, die mit dem vorgestellten fachlichen Selbstmanagement-Konzept gearbeitet haben, sind wir mehr denn je überzeugt, mit diesem Rahmenkonzept für die Organisation der eigenen Praxis unter fachlich methodischen Gesichtspunkten eine praktisch brauchbare Arbeitshilfe entwickelt zu haben. Wer jedoch erwartet hat, hier Techniken der Büroorganisation zu erfahren, den mussten wir mit unserem Anspruch etwas enttäuschen.

Unser Anliegen war aber auch ein anderes: Wir wollten Hilfen für die Selbstorganisation der Sozialarbeiter auf der Ebene ihrer praktischen Interaktionen mit und für Klienten bereitstellen. Damit wollten wir Selbstmanagement sowohl von der Ebene der esoterischen Techniken (wie beim positiven Denken etc.) abgrenzen, als auch von der rein technischen Fragestellung: Wie organisiere ich mein Büro? Soweit dies von der fachlichen Fragestellung abgelöst betrachtet wird, verweisen wir auf die Fachleute für Büroorganisation und -kommunikation. Sie bieten ausreichende technische und methodische Hilfen sowie Fortbildungen an, in denen z. B. die Moderation von Gruppendiskussionen oder die Arbeit mit der Metaplan-Technik erlernt werden kann. Wir halten diese kommunikationstechnischen Fertigkeiten nicht nur für Manager aus der Wirtschaft, sondern auch für Sozialarbeiter für äußerst wichtig und würden daher allen Kollegen dazu raten, an solchen Fortbildungen teilzunehmen, die für die Alltagspraxis hilfreicher sind als z. B. Fortbildungsveranstaltungen in therapeutischen Verfahren und ausgefeilten Psychotechniken.

Wir ersparen uns auch die Vorstellung von „Zeitplanern", also besseren Taschenkalendern, die sich ohnehin jeder nach dem eigenen Geschmack auswählen wird.

Eine allerdings äußerst sinnvolle Arbeitstechnik zum Selbstmanagement wollen wir unseren Lesern jedoch nicht vorenthalten. Martin Ochsner hat ein Verfahren vorgestellt, um den Umgang mit der Zeit besser planen zu können.[12]

Nach unserem Einblick in die Arbeitsweise vieler Sozialarbeiter in unterschiedlichen sozialen Diensten halten wir solche Arbeitshilfen für unentbehrlich. Ochsner schlägt vor, dass sich jeder, wenn er an den Arbeitsplatz kommt, vier Fragen stellt und sie beantwortet, bevor er sich auf seine Arbeit stürzt. Er empfiehlt, sich diese Fragen auf einen Zettel zu schreiben und sie vor jeder Aktivität zu lesen.

„Ist diese Arbeit nötig?"

Er vergleicht den arbeitswütigen Menschen mit einem hungrigen Tier. Das Tier beginnt zu fressen, sobald es zum Futterplatz kommt. Ochsner nennt dies das „Schweinetrogsyndrom".

Man soll sich daher zunächst fragen:

- „Was soll das Resultat dieser Arbeit sein?“
- „Wer honoriert meine Leistung?“
- „Was passiert, wenn ich diese Arbeit nicht tue?“

„Muss ich diese Arbeit selbst tun?“

Ochsner führt an, dass viele Menschen – zu Recht oder Unrecht – glauben, dass sie etwas selbst tun müssten, damit es richtig getan würde. Solche Menschen bleiben Sachbearbeiter, Spezialisten oder geplagte Einzelkämpfer, die die Dinge richtig tun. Wenn sie die richtigen Dinge täten, wenn sie in die Delegation von Aufgaben und Kompetenzen Zeit investierten, hätten sie mehr Zeit für ihre eigentliche Arbeit. Der anfänglich höhere Aufwand zahlt sich später umso mehr aus.

„Muss ich diese Arbeit sofort tun?“

Kluge Zeitmanager erledigen das Wichtige vor dem Dringlichen. Was dazu beiträgt, die eigenen Ziele oder die der Organisation zu erreichen, ist wichtig. Man kann vielleicht zum Dringenden nein sagen, ohne Schaden zu verursachen. Man schafft sich Zeitreserven und erlangt Gelassenheit, wenn man öfter das Wichtige vor dem Dringlichen tut.

„Tue ich diese Arbeit optimal?“

Wenn eine Arbeit nötig ist, wenn ich sie selbst und sofort tun muss, ist noch zu überprüfen, ob die eingesetzten Mittel und Methoden richtig sind. Zu fragen ist:

- „Habe ich die richtigen Arbeitsmittel am Schreibtisch (Personal-Computer, Faxgerät, Telefon, Ablagefächer, Schubladen, Handbibliothek etc.)?“
- „Beherrsche ich diese Mittel – oder beherrschen sie mich?“
- „Habe ich das für mich passende Zeitplanbuch?“
- „Habe ich die für mich richtigen Arbeitsgewohnheiten und Automatismen?“ (ebenda)

Selbstmanagement und Arbeitstechnik[13]

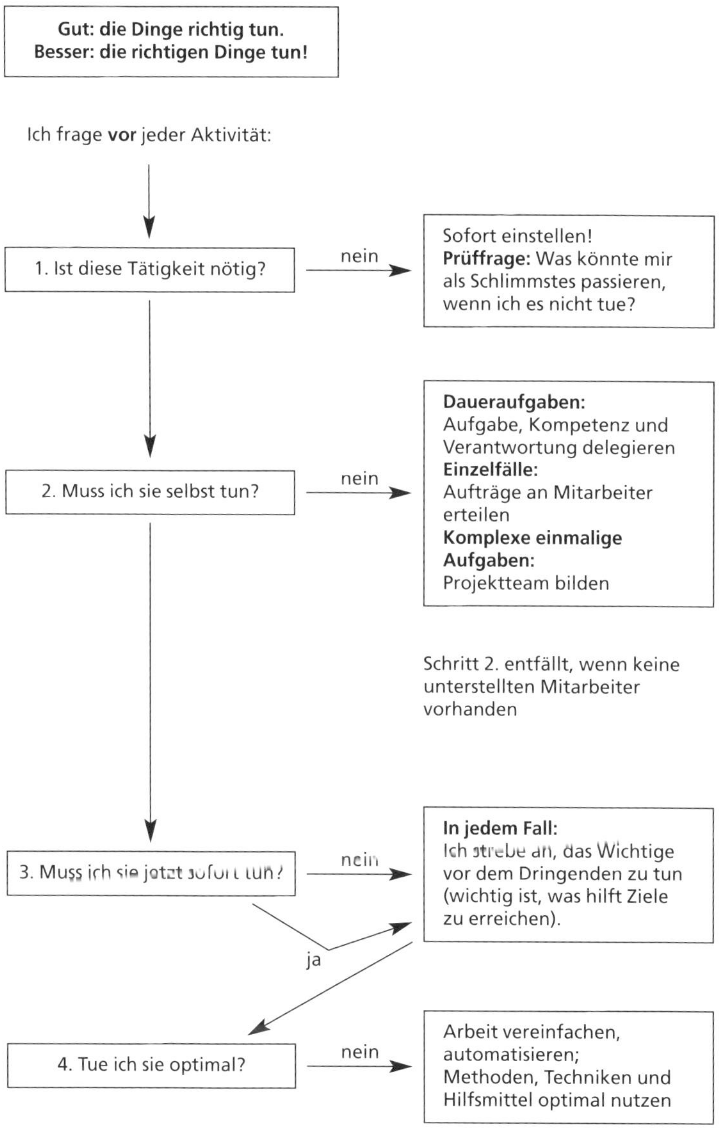

Professionelle Konzepte und Methoden Sozialer Arbeit

6

1. Konzepte

Wenn wir über Konzepte Sozialer Arbeit schreiben, müssen wir auch eine begriffliche Klärung vornehmen. Der Begriff „Konzept" wird oft verwechselt mit dem Begriff „Konzeption". Begrifflich abgrenzen müssen wir auch „Methode" und „Programm". Das erscheint notwendig, weil auch die Methodenliteratur[1] überhaupt keine Klarheit verschafft. Fast immer wird „Konzept" und „Methode" vermischt. Der Begriff „Technik" kommt nicht vor, ebenso wenig, wie die Unterscheidung von Programm, Konzept und Methode.

Bevor wir also auf die inhaltliche Ebene professioneller Konzepte und Methoden Sozialer Arbeit eingehen, müssen wir eine Klärung vornehmen. Immer geht es dabei um das unterschiedliche Verhältnis von handlungsleitenden Werten und Vorstellungen zum praktischen Handeln in der Abstufung Konzept, Methode und Technik und in Kombination dieser drei Ebenen in Verbindung mit weiteren Qualitätsmerkmalen (Organisation und Evaluation) um Programme. Vorweg wird der Begriff „Konzeption" deutlich getrennt von „Konzepte".

Eine Konzeption ist eine Darstellung der Ziele, Organisation, Trägerschaft, Finanzierung, Zielgruppen, Arbeitsmethoden, der Personalzusammensetzung einer Einrichtung, in der sie ihre Möglichkeiten und Grenzen für die Mitarbeiter, Klienten und die Öffentlichkeit beschreibt. Sie gilt nur für eine oder mehrere besondere Einrichtungen eines Trägers und hat meist auch eine Öffentlichkeitsfunktion.

Konzepte sind allgemeine theorie- und wertgeleitete Handlungsentwürfe, die für die Zielformulierungen, Zielgruppenbestimmungen und Methoden bestimmend sind. Sie haben als handlungsleitende Orientierungen die größte Nähe zu Wertvorstellungen, Theorien und hypothetischen Konstrukten. Professionell sind Konzepte dann, wenn sie von den Prinzipien des internationalen Ethikcodes geleitet werden, wie wir das im Folgenden beschreiben. Der Ethikcode fordert die Achtung der Menschenrechte und bietet z. B. jegliche Art der Diskriminierung von Menschen, die sich nach Religion, ethnischer Herkunft oder sexueller Orientierung von der Mehrheit der Gesellschaft und von der Wertorientierung des Sozialarbeiters unterscheiden. Demnach wäre ein Konzept, das die Werte der Menschenrechte ablehnt, z. B. die Ziele der Neonazis umsetzen soll, kein professionelles Konzept der Sozialen Arbeit. Ein professionelles Konzept schließt den Einsatz menschenverachtender Methoden und Techniken aus. Das Konzept bestimmt auch im positiven inhaltlichen Sinne die Auswahl der eingesetzten Methoden.

Staub-Bernasconi hat den Gegenstand der Sozialen Arbeit mit Verweis auf die Definition der Internationalen Vereinigung der Schools of Social Work (IASSW) als die Geltendmachung und Realisierung der Menschenrechte bezeichnet. Soziale Arbeit als „Menschenrechtsprofession". In den nationalen Ethikcodes der Sozialen Arbeit werden diese Menschenrechte für unsere Klienten/Kunden spezifiziert. Von daher leitet sich auch unser Verständnis ab, für wen wir als Profession zuständig sind, nämlich für solche einzelnen Menschen und Gruppen der Gesellschaft, deren Menschenrechte und grundlegenden Lebensbedürfnisse gefährdet sind. Menschen in kumulierenden Risikolagen (z. B. Arbeit, Bildung, Wohnen, soziale und ethnische Herkunft, Geschlecht, religiöse Zugehörigkeit, Alter, Gesundheit etc.) geraten in gesellschaftlich induzierte individuelle Problemlagen, an denen sie auch Anteil haben. Aus diesen, also teilweise gesellschaftlich verursachten Problemlagen kommen sie offensichtlich ohne professionelle Unterstützung nicht heraus.

Die professionelle Hilfe als „Empowerment" oder „Hilfe zur Selbsthilfe" muss dies gewährleisten und erfolgt dann, wenn aktivierte Stärken und Ressourcen im informellen sozialen Netzwerk und andere wirksame Hilfe nicht oder nicht ausreichend vorhanden sind. Wer zum Klienten/Kunden Sozialer Arbeit wird, ist nicht nur ein Objekt gesellschaftlicher und konkreter sozialer Umstände, er/sie ist immer auch als Subjekt an der Situation beteiligt und damit in unterschiedlichem Maße mitverantwortlich. Nur diese Mitverantwortung für das eigene Leben gibt der Sozialen Arbeit Ansatzpunkt und Berechtigung zum Abbau von inneren und äußeren Hemmnissen, zur Mithilfe bei der Verbesserung der Lebenslage und der Schaffung günstigerer sozialer Umfeldbedingungen und materieller Sicherheit.

Die gesellschaftlich mitverursachten Problemlagen, die Eigenanteile, die Stärken und Ressourcen der Betroffenen, auch im sozialen Umfeld, sind genauer zu untersuchen (Anforderung an die Wissenschaft und den nach wissenschaftlichen Grundsätzen arbeitenden Sozialarbeiter) und geeignete Unterstützungs-(Dienst-)Leistungen zu entwickeln. Die Ansatzpunkte für die professionell organisierte Unterstützung der Sozialen Arbeit sind weder nur auf das Individuum noch die Gesellschaft bezogen, sondern immer auf Individuen und Gruppen in ihrem sozialen Kontext, zu dem sich auf der Handlungsebene die Brüche, Reibungen und Krisen ergeben, dies bezeichnen wir als „Domäne Sozialer Arbeit".[2] Der besondere Blickwinkel auf Individuen und Gruppen in sozialen Problemlagen, also der Fokus auf psychische Probleme der Person und gleichzeitig auf gesellschaftliche Sachverhalte und Lebensbedingungen allgemein erfordert besondere Konzepte, Verfahren und Methoden, die professionelle Kriterien erfüllen.

„Konzept" ist also eine allgemeine theoretische und normative Orientierung für das Handeln. In der Sozialen Arbeit sind einige grundlegende Konzepte für die Praxis entwickelt worden, die den inzwischen erreichten Entwicklungsstand der Profession beschreiben. Ich werde hier nur auf vier Beispiele verweisen.

2. „Neue Fachlichkeit"?

Der Begriff „Neue Fachlichkeit" stammt von der Kommission Sozialpädagogik der „Deutschen Gesellschaft für Erziehungswissenschaften" und berücksichtigt gesellschaftliche Verursachungsbedingungen der Problemlagen der Klientele. Beim Zugeständnis auch individueller Mitverantwortung, endgültige Abkehr von individueller Schuld.

Orientierung an der „Neuen Fachlichkeit" stellt eine Praxis dar, die folgenden Kriterien entspricht:

- Größere Bürgernähe
- Dezentralisierung
- Neue, nicht bevormundende Interventionsformen
- Endgültige Abkehr vom Schuldprinzip
- Abkehr vom Psychozentrismus
- Aktivierung der Selbsthilfepotentiale

3. Das „Neue Denken" in der Sozialen Arbeit

Das „Neue Denken" (ND) in der Sozialen Arbeit[3] wurde programmatisch von einer internationalen Fachversammlung von Sozialarbeitern formuliert, die in der Familien- und Jugendhilfe arbeiten. ND ist eigentlich keine völlig neue Sozialarbeit.

Das Neue ihres programmatischen Konzepts ist nicht nur eine grundlegende Befürwortung von Werten und Grundsätzen, die es in einer guten Tradition schon gegeben hat und die mit den internationalen Ethik-Codes und damit den Menschenrechten korrespondieren. Das Neue ist vielmehr die Umsetzung dieser Prinzipien in die Praxis bei den Pogrammen, die von der „International Initiative“ gefördert werden. Im Gegensatz zur „Neuen Fachlichkeit“, die in der Regelpraxis sozialer Arbeit oft Programm geblieben ist.

Das „Neue Denken“ hat beachtliche, in der Praxis realisierte Beispiele hervorgebracht, bei denen die Grundsätze in der erforderlichen Deutlichkeit umgesetzt worden sind. Ihre Kriterien sind:

- Hoffnung vermitteln
- Respekt vor den Klienten/Kunden und deren Lebensstilen
- Stärkenorientierung statt Problemorientierung
- Partnerschaftliche Arbeit mit den Kunden
- Arbeit in der Lebenswelt der Kunden
- Soziale Arbeit als Dienstleistung

4. Die sozialökologische Perspektive

Die sozialökologische Perspektive ist für die Soziale Arbeit konstitutiv: Sie begründet, wie oben bereits angeführt, die eigenständige Domäne der Sozialen Arbeiter als Fachleute für den Überschneidungs- und Reibungsbereich zwischen dem Individuellen und dem Sozialen. Die sozialökologische Perspektive ist seit Bronfenbrenner nicht neu. Sie wurde für die Sozialarbeit jedoch erst in den 80er Jahren[4] methodisch gewendet und in den 90er Jahren programmatisch gefasst.[5] Die sozialökologische Perspektive verband sich mit der Lebensweltorientierung. Daraus entwickelten sich folgende Grundsätze:

- Individuum in seiner sozialen Nahumwelt (entspricht dem systemischen Denken)
- Arbeit auf mehreren Ebenen (Mikroebene, Mesoebene, Makroebene)
- Sozialraumorientierung
- Netzwerkarbeit
- Alltagsorientierung

Hieraus entstanden eine Reihe von Methoden der sozialen Arbeit, die für die Profession Bedeutung haben, z. B. die Milieuarbeit[6], das Life-Model[7], die Environment-Aktivierungs-Methode.[8]

5. Die „Neue Sachlichkeit"

Die „Neue Sachlichkeit" in der Sozialen Arbeit entwickelte sich als Konzept seit Anfang der 80er Jahre in den Niederlanden. Dieses Konzept entspricht dem pragmatischen Vorgehen der angelsächsischen und niederländischen Sozialarbeit. Es hätte im deutschsprachigen Raum so nicht entstehen können, es widerspricht einer eher faustischen, tiefgründigen Geisteshaltung: „Reflektierende Pragmatiker". Es beruht auf einer Haltung, die besagt, wir müssen jenseits aller ideologischen Haltungen das machen, was nachweislich zuerst den Kunden nutzt. Maßstab für die Entwicklung von Zielen und Kriterien für die Überprüfung sind der internationale und die nationalen „Codes of Ethics". Die neue Sachlichkeit ist die Grundlage für die Entwicklung auch der richtungsweisenden effektiven Drogenprogramme in den Niederlanden, z. B. in Amsterdam.

Die Grundprinzipien dieses Konzepts sind folgende:

- Die Praxis der Sozialen Arbeit hat die psychischen, physischen, sozialen und finanziellen Kosten und Nutzen der Sozialarbeit in folgender Reihenfolge zu berücksichtigen:
  1. für den Klienten
  2. für die Mitmenschen
  3. für die Kommune
  4. für die Sozialen Dienste
  5. für die Sozialarbeiter(innen)
  6. für die Gesellschaft
- Eine weitere wichtige Rolle spielen in diesem Konzept:

  Transparenz

  Effektivität

  Effizienz

  Öffentlichkeit

→ Sozialmanagement und Qualitätsmanagement sind realisierte Folgen dieses Konzepts.

6. Methode

Der Begriff „Methode" beschreibt den Weg zur Erreichung gefundener Ziele: Das sind konkrete Ziele und Arbeitsweisen, die zur Erreichung dieser Ziele benötigt werden. Eine Methode enthält – wenn sie professionellen Ansprüchen genügen soll – klare Strukturen, Zielvorgaben, Arbeitsschritte (auch mit Teilzielen) und Kriterien sowie Verfahren zur Überprüfung der Ergebnisse. Professionelle Methoden sind nicht beliebig für jedes Ziel einsetzbar. Ziele, Mittel und Arbeitsweisen müssen mit dem Ethikcode der Profession vereinbar sein. Professionelle Methoden gehen davon aus, dass Klienten/Kunden der Sozialen Arbeit als mündige Bürger im Vollbesitz ihrer Menschenrechte zu behandeln sind. Dies schließt u. E. eine Konzeptualisierung von Klienten als psychisch oder sozial „Kranke" aus, weil ihnen damit zu leicht eigene Entscheidungsrechte vorenthalten werden können.

Was eingangs zur Profession Soziale Arbeit und zu ihren Aufgaben und Zielgruppen gesagt wurde, muss sich vor allem in ihren Arbeitsweisen und nachzuweisenden Ergebnissen niederschlagen.

Wenn der Grund für professionelle Hilfe in der Rand- oder Risikolage und Ausgrenzung bzw. Ausgrenzungsgefährdung der Zielgruppen Sozialer Arbeit besteht, so hat diese tatsächliche Annahme entscheidende Konsequenzen für das professionelle methodische Handeln und die dafür erforderlichen fachlichen Kompetenzen. Also noch einmal: Problem- und Risikolagen können u. U. jeden treffen, Problemlagen, die professionelle Hilfe erforderlich machen, treffen jedoch nicht in gleicher Weise alle Mitglieder und Schichten unserer Gesellschaft.

Wir klären zunächst, was wir unter „Soziale Arbeit" verstehen. Wir müssen deutlich machen, worüber wir sprechen: „Soziale Arbeit" als Sammelbegriff für berufliche und bezahlte Arbeit der Unterstützung und Hilfe für Menschen in Problemlagen, die ihre Konflikte und Krisen ohne diese Hilfe nicht hinreichend produktiv bewältigen können. Problemlagen und darin eingelagerte Konflikte und Krisen sind, obwohl gesellschaftlich induziert auch im Bereich der bedingten Mitverantwortung der Einzelnen. Das ist analytisch so und gibt der Fachlichkeit der Sozialen Arbeit ihre Existenzberechtigung. Sonst wären Sozialpolitik, Sozialhilfe, Arbeitsmarktpolitik, Polizei und Gerichtsbarkeit etc. die alleinig sinnvollen Mittel zur physischen und psychischen Bekämpfung von gesellschaftlicher Ausgrenzung. (Im

Gegensatz zur professionellen „Sozialen Arbeit“, die bezahlt und von besonders qualifiziertem Personal durchgeführt wird, das den ethischen Grundsätzen der Profession verpflichtet ist und für die Berufstätigkeit entlohnt wird, sprechen wir von „sozialer Arbeit“, wenn sie nicht von professionellen Mitarbeitern im oben genannten Sinne ausgeübt wird.)

Die Hauptaufgabe beruflichen Handelns ist die Vermittlung von Lebensführungskompetenzen, im Sinne von Wissen, Können, Verhalten, Handlungsmöglichkeiten, Ressourcen – Nutzung und der Zuständigkeit der einzelnen Klienten für ihre eigene Lebensgestaltung.

Die sehr komplexe Situation der Lebensführung der Klienten in ihren materiellen Aspekten wird zum Gegenstand methodischen Handelns der Sozialen Arbeit. Im Sinne einer echten „Ganzheitlichkeit“ muss eine wirksame Hilfe jedoch – konzeptionell gefasst – gleichzeitig die subjektiven Voraussetzungen, das Verhalten, die Sicherung der alltäglichen Lebens- und Haushaltsführung und die Begrenzungen im sozialen Lebensraum (Soziotop, Environment) verändern. Die Aufspaltung in die Beeinflussung der Individuen einerseits und die Verbesserung ihres Lebensalltags muss also in Konzept und Methode prinzipiell vermieden werden.

Das schließt nicht aus, dass im Einzelfall phasenweise auch mal der Schwerpunkt auf einen Teilbereich gelegt werden kann. Das ist eine Erkenntnis aus der Praxis der Krisenarbeit von „Familie im Mittelpunkt“[9] (FiM), die exemplarisch für methodisches Arbeiten in der Sozialen Arbeit stehen kann. Jedenfalls sagen das auch die mit FiM kooperierenden Sozialarbeiter(innen) der Jugendämter, die zunehmend ein gutes Case Management in Kooperation mit Spezialdiensten (Erziehungsberatung, Familien- und Eheberatung, SPFH, Schuldnerberatung, teilstationären Hilfen, Hausaufgabenhilfen, Einzelbetreuung, Wohnungsamt, wirtschaftliche Hilfe, Agentur für Arbeit, medizinischen Hilfen) durchführen müssen.

In unseren Köpfen tritt – so glauben wir – allzu schnell eine Verengung auf die Sozialpädagogik ein. Wo es jedoch um die Praxisreflexion und das Verstehen praktischen methodischen Handelns geht, gehen sie oft an wesentlichen Besonderheiten des beruflichen Handelns der Sozialen Arbeiter vorbei.

Die Pädagogisierung der Methodendiskussion hat jedenfalls zur Folge, dass es eine ausgebreitete Diskussion über allgemeine Orientierungen, viele Überlegungen für die soziale Analyse (Assessment) gibt, die oft noch problemorientiert als „Diagnose“ bezeichnet wird. Es gibt inzwischen entwickelte Beratungsmethoden, aber kaum brauchbare Methoden für die Aktion der Veränderung, der Intervention, der Alltagsarbeit, die die Klienten in ihrer ganzheitlichen Lebenssituation unterstützen.

Es ist sinnvoll, wenn Systematisierungen in einem weitem, für Studierende und Praktiker(innen) unübersichtlichen Feld angeboten werden. Am Beispiel der von Galuske[10] angebotenen Systematik soll aufgezeigt werden, wo das Problem steckt.

Galuskes Einteilung in „direkt interventionsbezogene Konzepte und Methoden“, „indirekt interventionsbezogene Methoden“ und „Struktur- und Organisationsbezogene Methoden“ ist zwar nachzuvollziehen, beschert aber das Dilemma, dass der zu Recht betonten wissenschaftlichen Untersuchung der Lebenslagen von Klienten mit vielen Analyse- und Reflexionsmethoden außer Beratungsmethoden keine professionellen Interventionsmethoden angeboten werden. Für die Reflexion von Ergebnissen gibt es dann wieder nahvollziehbare Methoden. Die Begriffsbildung ist sicher Ausdruck einer Unsicherheit. Konzepte und Methoden, die der Grundorientierung dienen, bieten noch keine ausreichenden methodischen Hilfen für die Intervention. Sie dienen allein der Analyse oder dem Assessment.

Bei näherer Betrachtung wird deutlich, dass Galuske unter den Überschriften der Rubriken ein Sammelsurium vereint hat, das auf unterschiedlichen Ebenen angesiedelt ist und völlig Verschiedenes meint. Methoden der Intervention – bis auf solche der Beratung und Familie im Mittelpunkt – fehlen. Dabei ist „Familie im Mittelpunkt“ umfassender als eine Methode: ein Programm, das Werte, Organisation, Methoden und Evaluation umfasst.

Die „Konzepte der Sozialen Einzelfallhilfe“ sind eher eine Ansammlung von allgemeinen Handlungsregeln, Arbeitsphasen und Orientierungen mit aus der Medizin übernommenen Begriffen „Anamnese“, „Diagnose“, „Behandlung“, die in der neuen Methoden- und Professionaliserungsentwicklung durch angemessenere Begriffe ersetzt worden sind: Phasen des Hilfe- und Unterstützungsprozesses, Annahme und Contracting, Assessment oder soziale Analyse, Zielsetzung und Hilfeplanung, Intervention, Beendigung und Evaluation. Nicht zufällig stammt die empfohlene Literatur hauptsächlich aus den 70er Jahren, der Rezeptionsphase des Case Work in Deutschland.

Wenn von Methoden der Sozialen Arbeit gesprochen wird, zieht sich durch die Fachliteratur die so genannte Trias: Soziale Einzelhilfe, Gruppenarbeit und Gemeinwesenarbeit, Bezeichnungen, die nichts weiter aussagen, als dass mit Einzelnen oder Familien, mit Gruppen und Gemeinwesen als Zielgruppen gearbeitet wird, für die es inzwischen jeweils eine Vielzahl von Interventionsmethoden gibt, die aber in den Methodenbüchern nicht oder nur unzureichend vorkommen. Neben allgemeinen Orientierungen werden oft nur allgemeine Ablaufschemata und Fallbeschreibungen geboten. Sie sind aus historischer Sicht wichtig, erfüllen jedoch allesamt nicht die Qualitätsmerkmale einer Methode.

7. Qualitätsmerkmale einer professionellen Methode der Sozialen Arbeit

Arbeitshilfe und Anleitung für das praktische Handeln

Eine hinreichende und systematische Arbeitshilfe und Anleitung für die Phasen des Hilfe- und Unterstützungsprozesses. Damit sind keinesfalls „Rezepte" gemeint, die dann auch noch technizistisch, also nicht reflexiv eingesetzt werden sollen. Soziale Arbeiter haben ein Recht zu wissen wie, warum, mit welchen möglichen Ergebnissen und Risiken sie bei bestimmten Problemlagen praktisch helfen können. Insofern erfüllen z. B. in der Einzelhilfe und Beratung die Klientenzentrierte Gesprächsführung, bei der Familienarbeit die „Verpflichtung" und die „Hausbesuchsverfahren" von FiM, bei der Gruppenarbeit die Themenzentrierte Interaktion (TZI) die Kriterien einer Methode.

Reflexivität und Überprüfungsmöglichkeiten der Arbeitsergebnisse

Methoden sollten Angaben über ihre Wirksamkeit und Reichweite, Grenzen und Risiken enthalten, sie sollten zur Operationalisierung erreichbarer, realistischer Ziele und Teilziele anleiten und eine Prozess- und Ergebnisevaluation und Reflexion der Praxis vorsehen.

Kommunizierbarkeit und Vermittelbarkeit

Methoden müssen lehr- und lernbar sein, und zwar im Studium und in der Fort- und Weiterbildung, theoretisch und an typischen Praxisfällen und Situationen vermittelt. Methoden müssen auch so klar und eindeutig definiert sein, dass sie unter Fachkräften besprochen werden können. In Praxisberichten z. B. wird oft formuliert: Es werde nach der Methode der sozialen Einzelhilfe gearbeitet, was nichts anderes besagt, als dass man mit Einzelnen arbeitet. Methoden, die nach den o. g. Anforderungen klar definiert sind, müssen für die Fachkräfte verfügbar sein, d. h. sie müssen genau wissen, was darunter zu verstehen ist und sie müssen darin ausgebildet sein. Wenn jemand z. B. in der Beratung mit der klientenzentrierten Gesprächsführung arbeitet, so setzt das in der Regel eine gründliche Ausbildung voraus.

Die traditionellen Case Work-Konzepte sind weiterentwickelt worden; zum einen in Richtung auf das Case Management[11] für Einzelfälle (es gibt auch das CM für ganze Gruppen von Klienten). Hier sind wesentliche Momente neuerer methodischer Entwicklungen aufgenommen worden: die Annahme des Klienten und das Contracting, dadurch die ausdrückliche, tendenziell partnerschaftliche Beteiligung des Klienten am Hilfeprozess, angefangen beim Assessment, bei dem der Klient als „Experte seiner eigenen Person" seine Sicht einbringen soll, die Mitentscheidung des Klienten über die Zielsetzung, die Mitverantwortung bei der Durchführung des Unterstützungsprozesses, die Verpflichtung der Sozialarbeiter zum Erbringen von Dienstleistungen, die Überwachung der Leistung anderer Dienste und die „anwaltliche" Unterstützung des Klienten, die Zeit-Ziel-Planung mit Terminierung und die Überprüfung des Erfolges. Der „Unterstützungsplan" des CM ist die fachliche Ausgestaltung der vom KJHG geforderten Hilfeplanung, bei der das CM-Konzept Pate gestanden hat.

Beratung, z. B. Klientenzentrierte Beratung und Mediation, wie auch Case Management sind im eigentlichen Sinne Methoden der sozialen Einzelfallhilfe. Sie erfüllen die o. a. Kriterien einer Methode. Das gilt auch für eine Reihe von Methoden und Arbeitstechniken, die aus therapeutischen oder sozialwissenschaftlichen Verfahren für die Praxis Sozialer Arbeit abgeleitet und angepasst wurden, auch wenn sie sich nur auf Teile des methodischen Ablaufs beziehen: z. B. Verfahren, die im Assessment, der Verpflichtung und der Zielplanung eingesetzt werden, wie das stärkenorientierte Assessment (FiM), die sozialbiographische Analyse.

Galuske subsummiert die „multiperspektivische Fallarbeit" und die „Rekonstruktive Sozialarbeit" unter Methoden. Beides sind Teilmethoden des Assessment: Anregungen und Orientierungen für ein

Verstehen der Lebenssituation der Klienten. „Ambulante Intensive Begleitung" (AIB)[12] und „Familie im Mittelpunkt" können nicht unter „Methoden" eingeordnet werden, weil sie komplexe Programme sind, Einheiten aus Werten, Organisationsform, eklektischer Kombination unterschiedlicher Methoden und Techniken und vorgeschriebener Evaluation.

Professionelle Methoden der Sozialen Arbeit berücksichtigen die eigene Mitverantwortung des Kunden, indem sie die Selbsthilfekräfte des Klienten/Kunden nachweislich stärken.

Professionelle Methoden der Sozialen Arbeit sind ganzheitliche Hilfen in einem besonderen Sinne. Sie leisten integrierte soziale, ökonomische, materielle, strukturelle und psycho-soziale Unterstützung und Förderung einer selbständigen Lebensführung (Empowerment, Stärkenorientierung). Das Individuum wird immer in seinem sozialen Umfeld, in seinem Soziotop, der sozialen „Nische" gesehen, wo Hilfen ansetzen.

Kriterien für alltagstaugliche professionelle Konzepte und Methoden: Sie müssen dienstleistungsorientiert sein, respektvoll und Grundrechte achtend eingesetzt werden können, in der Lebenswelt wirksam werden, konsequent stärken- und ressourcenorientiert sein. Sie sollen darüber hinaus realisierbare und operationalisierbare Ziele, Nah- und Teilziele setzen helfen, überprüfbar und evaluierbar sein, damit Profis aus Fehlern lernen können. Sie sind in einer Ausbildung vermittelbar.

Die Praxis der Sozialen Arbeit ist weder nur Handwerk noch Sozialanalyse oder Sozialpolitik. Soziale Arbeit braucht Kenntnisse über die o. a. Verursachungsbedingungen sozialer Problemlagen auf allen Ebenen, über alle Grundlagen menschlichen Verhaltens und die rechtlichen Rahmenbedingungen des Handelns, über Entwicklung und Stand der Profession, Konzepte und Programme Sozialer Arbeit, über die Entwicklung der Fachwissenschaft Soziale Arbeit. Soziale Arbeit braucht aber, und das ist ebenso wichtig, auch handelnde Professionelle, ausgestattet mit Handlungskompetenzen und Handwerkszeug, das sind Methoden und Techniken und die Reflektionskompetenz, um das eigene Handeln zu überdenken, zu steuern und zu korrigieren.

Das methodische Handeln erfolgt immer auch über die eigene Person des Sozialen Arbeiters, die eine unterschiedliche Rolle spielt, wenn es darum geht, eine für verschiedene Ziele und Problemlagen geeignete Arbeitsbeziehung herzustellen und zu erhalten. Auch die Rolle der eigenen Person muss in die Reflexion des Handelns gezielt mit einbezogen werden, z. B. um nicht eigene Belastungen auf Kunden zu übertragen. Die Pflege der eigenen Person muss darüber hinaus wichtig genommen werden, damit sie im harten Berufsalltag nicht beschädigt wird und auch die eigene Arbeitskraft erhalten bleibt. Insofern halte ich es für wichtig, dass sowohl die eigene Biographie künftiger Sozialer Arbeiter, für die Bewusstmachung und Entwicklung eigener personaler Kompetenzen als auch Interaktionen, Sozial- und Psychohygiene zum theoretischen und praktischen Gegenstand der Ausbildung werden, ebenso wie das methodische Handeln, Qualitätssicherung und Organisationsentwicklung in Theorie und Praxis.

Die Arbeit mit mehrfach belasteten Familien, die sich in einer akuten Krise befinden und mit denen überwiegend in ihrer eigenen Wohnung gearbeitet wird (wie z. B. bei „Familie im Mittelpunkt"), erscheint mir als ein gutes Beispiel für konzeptionelles und methodisches Handeln nach professionellen Gesichtspunkten.

In der Praxis des Kriseninterventionsprogramms „Familie im Mittelpunkt" haben wir beobachtet, wie wichtig gezieltes methodisches Handeln, die Nutzung eines Repertoires an Handwerkszeug und Techniken in der Arbeit mit Familien sind und die Reflexion sowohl für die Familien als auch für die Familienarbeiter(innen).

Wenn z. B. nach einer der Familie in der Krise Hoffnung vermittelnden Verpflichtung („Engaging") auf der Grundlage einer fundierten fachlichen Einschätzung konstruktiv an den Stärken und Ressourcen der Familie ansetzend konkrete Ziele gesteckt und erreicht werden, dann entwickelt sich, wenn gut gearbeitet wird, regelmäßig bei der Familie eine vielseitige Stärkung und oft ein neues Selbstbewusstsein, also eine nachprüfbare Verbesserung. Als Folge davon erleben auch die Familienarbeiter(innen) Erfolge, die die Gefahr des Ausbrennens in der Arbeit minimieren können. Hilfe für Familien in einer akuten Krisensituation erfordert eine gut definierte und durch die Organisation (Teamleitung, Supervision) abgesicherte Arbeitsbeziehung.

In der Methodenliteratur gibt es kaum Abhandlungen zum methodischen Umgang mit dem Prozess der Annahme eines Klienten, einer Fallaufgabe als bewussten Prozess einer fachlichen Entscheidung. Dabei ist dies ein ganz wichtiger Aspekt des beruflichen Handelns. Wir haben den Eindruck, dass es in der beruflichen Praxis in den meisten Fällen nicht so ist, dass Sozialarbeiter von anderen gesagt bekommen, mit welchen Klienten sie arbeiten sollen. Selbst beim Allgemeinen Sozialen Dienst (ASD), wo die Bezirkssozialarbeiter für bestimmte Ortsteile oder Straßenzüge zuständig sind und mit jedem Klienten reden müssen, der zu ihnen geschickt wird oder zu ihnen kommt, bestimmen die Fachkräfte letztlich, wie viel Zeit und Arbeit sie für die einzelnen Klienten aufbringen. Sie entscheiden nach fachlichen Kriterien, mit welchen Klienten in welchen Problemlagen vorrangig gearbeitet wird, wie intensiv und zeitlich ausgedehnt sich mit den Klienten beschäftigt wird. Auch wenn gesetzliche Grundlagen das Handeln fordern, z. B. das KJHG bei Kindeswohlgefährdung, wird auf fachlicher Grundlage entschieden. Die Kenntnis und Beachtung der relevanten rechtlichen Bestimmungen, die immer wieder aufgabenbezogen interpretiert werden müssen, ist Teil der Professionalität der Sozialen Arbeit. Sie ist übrigens auch deshalb nicht auf Sozialpädagogik zu reduzieren. Sozialarbeiter müssen immer multidisziplinär entscheiden und handeln.

Wichtig ist die bewusste Annahme von Klienten, weil die Sozialarbeiter auch entscheiden müssen, ob den Klienten mit ihrer Problemlage und ihrem Anliegen in einer betreffenden Einrichtung und von einer bestimmten Fachkraft Hilfe und Unterstützung gegeben werden kann oder ob der Klient an eine andere Einrichtung oder Fachkraft vermittelt werden muss. Es handelt sich hier auch um die Kenntnis der Grenzen eigenen Handelns und der Sozialen Arbeit generell. Psychische Krankheiten sind mit Mitteln der Sozialen Arbeit überwiegend nicht zu bearbeiten und zu heilen. Um das Ausmaß einer psychischen Krankheit zu erkennen und für eine geeignete Therapieeinrichtung zu beraten, brauchen Sozialarbeiter Grundkenntnisse der Psychodiagnostik, sie müssen keine Diagnose erstellen können, aber gegebenenfalls Psychologen oder Therapeuten um Mithilfe bitten.

Wir treten aus wichtigen konzeptionellen und praktischen Gründen dafür ein, den Begriff „Diagnose" aus dem methodischen Handeln in der Sozialen Arbeit zu verbannen, obwohl er in der Fachliteratur gerade wieder eine Konjunktur zu haben scheint. Im Wörterbuch steht unter „Diagnose": „Erkennen einer Krankheit" oder „Krankheitsbestimmung". Der Begriff ist durch die Medizin und Psychiatrie, die sich mit Krankheit befassen, so vorbelastet. Wir halten ihn für schädlich, weil eine stärken- und ressourcenorientierte Praxis erschwert wird, wenn man ans Diagnostizieren geht: Problemorientierung, Etikettierung („Multiproblemfamilie" statt „mehrfach belasteter Familie", diskriminierende Defizitorientierung sind die Folge und eine Herrschaftsbeziehung zwischen Sozialarbeiter und Klient, die eine partnerschaftliche Zusammenarbeit erschwert). Wo bleibt bei der „Diagnose" die absolut wichtige Selbsteinschätzung des Klienten, der in bestimmter Hinsicht ein „Experte" seiner eigenen Person und Situation ist, wenn der Sozialarbeiter zum Experten gemacht wird?

Diagnose ist ein einseitiger Prozess. Assessment meint in der Sozialen Arbeit, dass beide, sowohl der Sozialarbeiter als auch der Klient, eine Einschätzung der belastenden Problemlage vornehmen. Beide Einschätzungen stehen zunächst nebeneinander. In einem Aushandlungsprozess kann es zu einer gemeinsamen Einschätzung kommen, die Grundlage der weiteren Arbeit wird. Als Bezeichnung für die methodische Phase der fachlichen Einschätzung beim methodischen Handeln sollte der Begriff „Diagnose" durch den Begriff „Assessment" ersetzt werden, der zwar wegen seiner Herkunft aus dem Bereich der Wirtschaft und des Personalmanagements auch nicht ganz unproblematisch erscheint, jedoch bei weitem nicht so viele Probleme bereitet, wie der Begriff Diagnose. Wenn es jedoch um das Erkennen von Krankheitsbildern oder Entwicklungsverzögerungen geht, sind gewisse diagnostische Kompetenzen bei Fachkräften der Sozialen Arbeit gefordert. Da es hier um das Erkennen physischer und psychischer Zustände geht und die Frage entschieden werden muss, ob eine von Therapeuten durchzuführende Therapie notwendig ist, ist der Begriff „Diagnose" gefordert.

Obwohl die theoretischen und praktischen Probleme bekannt sind, die sich die Profession mit der Verwendung des Begriffs Diagnose beschert, wird bis in die aktuellen Publikationen an diesem Begriff festgehalten. Wir beharren auf der Vermeidung des Begriffs „Diagnose". Auf die Soziale Arbeit allgemein übertragen bedeutet das: Der Ansatz an Stärken und Ressourcen, ein wertschätzender und respektvoller Umgang mit den Klienten und die Vermittlung von Hoffnung auf eine Verbesserung der Situation sind für die allermeisten Arbeitsaufgaben in der Praxis der Sozialen Arbeit der einzige Weg, Klienten zur Selbsthilfe zu aktivieren. Assessment bedeutet dann die stärken- und ressourcenorientierte, mit dem Klienten vorgenommene fachliche Einschätzung der Problemlage und der Wege zu ihrer gemeinsamen Überwindung.

Insofern ist es uns nicht egal, ob für den oben beschriebenen Prozess in der Sozialen Arbeit der Begriff „Diagnose“ oder „Assessment“ gebraucht wird. Wird das Festhalten am Begriff „Diagnose“ von professionellen Sozialen Arbeitern betrieben oder eher von Theoretikern an den Hochschulen? Uns sind die wirklichen Gründe dafür nicht deutlich geworden. Dabei ist die Diskussion um die eigene Sprache der Sozialen Arbeit als Profession und Disziplin überhaupt nicht neu.

Karls und Wandrei, Kollegen aus New York, haben im Rahmen ihrer Arbeit für den amerikanischen Verband der Sozialarbeiterinnen und Sozialarbeiter, der „National Association of Social Workers“, ein neues Klassifikationsschema zur Untersuchung sozialer Problemlagen von Klienten entwickelt und empirisch überprüft. Sie gehen von der Annahme aus, dass Sozialarbeiterinnen soziale Schwierigkeiten, in denen sich Klienten befinden, systematisch anders betrachten als andere Professionen, z. B. Mediziner und Psychologen, und deshalb ein eigenes Analyseinstrument für das Assessment und eine eigene Fachsprache brauchen. Sprache ist nun mal, anders als manche Studierende und Praktiker annehmen, keine unwichtige Angelegenheit. Wir sprechen, wie wir denken, und wir denken, wie wir sprechen. Unsere Wahrnehmung und unser Handeln werden auch über unsere Begriffsbildungen bestimmt. Auch deshalb sind wir absolute Gegner eines problemorientierten und etikettierenden Sprachgebrauchs in der Beschreibung von Klientensituationen, wie z. B. „Multiproblemfamilie“ und „Verwahrlosung“ oder von medizinisch-naturwissenschaftlichen Begriffen, wie „Diagnose“ und „Therapie“.

Diese Begriffe „Diagnose“, „Therapie“ oder „Behandlung“ sind als aus der Medizin stammende Begriffe zur Untersuchung, Beschreibung und sozialen Hilfeleistung für Menschen in sozialen Problemlagen, die nicht wegen einer Krankheit Hilfe brauchen, einseitig physio- oder psychozentriert. Leider werden solche fatalen Begriffe immer noch sowohl in der Praxis als auch in der Methodenliteratur leichtfertig oder bewusst falsche Fährten setzend verwendet. Ein neueres Beispiel findet sich bei Schreiber,[13] der sich ausdrücklich auf das DSM-IV („Diagnostical and Statistical Manual“), das diagnostische Handbuch der Psychiatrie beruft und im Rahmen der (universitären) Erziehungswissenschaft über die „sozialpädagogische Diagnose“ schreibt, ohne die wichtige Diskussion innerhalb der Sozialarbeitsprofession überhaupt zu kennen. Karls und Wandrei haben diese Blickrichtung schon damals kritisiert. Sie berichten von Sozialarbeiterinnen, die sich darüber geärgert haben, dass sie in Fortbildungen (von welchen Fachleuten wohl durchgeführt?) mit den Kategorien des DSM-IIIR geschult wurden, in der Sichtweise der Psychiatrie. Sie wurden dazu angehalten, soziale Problemlagen durch die Brille der Psychiatrie zu betrachten und zu untersuchen.

Das Hauptaugenmerk richtete sich auf:

1. psychische Störungen (Defizite)
2. physische Krankheiten
3. soziale Belastungen
4. die Lebensbedingungen

Es handelt sich hier um ein eindeutig krankheits- und defizitorientiertes Instrument, das weder die „Normalität" der Klienten berücksichtigt, wie es die Ethik sozialer Arbeit gebietet, noch die gesellschaftlichen Veursachungszusammenhänge der Problemlagen. Die sozialräumlichen Gegebenheiten im sozialen Umfeldsystem sind damit ebenfalls ausgeblendet.

8. Technik

Unter Technik verstehen wir alle medial eingesetzten Mittel, die für die Erreichung der in Konzept und Methoden verfolgten Ziele geeignet sind. Techniken sind wertneutral. Kriterium ist die Nützlichkeit und Eignung bestimmte Inhalte zu transportieren und Verhaltensweisen der Klienten zu stimulieren. Während bei professionellen Konzepten und Methoden eine Bindung an ethische Prinzipien der Sozialen Arbeit vorausgesetzt wird, von denen sich die Zielsetzungen für das Handeln ableiten lassen, sind die meisten Techniken wertunabhängig einzusetzen. Beispiele für Arbeitstechniken sind: Papier- und Bleistifttraining (FiM), Ökogramme, Netzwerkkarten, Einsatz von Videomaterial, Wandzeitungen u. a.

9. Programm

Ein Programm umfasst nicht nur die Bindung an ein Konzept und Methoden, sondern auch darüber hinausgehende Merkmale und Strukturen, die definierten Qualitätsstandards entsprechen. Das Konzept schreibt die Arbeitsrichtung über Wertorientierungen vor. Es hält ein bestimmtes Repertoire an Intake-, Assessment-, Beratungs- und Interventionsmethoden vor und beschreibt auch Verfahren der Evaluation. In der Regel sind zudem die Organisationsstrukturen (Team, Leitung, Hierarchie) sowie die Qualitätsstandards für die Aus- und Weiterbildung der Mitarbeiter (oft eine besondere Ausbildung) und die Supervision inhaltlich bestimmt und bei einigen Programmen vorgeschrieben.

Insofern ist z. B. Familie im Mittelpunkt ein Programm und keine Methode, wie das Galuske[14] beschreibt. Weitere Beispiele für Programme: „Nieuwe Perspektiiven" (Amsterdam), in Deutschland eingeführt unter dem Namen „Ambulante Intensive Begleitung" (AIB)[15]; Familie Im Stadtteil (FiS)[16].

Dieses Kapitel über Methoden in diesem Buch ist uns deshalb so wichtig, um zu etwas mehr Klarheit in unserer Profession beizutragen. Gleichzeitig muss deutlich werden, dass der Gegenstandsbereich dessen, was in sozialen Organisationen gemanagt werden soll, auch in seiner Eigentümlichkeit deutlich wird. Die Besonderheit der Beziehungsarbeit mit Menschen weist auch auf die Grenzen hin, die einer überwiegend ökonomischen Betrachtungsweise der Sozialen Arbeit gesetzt sind. Soziale Dienstleistungen sind eben – anders als rein betriebswirtschaftlich oder technisch bestimmte Arbeit – sehr eng mit ethischen Grundsätzen verknüpft, die Respekt, Wertschätzung und Achtung der Klienten als Menschen und Bürger fordern.

Managementreform der Sozialen Dienste

7

1. Reform des Sozialstaates und der Sozialen Dienste

Wir behandeln die derzeit stattfindenden Reformen unter dem Stichwort „Innovationsthemen". Dies sind nicht zufällig auch die Themen, die seit einiger Zeit die Politik beschäftigen und mit dem „Umbau" des Sozialstaats zusammenhängen. Zu diesen Themen gehören: Dienstleistungsorientierung, Neue Steuerung, Sozialraumbudgetierung, Qualitätssicherung. Wie in den anderen Kapiteln werden wir auch hierbei die Sprachebene der professionellen Sozialarbeit benutzen, d.h. einerseits begrifflich eindeutig, andererseits nicht überkomplex und vor allem auch ohne ein Soziologiestudium verständlich schreiben. (Unter dem Begriff „Soziale Dienste" verstehen wir sowohl die Sozialen Dienste von freien Trägern, als auch die öffentlichen, wie z. B. Allgemeiner Sozialer Dienst [ASD], Jugendamt [JA]. Aus fachlichen und ökonomischen Gründen werden von den öffentlichen Sozialen Diensten z. B. im Bereich der Kinder- und Jugendhilfe [Hilfen zur Erziehung nach dem KJHG] überwiegend und zunehmend Einrichtungen freier Träger [wie Sozialpädagogische Familienhilfen, Kriseninterventionsdienste, wie „Familie im Mittelpunkt", Heime, Erziehungsberatungen etc.] mit der Wahrnehmung konkreter sozialarbeiterischer und pädagogischer Dienstleistungen beauftragt. Alle diese Einrichtungen sind hier gemeint.)

2. Dienstleistungsorientierung

Professionelle Soziale Arbeit hat in einer demokratischen Gesellschaft grundsätzlich eine Dienstleistung zu sein, nicht mehr die obrigkeitsstaatliche Verwaltung von Untertanen. Nach Otto und Backhaus-Maul wird Soziale Arbeit als eine „öffentlich organisierte personenbezogene soziale Dienstleistung"[1] bezeichnet. Auf der Ebene der theoretischen Bestimmung und besonders auf der Formulierung von Absichtserklärungen ist diese Aussage nicht mehr umstritten. In der Praxis wird dieses allgemein akzeptierte Ziel oft nicht erreicht. Über die wissenschaftstheoretischen Gründe für Diskrepanz zwischen Theorie und Praxis soll an dieser Stelle nicht diskutiert werden. Eine annähernd gelungene Umsetzung der Forderung nach Dienstleistungsorientierung in der Sozialen Arbeit würde bedeuten, dass Sozialarbeiter gegenüber Klienten[2] nützliche Leistungen erbringen, deren Bedürfnisse und Interessen ernstnehmen und ihnen mit dem gebotenen Respekt begegnen, gleichgültig in welcher Agentur sie arbeiten, einer kommunalen, gebietskörperschaftlichen oder einer Einrichtung in freier Trägerschaft. Klienten würden dabei als mündige Bürger im vollen Besitz ihrer Bürger- und Menschenrechte behandelt. Dies wäre auch die Konsequenz, wenn die Profession sich als „Menschenrechtsprofession" versteht, wie es Staub-Bernasconi[3] nach dem Ethikcode der International Association of the Schools of Social Work reklamiert.

Dienstleistungsorientierung umfasst folgende Komponenten:

- Orientierung an Bedürfnissen und Interessen der Klienten
- Achtung und Respekt der Klienten als mündige Bürger
- Erbringung von Leistungen für die Klienten
- Entscheidungsfreiheit der Klienten über die Annahme der Leistungen
- Verminderung des Machtgefälles zwischen den Leistungsanbietern und den Abnehmern der Leistungen
- Partnerschaftliches Agieren der Leistungsanbieter

Dass die Realität sozialarbeiterischen Handelns diesen Ansprüchen oft nicht genügt oder nicht entsprechen kann, ist uns spätestens seit der Diskussion um das „Doppelte Mandat" oder den „Paternalismus" der Sozialen Arbeit[4] bekannt. Die Diskussion um die „Garantenpflicht" der Jugendämter für das Kindeswohl[5] und „Aktivierende und motivierende Soziale Arbeit"[6] belegen, dass die Mehrheit der Klienten nicht freiwillig mit Sozialer Arbeit zu tun hat. Wenn z. B. das Jugendamt bei Kindeswohlgefährdung einschreiten muss, dann kann auch die dienstleistungsorientierte Sprache des KJHG nicht darüber hinwegtäuschen, dass der Auftraggeber die Gesellschaft ist, und es nicht die Eltern des Kindes sind, die eine Leistung erhalten, um die sie in der Regel nicht nachgesucht haben. Kann eine Leistung gegenüber Klienten/Kunden eine Dienstleistung sein, wenn sie nicht nachgefragt wurde oder sogar gegen deren Willen durchgesetzt wird? Wohl kaum.

Soziale Arbeit ist somit keine naive Dienstleistung, sondern immer auch Aktivierung[7] und Schutz Dritter, im Zweifel der Gesellschaft vor Klienten. Bei Kindeswohlgefährdung von Kleinkindern durch misshandelnde Eltern steht zunächst allein der gesetzliche Auftrag. Die Eltern sind zunächst unfreiwillige Klienten, wie auch das Kleinkind. Hinte drückt sich noch relativ harmlos aus: „Wir muten den Menschen, mit denen wir arbeiten, etwas zu, wir fordern sie heraus, wir erwarten eine Eigenleistung und sind gelegentlich sogar ein wenig lästig". FN? Wer als Familienhelfer oder gar Sozialarbeiter im Jugendamt mit Eltern arbeitet, bei deren Kindern eine Fremdunterbringung droht, hat auch die Aggressionen der Eltern gegenüber den Sozialarbeitern erfahren. „Zwangsbeglückung" als Dienstleistung?

Dennoch ist Dienstleistungsorientierung der Sozialarbeiter und – damit verbunden – ein partnerschaftlicher Umgang mit den Klienten eine nicht verzichtbare Bedingung für eine gelingende methodische Praxis (mit „Sozialarbeiter" meinen wir auch „Sozialpädagogen"). Wenn sich Soziale Arbeit nicht nur auf die Verwaltung und Kontrolle sozialer und psychischer Krisen und Konflikte beschränken will, was am professionellen Selbstverständnis und Auftrag des Sozialgesetzbuches vorbeigeht, gibt es keine Alternative. Das allgemein anerkannte, oft leerformelhaft benutzte Generalziel „Hilfe zur Selbsthilfe" ist ohne eine von Sozialarbeitern zu erbringende Dienstleistung für die Klienten nicht einmal ansatzweise zu erreichen. Wir können die Orientierung an den Bedürfnissen der Klienten und die Dienstleistung nicht aufgeben, auch wenn schlechte personelle und sachliche Ausstattung und geringe methodische Handlungskompetenzen der Praktiker eine dienstleistungsorientierte Praxis erschweren.

Beispiel:

Von einer katastrophalen Arbeitssituation berichtet anonym und stellvertretend für viele Jugendamtsmitarbeiter eine Berliner Sozialarbeiterin, die trotz mehrfacher Eingaben mit einer unverantwortlichen Belastungssituation konfrontiert ist, die ihr schlicht keine Zeit für eine qualifizierte Fallarbeit lässt.

Eine bereits bestehende Überlastung mit hohen Fallzahlen wird weiter erhöht durch 30 % nicht besetzte Stellen, eine Situation, an der sich auch nach verschiedenen Eingaben über Jahre hinweg nichts geändert hat. Die Folgen für die Klienten und die Sozialarbeiterin liegen auf der Hand. Klienten werden keinesfalls nach den Erfordernissen des KJHG beraten und unterstützt, die Sozialarbeiterin wird vermutlich wegen Krankheit bald ausfallen.

Angesichts der engen Haushaltslagen vieler Kommunen besteht die Gefahr, dass an falschen Stellen gespart wird: an der psychosozialen Versorgung der von Ausgrenzung bedrohten Klienten, obwohl jeder weiß, dass nicht bearbeitete Konflikte und Krisen in Familien mit

Kindern z. B. immense soziale, politische und finanzielle Folgekosten nach sich ziehen; das nennen wir „Dummsparen". Wir werden in diesem Kapitel noch ausführlicher am Beispiel der Sozialraumbudgetierung in Bremerhaven aufzeigen, wie es beim ASD gelingen kann, trotz knapper Mittel eine Fachlichkeit zu entwickeln, die es den Sozialarbeitern ermöglicht, auf den Einzelfall zugeschnittene Dienstleistungen zu erbringen.[8]

Wir gehen davon aus, dass die Dienstleistung von den Klienten – wenn auch nicht immer am Anfang – so doch im Verlauf der Hilfeleistung als solche positiv erkannt werden muss. Gelingt das nicht, so ist der Adressat ein anderer: die Kommune, Gebietskörperschaft, Einrichtung als Auftraggeber.

Wir erläutern das reflektierte Verständnis von Dienstleistung und Aktivierung am Beispiel des Kriseninterventionsprogramms Familie im Mittelpunkt (FiM), dessen Arbeit in Süd- und Mittelhessen wir wissenschaftlich begleiten.

Beispiel:

Im Rahmen der Krisenintervention von Familie im Mittelpunkt (FiM) haben wir gelernt, dass Familienarbeiter in gravierenden Fällen der Kindeswohlgefährdung (Misshandlung, schwere Vernachlässigung, Gewalt) vom Jugendamt in die Familien geschickt werden, um die Familien für die Kinder und Jugendlichen wieder sicher und lebenswert machen zu helfen. Damit soll die Herausnahme von Kindern verhindert werden. Aus der Sicht der Eltern und Kinder ist Intervention oft zunächst nur schwer als Dienstleistung zu betrachten. Den Auftrag für die Intervention erteilt das Jugendamt in seiner Garantenstellung stellvertretend für Staat und Gesellschaft nach dem KJHG.

Die Familienarbeiter kommen also zunächst mit Druck in die Wohnungen der betroffenen Familien, die sich auf das Programm einlassen, weil sie ihre Kinder behalten wollen. Erst wenn es den Familienarbeitern methodisch gelingt, durch Respekt und Werbung um die Mitarbeit der Familie, durch die Vermittlung von Hoffnung auf ein gutes Ende (Engaging), sie dazu zu motivieren, gemeinsam für eine Verbesserung der Situation zu arbeiten, kann auch aus der Sicht der Klienten der Dienstleistungsprozess beginnen. Es erfolgt ein Auftrag. Zunehmend wird die Arbeit des Familienarbeiters als hilfreich angesehen.

> In der Regel kann die Situation der Kinder in der Familie so weit verbessert werden, dass sie sicher in der Familie bleiben können (hohe Erfolgsquoten, vgl. Jahresbericht der wissenschaftlichen Begleitung). In der Abschlusskonferenz und den Folgeinterviews sind die Eltern und Kinder mit dem Ergebnis zufrieden und äußern sich positiv über die erhaltenen Hilfen. Diese Bewertung der Dienstleistung wird oft auch auf die Jugendämter übertragen, die die massiven Eingriffe in die Privatsphäre veranlasst haben.

Durch ein qualifiziertes Case Management können Jugendamtsmitarbeiter, abgesehen von der im oben genannten Beispiel bestehenden katastrophalen Überlastung, in normalen Arbeitssituationen durch effektive Hilfeplanung und die Vergabe von Arbeitsaufträgen der Hilfe zur Erziehung an qualifizierte Jugendhilfeeinrichtungen, wie z. B. FiM oder SPFH, gemeinsam mit deren Familienhelfern eine qualifizierte Arbeit leisten. (SPFH: Sozialpädagogische Familienhilfe, eine „Hilfe zur Erziehung" nach dem KJHG, ist eine intensivere Hilfe für eine Familie, in der Kinder gefährdet sind. Sie dauert in der Regel bis zu zwei Jahre mit zwei bis acht Stunden Präsenz der Familienarbeiterin in der Wohnung der Familie. An allgemein verbindlichen Qualitätsstandards wird derzeit noch gearbeitet.)

Damit nähern sie auch ihre eigene Arbeit an eine echte Dienstleistungsorientierung an. Allzu häufig stellen sie sich dabei selbst das Bein oder müssen zulassen, dass fachlich wenig qualifizierte Amtsleiter oder politische Amtsträger aus lauter Spardruck oder Spareifer am falschen Ende sparen. Das nennen wir „Dummsparen", weil hier kurzfristig – am falschen Ende – gespart wird, während langfristig Bedingungen geschaffen werden, die – abgesehen von den immensen inhumanen Folgen und sozialen Kosten – mittelfristig weit höhere finanzielle Kosten verursachen. Weil wir uns hier aus eigener Erfahrung am besten auskennen, verweisen wir nochmals auf das Beispiel des Einsatzes des Kriseninterventionsprogramms „Familie im Mittelpunkt" durch Jugendämter. Es könnte für beinahe jede Form der Hilfen zur Erziehung stehen.

Beispiel:

> Das Programm FiM, das Kindern und Eltern viel soziales Elend ersparen hilft, ist kurzfristig nicht billig, wenn es entsprechend der vorgeschriebenen Qualitätsmerkmale durchgeführt wird.

Einschließlich der erforderlichen Nachfolgehilfen wird es mittel- und langfristig auch finanzielle Mittel einsparen: Der Jugendamtsleiter eines Kreisjugendamts, das mit dem Programm arbeitet, berichtete anlässlich einer Fachtagung von FiM des Albert-Schweitzer-Kinderdorfs in Hanau, dass das Jugendamt durch den Einsatz von FiM einschließlich der Nachfolgehilfen (in der Regel kurze Einsätze der Sozialpädagogischen Familienhilfe) bei den ersten acht Familien nur bezüglich der direkt gefährdeten Kinder über 300 000 Euro gespart hätte. Das bezeichnen wir als fachlich ausgewiesenes „Klugsparen".

Trotzdem versuchen andere Jugendämter die Aufwendungen für die humane, soziale und finanzielle Kosten sparende Krisenintervention zu drücken, was zu Lasten der Qualitätssicherung geht (besondere Ausbildung, Fort- und Weiterbildung, Entlohnung der Fachkräfte, Supervision, Evaluation durch Begleitforschung). Die Ergebnisse sind dann auch entsprechend schlechter: das nennen wir „Dummsparen".

„Dummsparen" findet man überall im sozialen Bereich: so z. B. beim Einsatz von Sozialpädagogischen Familienhilfen, von denen einige noch immer kein ausgebildetes Personal beschäftigen und die meisten keine nachprüfbare Evaluation ihrer Arbeit durchführen. (Immer noch werden für die schwierige Arbeit mit Familien in Krisen aus Kostengründen Studenten oder Hausfrauen eingesetzt. Es gibt jedoch auch hier Bemühungen um die Einführung einheitlicher Qualitätsstandards.) Das wird ebenfalls durch den Druck von Jugendämtern bewirkt, die den Preis der Leistungen ohne Rücksicht auf Qualität drücken und billigere Wettbewerber bevorzugen: ein falsch verstandenes Umgehen mit der Budgetierung. Wenn aus Kosten- und Einsparungsgründen nicht mehr auf die faktische Leistungsproduktion geachtet, Effizienz vor Effektivität gesetzt wird, und es im Grunde als sekundär betrachtet wird, welche Folgen dies auf das Leben der Klienten hat, dann wird die geforderte Dienstleistungsproduktion öffentlicher Träger zur Farce.

Wir haben bereits betont, dass letztlich eine ethischen Grundsätzen entsprechende und methodisch ausgewiesene Praxis Sozialer Arbeit ohne eine real feststellbare Dienstleistungsorientierung nicht erbracht werden kann. Somit stellt sich an diesem Punkt die Grundfrage unserer Profession. Wird die Dienstleistungsorientierung durch politische und finanzielle Rahmenbedingungen, durch ungeeignete Organisationen, fehlendes oder falsches Qualitätsmanagement und mangelnde Fachlichkeit verhindert, so verliert die Profession ihre inhaltliche Legitimation. Im Folgenden erläutern wir, was wir unter Dienstleistungsorientierung verstehen.

Orientierung an den Bedürfnissen und Interessen der Klienten

Wir wissen, dass dieses Kriterium in der Sozialen Arbeit nur begrenzt, d. h. tendenziell zu realisieren ist. Klienten der Sozialen Arbeit in diversen Zwangskontexten oder Notlagen werden oft nicht gefragt, ob sie ihr Verhalten verändern wollen. Beim oben angeführten Beispiel, wo es Kindern bei ihren Eltern schlecht geht, oder wenn Jugendliche, die „keinen Bock“ auf Ausbildung oder Arbeit haben, von Sozialarbeitern genau dies nahegelegt wird, kann den geäußerten Wünschen, sich nicht zu verändern, meist nicht einfach entsprochen werden: Dann steht die Forderung vor der Förderung. Bei Eltern, die ihre Kinder misshandeln, können wir zwar sagen, dass die Kinder, um deren Wohl wir uns kümmern sollen, die eigentlichen Klienten sind. Dennoch sind auch die Eltern unsere Klienten. Da ist die Realisierung dieses Kriteriums von Dienstleistungsorientierung zumindest schwer, zumal auch das von der Pädagogik oft bemühte Schlagwort der „wohlverstandenen Interessen“ eine Bevormundungsanmutung beinhaltet.

In der Sozialen Arbeit sprechen wir daher davon, dass wir uns bemühen, Bedürfnisse und Interessen zu eruieren, um uns daran zu orientieren. Methodisch bedeutet das: Wir fragen die Klienten nach ihren Wünschen, hören aktiv zu und nehmen ihre Ziele nach positiver Veränderung ihrer Situation ernst, die sich in einer aktivierenden Arbeit herauskristallisieren. Hierbei hilft eine Orientierung an den Grundsätzen der humanistischen Psychologie, die davon ausgeht, dass der Mensch eine Tendenz zur Selbstaktualisierung hat, die wir fördern müssen. Damit sind wir nicht gänzlich aus dem Schneider. Die Arbeitsgrundhaltung einer aktivierenden, helfenden Beziehung ermöglicht zumindest eine reflektierte Praxis, die sich an Bedürfnissen und Interessen der Klienten orientiert.

Achtung und Respekt vor den Klienten als mündige Bürger

Wenn wir die Wünsche und Ziele der Klienten ernst nehmen, so ist das bereits ein Ausdruck dafür, dass wir sie achten und respektieren. Besonders wichtig wird dies in Haltung und Verhalten, wenn wir es mit Klienten zu tun haben, deren Ansichten und Lebensführung sich stark von denen unterscheidet, die wir für gut und richtig halten oder die gesellschaftlich akzeptiert sind. Wir halten dieses Kriterium für eine zentrale Grundlage professioneller Sozialer Arbeit, die beansprucht Dienstleistung zu sein. Die hier benannte Forderung ist nicht einfach zu erfüllen. Stärken- und Ressourcenorientierung ist eine Voraussetzung, weil sie die Etikettierung und Diskriminierung der Klienten zu vermeiden hilft. Obwohl sie seit langem für die Praxis Sozialer Arbeit reklamiert wird, dominiert nach wie vor die defizitär orientierte Problemorientierung.

Eine nicht-diskriminierende Praxis in der Sozialen Arbeit durchsetzen, bedeutet auch gegen den Strich vorherrschender Denkmuster, zu bürsten in der Bevölkerung, den Medien, bei Politikern und Amtsleitungen, den Stellen, die die Arbeit finanzieren (Geld gibt es für Probleme). Kinder und Wohnung von Klienten werden z. B. als „verwahrlost" beschrieben, die Familie als „Multiproblemfamilie" etikettiert. Kinder können bei diesem Beispiel darunter leiden, dass sie vernachlässigt werden und dass ihnen die nötige Pflege und Fürsorge fehlt. Noch besser, wenn wir ihre Situation genauer sachlich beschreiben, ohne sie mit einem bewertenden Urteil zu versehen. Gleiches gilt auch für eine Wohnung, deren Zustand sachlich und möglichst emotionsfrei ohne bewertende Adjektive wie „unordentlich", „dreckig", „chaotisch" etc. beschrieben werden soll. Eine „Multiproblemfamilie" ist eine „mehrfach belastete" Familie in einer Krise oder Problemlage, die genauer beschrieben werden muss, einschließlich der immer auch zu findenden Stärken, Ressourcen und Bereiche, in denen die Familie ihr Leben meistert. Etikettierende, diskriminierende und defizitäre Kürzel sind deshalb so gefährlich, weil sie in den Akten ein Eigenleben führen und sich von Akte zu Akte, von Sozialarbeiter zu Sozialarbeiter fortpflanzen.

Problemorientierte Sprache steht für eine ebensolche Haltung, die den Respekt gegenüber den Klienten als Menschen und Mitbürger vermissen lässt. Etikettierende Haltung und Sprache in der Sozialen Arbeit ist ähnlich entmenschlichend wie wir sie im medizinischen und pflegerischen Alltag erleben können. Menschen werden auf defizitäre Klassifizierungen reduziert: die „Niere“ auf Zimmer 17 (im Krankenhaus) entspricht dem „Schulschwänzer Jan“ oder dem „Delinquenten Herrn Meier“, dem „Trinker [illegible]“. Respekt und Achtung des Klienten als Menschen sind in einer defizitären Perspektive und Haltung nicht zu erkennen.

Haltung setzt sich in Verhalten um. Respektvolles Verhalten drückt sich vielfältig aus: z. B. Hausbesuche mit Achtung der Klienten und Wahrnehmung einer Gastrolle, d. h. in aller Regel angemeldete Hausbesuche, einzige Ausnahme bei Gefahrensituationen für Familienangehörige, höfliche bürgerliche Umgangsformen gegenüber Klienten, Zuhören, was die Klienten erwarten und wünschen, Achtung der vom eigenen unterschiedlichen Lebensentwürfe, solange das mit den Grundrechten anderer vereinbar ist. Das gilt auch für ethnische und religiöse Besonderheiten oder andere sexuelle Orientierungen. Sozialarbeiter dringen immer in die Privatsphäre der Klienten und damit in deren Lebenswelt ein, gleichgültig ob sie den Klienten innerhalb oder außerhalb des eigenen Büros begegnen.

Respektvolles Verhalten gegenüber und im Umgang mit Klienten ist erlernbar und muss trainiert werden.

Erbringung von (Dienst-)Leistungen für die Klienten

Im Verlauf eines Hilfeprozesses müssen Klienten konkret nachvollziehbare Leistungen erhalten haben und am Ende beurteilen können, welche Leistungen sie erhalten haben. Das gelingt nur, wenn Sozialarbeiter unter Berücksichtigung der Klientenwünsche gemeinsam mit den Klienten Arbeitsziele entwickeln, die als Teilziele und Etappenziele realisierbar und von den Klienten auch erreichbar sein müssen. Das bedeutet, dass die erbrachten Dienstleistungen als Produkt von den Klienten erkennbar sein und formuliert werden müssen. Aus der Sicht der Klienten müssen aber auch Organisation und Angebotsstruktur kundenorientiert und damit dienstleistungsgerecht gestaltet werden.

? (Einrichtungen Sozialer Arbeit dürfen also z. B. nicht wie reine Verwaltungsämter alter Prägung anmuten. Sie müssen bürgernahe Öffnungszeiten haben, gut erreichbar und leicht zu finden sowie über ein Krisentelefon jederzeit ansprechbar sein. Die oft überwiegende Kommstruktur, bei der Klienten die Einrichtung aufsuchen müssen, ist verstärkt in eine Gehstruktur zu verändern, bei der Sozialarbeiter den Klienten respektvolle Kontakte in ihrer Wohnung oder ihrem Lebensumfeld anbieten, zu Zeiten, die ihnen genehm sind. Neuere professionelle Programme, wie z. B. die „Ambulante Intensive Begleitung" (AIB), „Familie im Mittelpunkt" (FiM) und „Familie im Stadtteil" (FiS) erfüllen diese Anforderungen, was Ergebnisse der Begleitforschung belegen.

(AIB ist die deutsche Bezeichnung für ein aus den Niederlanden importiertes Programm der aufsuchenden Jugendhilfe, das die Rekonstruktion und Entwicklung von informellen und formellen Netzwerken für von Delinquenz bedrohte Jugendliche leistet.[9])

FiM ist ein familienstützendes Programm der Krisenintervention für Kinder und ihren Familien, die wegen starker Gefährdung durch Misshandlung und Vernachlässigung von Fremdplatzierung bedroht sind.[10]

FiS ist ein sozialraumbezogenes, niederschwelliges Programm für Familien, die Hilfen benötigen, die in ihrer Nachbarschaft bereitgestellt werden, um späteren krisenhaften Entwicklungen vorzubeugen.[11]

Entscheidungsfreiheit der Klienten über die Annahme der Leistungen

Die Entscheidungsfreiheit der Klienten ist nur eingeschränkt zu realisieren. Sie bezieht sich in der Regel lediglich darauf, ob eine vom Sozialen Dienst angebotene Hilfe angenommen wird, bei Nichtannahme oft mit schwerwiegenden Folgen. Wenn Klienten in einer Notsituation sich an einen Sozialen Dienst wenden, um Hilfe zu erhalten, so ist die Entscheidungsfreiheit sehr eingeschränkt. Noch mehr ist das der Fall, wenn das Jugendamt sein Wächteramt zum Schutz der Kinder ausübt. In der Regel kann der Klient auch nicht wie ein Kunde beim Einkauf zwischen verschiedenen Hilfeeinrichtungen und -angeboten wählen. Die Erreichbarkeit von Beratungsstellen reduziert die Wahlmöglichkeit, zumal z. B. bei allen Hilfen zur Erziehung das Jugendamt der zahlende Überweiser ist, und die zu nutzenden Hilfeeinrichtungen im Hilfeplangespräch zwischen dem Sozialarbeiter des Jugendamts und den Klienten festgelegt werden.

Die hierbei im KJHG geforderte umfassende Beratung und Mitentscheidung der Klienten ist auch bei bestem Willen der Fachkräfte in der Realität begrenzt. Klienten haben keine Möglichkeit, das für sie zuständige Jugendamt auszusuchen, es sei denn sie ziehen bewusst in den Zuständigkeitsbereich eines bestimmten Jugendamts. Das geschieht schon deshalb nicht, weil die Kenntnisse der Klienten über die Leistungen verschiedener Jugendämter nicht bestehen und ein Umzug mit großem Aufwand verbunden ist. So finden wir in der Realität nur Klienten, die sich dem Zugriff eines Jugendamts (zum Teil mehrfach) entziehen, indem sie in eine andere Kommune, einen anderen Kreis oder sogar ein anderes Bundesland ziehen.

In einem uns bekannten Fall ist ein Klient mit französischer Nationalität aus einem deutschen Bundesland in das Elsass verzogen, um dem in diesem Fall übergriffigen Zugriff des Jugendamts zu entfliehen. Solche Fluchtmöglichkeiten bestehen nicht für alle Klienten, und die durch Flucht ausgedrückte Negativentscheidung gegenüber einer Einrichtung kann keinesfalls als freie Wahl der Hilfeeinrichtung bezeichnet werden.

Auf der Ebene der Rahmenbedingungen konstatieren wir: Das Kriterium der Entscheidungsfreiheit bei der Wahl der Dienstleister ist in der Sozialen Arbeit, insbesondere bei den öffentlichen Trägern nicht erfüllt.

Auf der Ebene des methodischen Handelns kann der Klient, wenn der Rahmen für die Hilfe entschieden ist, wieder eine Entscheidung über eine gewünschte Veränderung oder die Annahme einer Hilfe treffen. Da hier jedoch die Aktivierung im Vordergrund steht, ist oft auch Zwang ein probates Mittel (z. B. einem Jugendlichen „in den Hintern treten", damit er sein Null-Bock-Verhalten aufgibt). Hier treffen wir besonders deutlich auf das, was Hinte[12] meint, wenn er davor warnt, Soziale Arbeit im Allgemeinen Sozialen Dienst naiv als eine Dienstleistung zu bezeichnen.

Verminderung des Machtgefälles zwischen Leistungsanbietern und Abnehmern: Partnerschaftliches Agieren

Das von der Gesellschaft gesetzlich bestimmte Wächteramt des Jugendamts bedingt ein Machtgefälle zwischen der Einrichtung, den sie vertretenden Sozialarbeitern und den Klienten, das auch durch noch so partnerschaftliches Handeln der Professionals nicht aufzuheben ist. Es kann im Umgang lediglich abgemildert werden. Deshalb kann das Jugendamt gegenüber den betroffenen Familien nicht als Dienstleistungsagentur agieren. Das gilt auch für die Sozialarbeiter im Jugendamt, mögen sie sich noch so sehr um ein respektvolles und wertschätzendes Verhalten gegenüber den Klienten bemühen. In abgemilderter Form betrifft dies ebenso die Mitarbeiter Sozialer Dienste, die im Auftrag des Jugendamts „Hilfen zur Erziehung" anbieten. Allerdings haben sie es leichter, da sie selbst keine Kinder aus den Familien nehmen können. Dennoch gehört es zum respektvollen Umgang und zur Rollenehrlichkeit, dass sie den Klienten gegenüber nicht nur die gute Helferrolle darstellen und dem Jugendamt die „Kontrollkarte" zuschieben. Die Verführung derart zu handeln ist groß. Wir halten fest: Insbesondere Mitarbeiter des Jugendamts handeln in einem gesetzlichen und politischen Rahmen, der die von Hinte angesprochene naive Dienstleistung gegenüber den Klienten verhindert.

Eine zweite wichtige Handlungsebene der Sozialen Arbeit ist die Ebene der unmittelbaren Arbeitsbeziehung zwischen Klient und Sozialarbeiter, die, wie wir gesehen haben, nicht unbeeinflusst ist von den politischen, gesetzlichen und organisationellen Rahmenbedingungen. In der Arbeitsbeziehung kommen jedoch noch andere Einflüsse zum Tragen, die sowohl beim Sozialarbeiter als auch beim Klienten psychisch und sozial bedingt sind. In jeder konkreten zwischenmenschlichen Interaktion kommen Machtaspekte zum Tragen. Professionals müssen diese Tatsache bewusst reflektieren und ihr eigenes Verhalten gegenüber dem Klienten kontrollieren. Sonst kann das bestehende Machtgefälle auch nicht tendenziell aufgehoben und partnerschaftlich gearbeitet werden. Das aber verlangen wir von ausgebildeten und methodisch versierten Sozialarbeitern auch im Jugendamt. Wie schwer es ist, mit Macht verantwortlich umzugehen, wollen wir an einem charakteristischen Beispiel erläutern:

Beispiel:

Als ein zentrales konzeptionelles Merkmal einer Sozialen Arbeit, die nicht nur vorgeblich „Hilfe zur Selbsthilfe" leistet, gilt die Stärken- und Ressourcenorientierung. Wenn wir die Stärken- und Ressourcenorientierung methodisch umsetzen, also die Aktivierung der Klienten im alltäglichen methodischen Handeln realisieren wollen, müssen wir die schädliche dominierende Problemorientierung aufgeben. Problemorientierung fokussiert Defizite des Klienten, etikettiert und errichtet ein Machtgefälle zwischen dem „Experten" und dem „Laien". Sie schreibt die Rollen hierarchisch fest.

Wir haben in der Arbeit mit Sozialarbeitern festgestellt, dass nicht nur der Handlungsrahmen Praktiker daran hindert stärkenorientiert zu arbeiten:

- Finanziert wird in der Regel die Arbeit an Problemen, nicht die Prävention. Wenn Hilfen zur Erziehung finanziert werden sollen, müssen sie problembezogen begründet werden. Bei in Heimen untergebrachten Kindern müssen auch bei den geforderten und in größeren Abständen stattfindenden Hilfeplangesprächen immer noch genug Probleme beschrieben werden, damit eine Förderung gerechtfertigt erscheint. Dann dürfen die Fortschritte der Kinder und Jugendlichen nicht zu deutlich hervorgehoben werden.
- Die in unserer Gesellschaft allgemein bestehende Problemorientierung ist auch in den Köpfen von Sozialarbeitern noch fest verankert. Klientenakten sind immer noch voller defizitärer und etikettierender Beschreibungen von Klienten und deren Wohnungen, anstatt sachliche Beschreibungen davon zu enthalten, was reflektiert am Verhalten und in den Wohnungen wahrgenommen wurde. Es geht nicht ums Schönreden, sondern um sachliche Beschreibungen. Das macht mehr Mühe als die Verwendung etikettierender Kürzel, wie: „verwahrloste Wohnung". Oft steht kein Wort darüber, was Klienten positiv leisten und wie sie den Alltag bewältigen. Solche Akten können ein fatales Eigenleben entwickeln und verfestigen ein negatives Bild von Klienten.
- Diese defizitorientierte Praxis wird oft aber trotz aller fachlichen Diskussion auch deshalb weitergeführt, weil nicht wenige Jugendamtsmitarbeiter bewusst oder unbewusst die Abgrenzung von ihren Klienten und damit auch das in der Arbeitsbeziehung bestehende Machtgefälle brauchen, um ihre bedrückenden Erfahrungen und oft auch ihre sozialarbeiterische Ohnmacht in der alltäglichen Arbeit zu kompensieren. Dies ist nicht als Vorwurf und Praktikerschelte gemeint, denn wir wissen auch, dass die meisten Jugendamtsmitarbeiter die dringend gebrauchte Supervision nicht bezahlt bekommen und unter einem unzumutbaren Arbeitsdruck stehen.

3. Neue Steuerung

Wie andere öffentliche Verwaltungen haben auch die Jugendämter in den 90er Jahren eine Modernisierung durchlaufen, mit oder gegen die dort Beschäftigten. Wo es Widerstand gab, entstand er meist aus dem Umstand, dass Reformen auf bürokratische Weise von der Leitungsebene her und von Verwaltungsleitern durchgesetzt wurden, die oft eher betriebswirtschaftlich dachten und sich nicht ausreichend an der Fachlichkeit ihrer Sozialarbeiter orientierten. Dabei war eine Reform der öffentlichen Verwaltungen längst überfällig. Sie waren schon immer einem Druck zur Anpassung an sich verändernde gesellschaftliche Bedingungen und Anforderungen ausgesetzt[13]. Die Anpassung an Veränderungen geschah aufgrund von obrigkeitsstaatlichen, hierarchischen Organisationsformen und traditionalistischen Denkstrukturen der öffentlichen Bediensteten schon immer mit erheblicher Verzögerung. Insbesondere die von einer demokratischen Gesellschaft geforderte bürgernahe Dienstleistungsorientierung brauchte Zeit, um sich durchzusetzen. Naschold[14] hat im Zuge der öffentlichen Dienstleistungsreform konkurrierende Leitbilder ausgemacht. Mit der Anforderung, eine umfassende Qualitätssicherung einzuführen, wurden Soziale Dienste freier und öffentlicher Träger oft überfordert (siehe Kapitel „Qualitätsmanagement").

Die Managementreform der Sozialen Dienste stellt insbesondere für die öffentlichen Träger eine massive Herausforderung dar: Die traditionell obrigkeitsstaatliche Verwaltung soll sich zu einer Dienstleistungsagentur für die Bürger einer demokratischen Gesellschaft entwickeln. Die Umwandlung Sozialer Dienste in Dienstleistungsagenturen berührt den strukturellen Konflikt der Sozialen Arbeit (fälschlich auch als Doppelmandat bezeichnet), der sich für den einzelnen Sozialarbeiter als Rollenkonflikt darstellt und den Zwangskontext berührt (siehe Kapitel „Aktivierende Soziale Arbeit").

Der strukturelle Konflikt entsteht aus dem Widerspruch, dass sich die Klienten Sozialer Arbeit einerseits als Ausgegrenzte oder von Ausgrenzung Bedrohte in Problemlagen befinden, deren Ursachen nicht nur in ihrer eigenen Verantwortung liegen, sondern auch als Folgen der Globalisierung auf der gesellschaftlichen Ebene zu suchen sind (z. B. Arbeitslosigkeit). Trotz reduzierter Sozialleistungen werden andererseits soziale Hilfen und Dienstleistungen angeboten, die diese Klienten aktivieren sollen, ihre Arbeitskraft zu erhalten und ihre Kinder so weit zu erziehen und zu fördern, dass sie dem sich wandelnden und schrumpfenden Arbeitsmarkt äußerst flexibel zur Verfügung stehen und auch sonst den von ihnen geforderten gesellschaftlichen Beitrag leisten.

Die Schwierigkeit für die im Rollenkonflikt von Hilfe und Kontrolle handelnden Sozialarbeiter besteht nun nicht nur darin, dass sie in dem Interessenkonflikt zwischen staatlichen Agenturen und ausgegrenzten Klienten stehen, sondern dass sie für ihre nur schwer und oft nicht lösbare Aufgabe auch noch mit unzureichenden Mitteln ausgestattet werden.

Sozialräumliche Assessmentkonzepte

8

1. Sachgemäßes Handeln in der Sozialen Arbeit

Schon im vorigen Kapitel haben wir den Begriff des „Assessment" eingeführt. Mancher Leser wird sich fragen, was Assessment, die sozialarbeiterisch professionelle Methode, die die frühere „Anamnese" abgelöst hat, in einem Band über Management in sozialen Organisationen zu suchen hat. Schließlich handelt es sich nicht um ein Methodenhandbuch.

Dieses Buch wendet sich in erster Linie an Praktiker mit einer gewissen Innovationsbereitschaft, die sich auch neuen Gedanken öffnen und die bereit sind, ihre eigene Praxis zu überdenken und gegebenenfalls zu verändern. Argumente, wie „Das kennen wir doch alles, das machen wir schon" oder „das geht bei uns nicht, weil die Arbeitsbedingungen es nicht zulassen", sind bekannt. Sie dienen meist der Abwehr, denn sieht man näher hin, so stellt man fest, dass dort keineswegs nach neuen Konzepten und Methoden gearbeitet wird, oft sogar die Grundeinschätzung über das Berufsfeld Sozialer Arbeit nicht geteilt, sondern psychozentriert gearbeitet wird.

Im zweiten Fall stellen wir oft fest, dass noch kein ernsthafter Versuch unternommen wurde, die Rahmenbedingungen zu verändern oder wenigstens mit Vorgesetzten oder Trägervertretern über mögliche Veränderungen zu sprechen. Diese Praktiker wurden lange genug mit ihren vielfältigen Alltagsproblemen alleingelassen, so dass es höchste Zeit ist, professionelle Hilfen zur Bewältigung der Alltagspraxis bereitzustellen.

Wir richten uns mit unserem Buch auch an Leitungskräfte auf allen Ebenen, die für die Weiterentwicklung der Einrichtung oder des Trägers ausreichende Kenntnisse von den Problemen der Alltagspraxis und den methodischen Möglichkeiten moderner professioneller Sozialarbeit haben müssen. Sie sollen für eine innovative Praxis aufgeschlossen werden.

Wir haben in unserer eigenen Tätigkeit als Praxisentwicklungshelfer erfahren, wie Sozialarbeiter bei folgerichtiger Arbeit nach dem Selbstreflexiven Arbeitskonzept (SAK) an die Grenzen der Organisation stoßen und Mitarbeiter und Vorgesetzte auch aus anderen Berufen von der Notwendigkeit einer Organisationsentwicklung (OE) der ganzen Einrichtung überzeugen müssen. Die eigene Fachlichkeit und die der anderen Mitarbeiter muss schließlich zur Geltung kommen. Ein wichtiges und neues Argument wollen wir hinzufügen: Wie sollen Management-Maßnahmen (Controlling, Personalentwicklung, Qualitätsmanagement etc.) sinnvoll geplant und umgesetzt werden, wenn die eigentliche Praxis der Dienstleistungen überhaupt nicht thematisiert wird, will sagen: die Analyse der zu bearbeitenden Problemlagen und die Konzepte und Methoden ihrer Bearbeitung?

Wir haben bereits an einigen Stellen auf die Gefahren inhaltsblinden „Managementismus" hingewiesen und diese Überlegungen mit Beispielen belegt. Mit „Managementismus" bezeichnen wir ein Verhalten, bei dem Management zum inhaltsleeren Schlagwort wird oder bei dem ohne nachzudenken Management-Methoden und Regelungen aus der Wirtschaft in die sozialen Dienste übertragen werden.

Die Analyse und Einschätzung (Assessment) sind die wichtigsten Grundlagen für sachgemäßes Handeln in der Sozialen Arbeit. Die hierbei gewonnenen Kenntnisse über die Lebens- und Problemlagen, in die Klienten verwickelt sind, sind die Grundlage für alle weiteren Bemühungen. Sie bilden den Hintergrund für die Konkretisierung der gewünschten und im beruflichen Handeln zu erreichenden Zustände. Die in die Analyse, Einschätzung und in das planvolle methodische Handeln eingeflossenen personellen, zeitlichen und sachlichen Mittel sind der Input, die erreichten Ziele des Handelns, gemessen an den Voraussetzungen und Möglichkeiten, sind der Output eines Arbeitsprozesses. Um eine Kosten-Nutzen-Analyse durchzuführen, muss man diese Handlungsabläufe genau kennen. Organisationsberatung und Consulting-Agenturen brauchen diese Kenntnisse, wenn sie sinnvolle Arbeit leisten sollen.

2. Die Domäne Sozialer Arbeit

Wie die meisten Professionen hat auch die Soziale Arbeit ihre eigene Domäne. Die Domäne ist als sozialer Bereich zu betrachten, in dem eine Berufsgruppe überwiegend tätig ist, in der sie mit bestimmten, umgrenzbaren Problemen und Aufgaben beschäftigt ist, die sie mit ihren eigenen Arbeitsweisen bearbeitet. Für diesen Typus von Problemen wurden ihre Mitglieder eigens ausgebildet. Sie haben in ihrer Praxis, in Aus- und Weiterbildung besondere Fähigkeiten erworben, die sie für diese Arbeit besonders geeignet machen. Auch wenn Teilbereiche von anderen Berufen oder von Laien ausgeführt werden können, so haben die Angehörigen einer Profession in ihrem Feld eine Gesamtkompetenz, die von anderen nicht zu erwarten ist.

Diese Kompetenz ist im doppelten Sinn vorhanden: zum einen hinsichtlich von Können und Kenntnissen, zum anderen im Sinn von Zuständigkeit. Letztere bedeutet, dass die Gesellschaft ihnen und damit auch anderen Berufen, mit denen die Angehörigen des Berufes in ihrem Feld zusammenarbeiten, eine spezifische Problemlösungskompetenz zuspricht und Problemlösungen erwartet. Die Domäne der Sozialen Arbeit und ihre Professionalität sind sicher noch vielfach umstritten. Die neuere Diskussion und die Praxisforschung haben jedoch hinreichend nachgewiesen, dass es auch für die Soziale Arbeit eine Domäne gibt.

Unsere These: Das Denk- und Handlungsmuster der Sozialen Arbeit ist ein sozialräumliches. Ihre Domäne ist der Überschneidungs- und Konfliktbereich zwischen dem Individuum oder einer kleinen primären (z. B. Familie) oder sekundären (z. B. Peer-Group) Gruppe und seinem sozialen Umfeld, den Menschen und Strukturen des sozialen Raumes, in dem sich gesellschaftliche Lebensgrundlagen niederschlagen. Klienten Sozialer Arbeit befinden sich in dort angesiedelten Problemlagen, Konflikten und Krisen, aus denen sie ohne Hilfe in der Regel nicht herauskommen, obwohl sie immer auch eigene Stärken haben, die ihnen ein besseres (Über-)Leben ermöglichen würden. Äußere und innere Hindernisse versperren ihnen jedoch den Weg zur Selbsthilfe. Wir behaupten: Keine andere Profession ist mit diesem Auftrag und mit den dazu erforderlichen Handlungskompetenzen ausgestattet.

Beispiele:

- Ärzte, Psychologen und Psychotherapeuten konzentrieren ihre Bemühungen auf die Einzelpersönlichkeit oder eine Gruppe. Trotz einiger Bestrebungen, das soziale Umfeld miteinzubeziehen, beschränken sie sich auf die Behandlung des Individuums. Auch in Beratungssituationen sollen Einzelne und Gruppen befähigt werden, mit ihrer Umwelt zurechtzukommen. Die Umwelt selbst wird nicht maßgeblich beeinflusst. Dafür fehlen Auftrag, Kompetenzen und das notwendige methodische Handwerkszeug.
- Lehrer und Pädagogen setzen ebenfalls beim Individuum oder bei Gruppen an. Hier geht es um das Lehren und Lernen, also um Bildung im engeren und weiteren Sinne. Der Einfluss auf Lebensräume ist ihnen versagt.
- Soziologen, Städteplaner etc. setzen an den gesellschaftlichen Strukturen und Lebensbedingungen an. Mit Einzelnen arbeiten sie nur, soweit sie diese für ihre Aufgaben brauchen.

Sie mögen für die allgemeine Absicherung der Lebensbedingungen arbeiten, für die Unterstützung in Einzelfällen sind sie nicht zuständig und auch nicht ausgebildet.

- Auch Pfarrer betreiben zunehmend Sozialarbeit. Diese ist aber nicht ihr vornehmliches berufliches Anliegen. Auch sind sie ohne Zusatzausbildung oder ein Studium der Sozialarbeit weder legitimiert (staatliche Anerkennung) noch befähigt, professionelle Sozialarbeit zu leisten. Dies umso stärker, als die meisten Geistlichen die Psyche des Hilfesuchenden in den Mittelpunkt ihrer Bemühungen stellen.

Die Tatsache, dass gute Seelsorger, Allgemeinmediziner und Lehrer die engen Grenzen ihres Berufs überschreiten und in der sozialen Sphäre arbeiten, widerlegt nicht die These, dass die Soziale Arbeit ihre eigene Domäne besetzt hat und dort „Chef im Ring" ist. Dies gilt auch in der empfindlichen Zusammenarbeit mit Laienhelfern und selbstorganisierten Gruppen, die ebenfalls in der Sozialen Arbeit tätig sind. Für den Überschneidungsbereich von Individuum und sozialem Umfeld sind Sozialarbeiter beauftragt und zuständig. Hier liegt die Domäne der Sozialen Arbeit.

Skizze nach Hesser[1]: Domain of Social Work

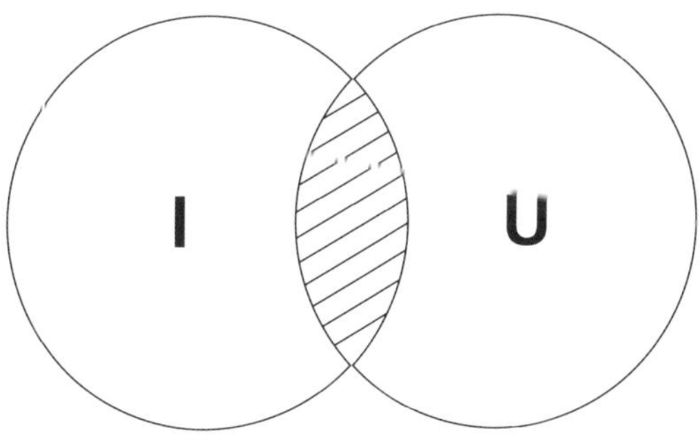

I = Individuum **U** = Umwelt, Sozialer Raum

Wir haben die Domäne der Sozialen Arbeit zu einem Forschungsgegenstand gemacht. Unsere Vermutung war, dass man die Domäne der Sozialen Arbeit besonders in Arbeitsfeldern und Einrichtungen gut herausfiltern kann, in denen Sozialarbeiter mit Vertretern benachbarter Berufe zusammenarbeiten. Benachbarte Berufe sind z. B. die angesprochenen Berufe, die sich ebenfalls mit dem Menschen befassen.

Ein Beispiel aus der Sozialarbeitsforschung

Als wir in der bereits beschriebenen Praxisentwicklung auf organisatorische Grenzen stießen und eine „Organisationsstudie" zur Vorbereitung einer Organisationsentwicklung durchführten, galt es, den Arbeitsschwerpunkt in Abgrenzung zu dem anderer Mitarbeiter aus unterschiedlichen Berufen zu untersuchen. Dies geschah im Rahmen der Untersuchung zur Hilfeleistung in einem Sozialpädriatischen Zentrum (SPZ) zur Früherkennung und Behandlung von Behinderungen bei Kindern. Diese Einrichtung erschien uns besonders geeignet für eine Domänen-Untersuchung, weil hier neben den Sozialarbeitern Ärzte, Psychologen, Heilpädagogen, Ergotherapeuten, Krankengymnasten und Logopäden sowie Verwaltungsmitarbeiter interdisziplinär zusammenarbeiteten.

In diesem Zusammenhang fanden wir bei allen Mitarbeitern der unterschiedlichen Professionen nicht nur allgemeine Vorstellungen darüber, was Sozialarbeiter praktisch tun, sondern ganz konkrete aus eigener Anschauung in der Zusammenarbeit mit Sozialarbeitern gewonnene Erfahrungen und Einsichten in deren Arbeit. Sieben wichtige Mitarbeiter aus allen Berufsgruppen, die besondere Funktionen in der Einrichtung innehatten, wurden mit so genannten narrativen Intensiv-Interviews befragt. Dazu gehörten eine leitende Ärztin, eine Psychologin, der Sozialmanager, ein Sozialarbeiter, die geschäftsführende Vorsitzende des Trägervereins, eine Logopädin und eine Heilpädagogin. Alle anderen wurden an einem so genannten Survey-Feedbackverfahren beteiligt: Hierbei handelt es sich um eine schriftliche Befragung, deren Ergebnisse in relativ kurzer Abfolge den Befragten zurückgemeldet werden. Die anschließende Gruppendiskussion wurde protokolliert und später ausgewertet. Die Methode des narrativen Intensiv-Interviews wird noch gesondert – im Rahmen der Soziotop-Analyse – dargestellt.

Auf den ersten Blick fiel an den Ergebnissen dieser Untersuchung auf, dass sich Fremd- und Selbstbild von der Sozialen Arbeit in der Einrichtung im Kernbereich Sozialer Arbeit nicht unterschieden. Das ließ zumindest auf eine enge Zusammenarbeit zwischen den Mitarbeitern anderer Berufe und den Sozialarbeitern schließen. Welche Arbeitsbereiche und Tätigkeiten wurden nun in Übereinstimmung seitens der Sozialarbeiter und der Mitarbeiter der anderen Professionen als die der Sozialen Arbeit bezeichnet?

- Die Sozialarbeiter wurden von den Kollegen als fachkundiger Berater angesehen, wenn es um Fragen des Sozialhilfe-, des Kinder- und Jugendhilfe-, des Familien- und des Wohnungsrechts, um Sozialversicherung und um alle Einrichtungen und Zuständigkeiten der Jugendhilfe, der Sozial-, Arbeits- und Wohnungsverwaltung ging. Hierbei dienten die Sozialarbeiter übereinstimmend als Informations- und Hilfsquelle sowohl für die Mitarbeiter als auch für Klienten (Familien der Kinder).
- Sozialarbeiter haben in dieser Einrichtung die Aufgabe, die Verbindung zu anderen Einrichtungen und Trägern sowie den dort zuständigen Mitarbeitern (oft auch Sozialarbeiter) zu halten und fallbezogen mit ihnen zusammenzuarbeiten.
- Sozialarbeiter haben die Aufgabe, Klienten mit den Einrichtungen des Unterstützungssystems zusammenzubringen und die Klienten zu befähigen, zunehmend auch selbständig mit diesen umzugehen (Teil konkretisierter Hilfe zur Selbsthilfe).
- Durch Einblicke in die Lebenswelt der Klienten-Familien wird eine alltagsnahe Unterstützung und Stabilisierung der betroffenen Familien in deren Netzwerken erzielt.
- Es wird eine alltagsweltliche Beratung gefördert.
- Wichtig ist die Unterstützung und Hilfe im täglichen Leben (mit Anleitung zur Selbsthilfe).

Diese Arbeitsbereiche sind in der untersuchten Einrichtung den Sozialarbeitern vorbehalten. Kein Mitarbeiter einer anderen Profession hat für diese Tätigkeiten den Auftrag (und damit verbunden: die Zeit). Niemand sonst ist für diesen Bereich ausgebildet und kompetent. Innerhalb der von uns untersuchten Einrichtung sind es diese Tätigkeitsbereiche, die die engere Zuständigkeit der Sozialarbeit und damit deren Domäne ausmachen. Wir wissen inzwischen, dass es sich hierbei um die wesentlichen Aufgabenbereiche in der Sozialarbeit handelt und dass sie sich auch in den weitaus meisten Arbeitsplätzen von Sozialarbeitern finden lassen.

3. Die Persotop-Analyse

PERSOA ist die Abkürzung für „Personenorientierte Soziotop-Analyse". Sie stellt ein sozialräumliches Assessmentverfahren dar, das wir in berufspraktischen Zusammenhängen für die Soziale Arbeit entwickelt haben. Es enthält neben sozialräumlichen Elementen der Berufsfeldanalyse vor allem eine für die Praxis Sozialer Arbeit angepasste und angemessen vereinfachte Form des sozialbiographischen (narrativen) Interviews, wie es von Schütze[2] und Südmersen[3] für die sozioethnologische und Biographie-Forschung entwickelt wurde.

Wir haben diese Anpassung und Vereinfachung des komplizierten und aufwendigen Forschungs-Verfahrens in einer Weise vorgenommen, dass sowohl die Handhabung durch Sozialarbeiter in ihrer Alltagspraxis möglich ist als auch die Überprüfung des Verfahrens unter wissenschaftlichen Kriterien. Input und Output müssen auch hier ins Verhältnis gesetzt werden. Wir bezweifeln, ob dies bei den genannten Forschungsverfahren für den anspruchsvolleren wissenschaftlichen Zweck gewährleistet ist. Denn allzu ausgefeilte Interpretationen ohne deren Überprüfung mit anders gewonnenen Daten erscheinen uns in hohem Maße spekulativ.

Der Wissenschaftsbetrieb unterliegt derzeit noch keinem Zwang zur Verhältnismäßigkeit der Mittel im Sinne einer Kosten-Nutzen-Analyse. Dies geschieht aber – jenseits allen Sozialmanagements – bereits durch die Sozialarbeiter vor Ort. Diese weisen alle Verfahren zurück, deren Aufwand in keinem vernünftigen Verhältnis zum Nutzen steht. Wir glauben diesen Bedenken der Praktiker Rechnung getragen zu haben, denn wir haben die vereinfachte Form des Sozialbiographischen Interviews mit vielen Studenten erprobt. Wir verwenden es auch, um angehenden Sozialarbeitern bewusst zu machen, wie sich in ihrem Lebenslauf Ereignisketten ergeben haben, die ihre Entscheidung für das Studium und den Beruf bedeutend mitbestimmt haben.

Die PERSOA setzt sich aus drei Elementen zusammen:

- Dem modifizierten Sozialbiographischen Interview
- Der Soziotopbestimmung, d. h. die Bestimmung des sozialen Raumes der Nische, in der Klienten sich jeweils eingerichtet haben
- Der Perspektiventwicklung der Klienten: Welche Möglichkeiten ergeben sich ihnen in der Zukunft?

Bei allen drei Schritten geht es darum, nicht nur die Problemsituation des Klienten zu erkennen, sondern vor allem auch seine Stärken zu entdecken, an denen ein Unterstützungsprozess, z. B. nach dem Case Management, ansetzen kann.

Bereiche der PERSOA

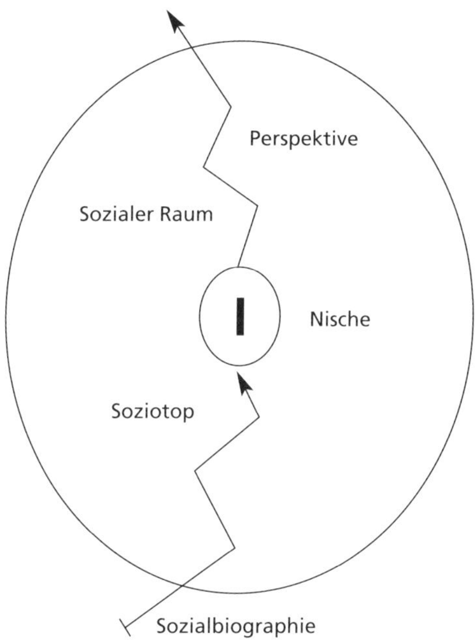

Die Grundannahme des Sozialbiographischen Interviews

Das Sozialbiographische Interview geht von der inzwischen vielfach nachgewiesenen Annahme aus, dass es im Leben eines jeden – vor allem – erwachsenen Menschen Ereignisketten gibt, die zu wichtigen Weichenstellungen führen, die sein Leben und seine späteren (Über-) Lebensstrategien und -möglichkeiten erheblich beeinflussen, ja sogar bestimmen.

„Negative Ereignisverkettungen (Arbeitslos-, Alkoholiker-, Psychiatrischer Patient-werden) sind nicht jenseits des Umstandes begreifbar, dass sie die Identität des Biographieträgers (gemeint ist der Befragte) zentral angreifen und gerade unter dem Aspekt des persönlichen Schicksals wirksam werden. Vieles, manchmal alles, hängt davon ab, wie der Biographieträger die negative Ereignisverkettung erfährt und wie er sie theoretisch verarbeitet".[4]

Wenn jemand zum Klienten der Sozialen Arbeit geworden ist, sind diese negativen Ereignisverkettungen wirksam geworden, sonst würde er nicht um Hilfe nachsuchen. Wir gehen im Gegensatz zu Schütze davon aus, dass auch positive Ereignisverkettungen auftreten, die Menschen in ihrem persönlichen Schicksal positiv beeinflussen. Beide Arten von Ereignisverkettungen können, je nach Verarbeitung, individuelle Schwächen und Stärken fördern. Dies erklärt, warum Problemlagen nicht bei allen Menschen zur Hilfsbedürftigkeit führen. Für unser sozialarbeiterisches Methodenverständnis ist diese Tatsache aber auch insofern wichtig, als wir neben den erdrückenden Lebensumständen, Sichtweisen und Verhaltensmustern bei Klienten auch die Stärken herausfinden müssen, um darauf unsere Sozialarbeit aufzubauen. Solche Ereignisverkettungen im Leben von Klienten (oder bei unseren Untersuchungen zur Studien- und Berufswahlmotivation von Studierenden der Sozialarbeit/Sozialpädagogik) sind mit der Methode des narrativen Interviews gut aufzudecken.

Das Sozialbiographische Interview als Forschungsmethode

Das Sozialbiographische Interview ist eine qualitative Forschungsmethode der Sozialforschung. Sie hat ausgehend von der Soziologie und der Sozio-Ethnologie auch die Erziehungswissenschaft und die Sozialarbeitsforschung erreicht. Gegenüber quantitativen Forschungsmethoden wie der Survey- (oder Umfrage-)Forschung, die schnell zu verallgemeinerbaren Ergebnissen führen können und den Gesamtüberblick über eine Bevölkerungsgruppe oder eine gesellschaftliche Problematik liefern, können qualitative Methoden, wie die teilnehmende Beobachtung und das Tiefeninterview, genauere Einblicke in einzelne Geschehnisse und deren interne Strukturen und Gesetzesmäßigkeiten liefern. Diese genaueren Einzelstudien sind für Sozialarbeitsforscher und auch für Praktiker spannender, weil sie Einblicke in lebensweltliche Situationen und Problemlagen liefern. Jedenfalls erscheint uns die Kosten-Nutzen-Analyse gegen besonders aufwendige Forschungsentwürfe zu sprechen, die oft nur das bestätigen, was man bereits zu Beginn der Forschung wusste (erkenntnisleitendes Interesse). Dennoch sprechen die Bewilligungen von Forschungsprojekten für das Motto: je aufwendiger und teurer, desto wissenschaftlicher.

Dabei zeigen unsere Erfahrungen mit Lehrforschung und forschendem Lernen, dass Sozialarbeitsforschung mit Studenten als Forschern sowie die aktive Einbeziehung der untersuchten Sozialarbeiter-Gruppe zu sehr brauchbaren und wertvollen Ergebnissen führen kann.

Wie sieht die Sozialbiographische Methode aus?

Wir wollen sie zunächst nur für die Forschung umreißen und danach unsere pragmatische Vereinfachung für den Gebrauch als Assessment-Instrument vorstellen. Biographieforschung arbeitet mit der qualitativen Methode des narrativen Interviews oder auch Erzähl-Interviews, d.h. der Interviewte erhält einen Erzählanreiz (Stimulus), der relativ allgemein gehalten ist, und erzählt dann, ohne unterbrochen zu werden, wie es ihm im Leben ergangen ist. Die Reaktionen des Interviewers sind als Weiter-Erzählaufforderungen völlig neutral zu halten, z.B. „hm". Erst wenn der Redefluss versiegt, dürfen immanente Nachfragen gestellt werden, die dem besseren Verständnis des Gesagten dienen, nach dem Motto: „Sie sagten eben ..., können Sie das bitte noch einmal erläutern, ich habe das nicht verstanden?"

Nach dieser Phase sind auch begrenzt exmanente Nachfragen erlaubt, wenn der Interviewer noch bestimmte Sachen ausgeführt haben will. Das Interview soll in einer freundlichen Atmosphäre und Umgebung stattfinden, etwa bei Kaffee und Kuchen, wie auch sonst bei alltagsweltlichen Gesprächssituationen. Allerdings muss dabei das Gespräch aufgezeichnet werden. Der Interviewte muss dafür sein Einverständnis geben.

Anschließend wird das Interview von der Aufzeichnung nach bestimmten Regeln transskribiert, es wird wortgetreu abgeschrieben. Außerdem müssen die Redesequenzen deutlich erkennbar sein. Redesequenzen sind zunächst einmal Sätze oder Satzteile, die in einem Atemzug gesprochen werden. Die Zeilennummerierung ist für die spätere Auswertung wichtig.

Es folgt ein Textbeispiel von Südmersen.[5]

Beispiel Nr. 1 (aus Umzugsgeschichten Nr. 50)

E = Erzählerin

F = Interviewer

21 E: jedenfalls fanden wir aber keine andere Wohnung und sind dann hierher zogn, 'nd das war für mich

22 deprimierend, von vorne bis hintn hab erstmal

23 F: hn hmm

24 geheult an dem Tach,

25 F: hmm

26 E: t näm, das lag wahrscheinlich auch an dem Grund, än die vieln Leutchen, die man

27/28 hier sah, die ähn, n bi ich ganz ehrlich, die machtn ers also auf mich ein'n ganz schrecklichen Eindruck.

29 F: Hn

30 E: Warum

31 kann ich Ihn au nich direkt sagn, aber viele warn unfreundlich, konntn nich ...

Die Auswertung erfolgt in den Schritten:[6]

1. Transskription
2. Sequenzierung
3. Sequenzanalyse
4. Erstellen von Memos
5. Bildung theoretischer Kategorien

Wer sich speziell für die Forschung interessiert, der sollte bei den genannten Autoren nachlesen, wie sich diese Forschungsschritte vollziehen. Uns hingegen erscheint dieses Verfahren für die Handhabung durch Praktiker viel zu aufwendig. Wir haben es unter Beibehaltung der Möglichkeit wissenschaftlicher Überprüfung für unsere Zwecke vereinfacht.

Die Sozialbiographie-Analyse als Assessment-Instrument für die Soziale Arbeit (Erster Arbeitsschritt der PERSOA)

Wir erinnern an die o. g. Funktion dieses Teils der PERSOA: Für unsere gemeinsame (d. h. mit den Klienten) Einschätzung der Problemlage und ihrer Bearbeitungsmöglichkeiten brauchen wir Informationen darüber, welche Ereignisverkettungen im Leben der Klienten zur gegenwärtigen Situation geführt haben. Die Entwicklungsbedingungen der Problemlage aus der Sicht der Klienten ist hier wichtig: die Individualgeschichte.

Unsere für den praktischen Assessment-Gebrauch bearbeitete Form der Methode des sozialbiographischen Interviews setzt die gleiche freundliche Gesprächssituation wie bei der oben beschriebenen Forschungsmethode voraus. Nach einem noch recht allgemeinen Erstgespräch, bei dem ein Ökogramm angefangen wird, in dem die ersten Informationen über die Problemlage und Nische festgehalten werden (wichtig für den Schritt 2 der PERSOA), wäre ein Sozialbiographisches Interview zu verabreden. Klienten sollten über den technischen Ablauf des narrativen Interviews informiert werden und ihre Zustimmung zur Aufzeichnung des Interviews geben. Das narrative Interview sollte ohne Störung von außen durchgeführt werden. Den Interviewten sollte die Methode erklärt werden, dass sie zunächst ohne Unterbrechung durch den Sozialarbeiter aus ihrem Leben erzählen und die „Gesprächssituation“ daher etwas einseitig sein wird.

Nun zum Erzählanreiz (Stimulus). Wir können hier keine unabwandelbare Standard-Formulierung geben. In vielen Fällen hat sich jedoch folgender Anreiz als brauchbar erwiesen: „Wenn Sie an Ihr bisheriges Leben denken, können Sie mir dann bitte erzählen, welche Umstände und Personen (oder einfach „was“, je nach Bildungsstand des Befragten) für Sie persönlich bestimmend (oder „wichtig“) waren und Ihre heutige Situation beeinflusst haben?“

Auch für das Sozialbiographie-Interview im Rahmen der PERSOA gelten in der Erhebungssituation die allgemeinen Regeln des narrativen Interviews. Nachfragen sind erst, nachdem eine längere Pause im Erzählfluss eingetreten ist, zu stellen. Dieses Interview geht von der inzwischen bestätigen Hypothese aus, dass die Interviewten zunächst die für sie wichtigsten Ereignisse aus ihrem Leben erzählen. Sie gelten als die „Experten ihrer selbst“.

Die Transskription kann nach einer fachlichen Einweisung von einer Schreibkraft durchgeführt werden. Bei einer durchschnittlichen Interviewdauer von 35 Minuten ergibt dies eine Transskription von etwa acht Schreibmaschinenseiten in der locker geschriebenen Form wie im Beispiel oben (d. h. auch mit breitem Rand und Zeilennummerierung). Sollte keine Schreibkraft zur Verfügung stehen, müsste diese Arbeit von den Sozialarbeitern selbst erledigt werden (vier bis fünf Stunden, mit mehr Übung etwa drei Stunden).

Die Auswertung kann nun nach unseren vereinfachten Regeln erfolgen. Beim ersten Durchlesen können Sprechfolgen (Sequenzen) festgestellt werden. Gleichzeitig kann eine „Glossierung" erfolgen, d. h. man schreibt Kürzel und Worte für die Themen der Sequenzen an den linken Rand. Dabei wird man feststellen, dass sich Themen wiederholen, man wird einen roten Faden erkennen und feststellen, worauf die Klienten besonderen Wert legen. Wichtig ist hierbei, dass man sich bei bestimmten Stellen auch die Aufzeichnung anhört. Dieser Arbeitsschritt dauert durchschnittlich eine Stunde. Gleichzeitig wird man verstehen, welche Gewichtung die verschiedenen Passagen für die Erzählenden haben. Deutlich wird hierbei auch, dass das Interview Passagen enthält, die für die Gesamteinschätzung von geringerer Bedeutung sind, z. B. die bloße Aufzählung von Handlungen.

Mit einiger Übung wird man sie schnell auswerten können. Die wichtigen Passagen des Interviews werden nun in einem weiteren Arbeitsgang möglichst textnah mit eigenen Worten zusammengefasst.

In eckigen Klammern – also deutlich von der Beschreibung abgesetzt – werden eigene Gedanken, Auffälligkeiten, mögliche Zusammenhänge notiert, die für die spätere Auswertung wichtig sind. Man sollte beachten, dass es sich dabei nur um Annahmen handelt, die erst durch weitere Informationen oder durch ein Rückmelde-Gespräch mit den Klienten kommunikativ bewertet werden können. Mit einiger Übung kann diese Auswertungsstufe, die die Sequenzanalyse und die Memorierung zusammenfasst, in zwei Stunden bewerkstelligt werden, da bereits nach dem vorherigen Schritt eine Konzentration auf die wichtigsten Passagen erfolgen kann.

Mit einer reinen Auswertungsarbeit von drei Stunden (ohne Transskription) haben wir ein verhältnismäßig abgesichertes Verfahren, dessen Ergebnisse (wie bei kaum einem anderen) von Kollegen diskutiert und nachvollzogen werden können, da hier Text-Dokumente vorliegen.

Es wird sehr deutlich, welche Geschichte der einzelne Klient mitbringt, wo Schwächen, aber auch Stärken liegen, an denen ein Case Management ansetzen kann. Der anfangs relativ hohe Aufwand wird durch die fachlich abgesicherte Sozialbiographie-Analyse gerechtfertigt.

Die Untersuchung der Nische des Individuums im Soziotop (Zweiter Arbeitsschritt der PERSOA)

Bereits im Abschnitt über die Domäne Sozialer Arbeit war eine Grundannahme genannt worden, die für das Handeln der Sozialarbeiter von zentraler Bedeutung ist:

Die Individuen haben sich in einer Nische in dieser Gesellschaft eingerichtet, in der sie mehr oder weniger gut (über-)leben. Diese Nische wird bestimmt durch die in ihrer Sozialbiographie erworbenen Handlungskompetenzen, durch gesamtgesellschaftliche politische, ökonomische und soziale Bedingungen (Makro-Ebene), durch geographische, kulturelle und soziale Gegebenheiten auf Landes-, kommunaler und Ortsteilebene (Meso-Ebene) und durch Personen, Strukturen und Bedingungen ihres Lebens im sozialen Nahraum (Mikro-Ebene).

In der eigenen Person, in der Familie und dem weiteren sozialen Netzwerk sind sozialbiographisch entstandene Handlungskompetenzen, Schwächen und Stärken vorhanden. Die Stärken und Ressourcen können entsprechend dem zur Verfügung gestellten oder selbst geschaffenen Handlungsspielraum genutzt und angewandt werden. Diesen Handlungsspielraum gilt es zu entdecken und auszuweiten. Denn schließen sich die Grenzen des Handlungsspielraums enger um das Individuum, so wird es perspektiv- und handlungsunfähig. Psychische Fehlleistungen und Erkrankungen wären die Folge. Die Aufgabe der Sozialarbeit ist es also, den Klienten zu ermöglichen, seinen persönlichen Handlungsspielraum und den seiner Nächsten zu erhalten und zu erweitern sowie in diesem Sinne „Hilfe zur Selbsthilfe" zu leisten, die an größtmöglicher Selbständigkeit orientiert ist.

Die Untersuchung des persönlichen Soziotops der Klienten beginnt mit dem Erstgespräch, wird mit dem Sozialbiographischen Interview fortgesetzt, das auch Informationen zur gegenwärtigen Lebenssituation der Klienten liefert, und kann durch weitere Gespräche (z. B. Feed-Back der Sozialbiographie-Analyse), Hausbesuche und weitere Aktivitäten im Rahmen des Case Managements ergänzt werden. Untersuchungskategorien findet man in der Berufsfeldanalyse (BFA).

Die Soziotop-Analyse muss nicht sofort zu Beginn der Arbeit mit einem Klienten vollständig durchgeführt werden. Dies würde in der alltäglichen Praxis einen zu hohen Aufwand bedeuten. Wenn wir jedoch das Selbstmanagement-Konzept (SAK) und darin eingebettet Case Management (CM) betreiben, so werden wir immer nur vorläufige Handlungshypothesen aufstellen, die erst im Verlauf der Arbeit präzisiert, manchmal korrigiert werden müssen, weil wir im Laufe der Arbeit immer weitere und genauere Informationen zur Problem- und Lebenslage der Klienten erhalten. Insofern müssen eingangs, um ein erstes Assessment zu machen, noch nicht sämtliche möglichen Informationen verarbeitet worden sein.

Herausfinden der Stärken (Wünsche, Hoffnungen, Möglichkeiten) der Klienten (Dritter Arbeitsschritt der PERSOA)

Die Perspektiven der Klienten, die zur Ausweitung des Handlungsspielraums in ihrem Soziotop führen, werden bereits bei den zwei vorangegangenen Schritten der PERSOA mit erhoben. Aus analytischen Gründen und weil wir das Verfahren klar strukturieren müssen, werden diese für den weiteren Handlungs- und Unterstützungsplan wichtigen Informationen gesondert dokumentiert. Einige sehr effektive neue und eigenständig sozialarbeiterische Programme der Familienhilfe, wie zum Beispiel „Familie im Mittelpunkt“[7] haben hierfür eine eigene Methodik entwickelt.

Beispiel:

Man erfährt, dass eine alleinerziehende Mutter (23) mit zwei Kindern (4 Jahre und 5 Monate) von zwei Vätern (die in der Familie keine erkennbare Rolle spielen), wegen Mietschulden Angst um ihre Wohnung hat. Da die Väter keinen Unterhalt für ihre Kinder zahlen, lebt sie teilweise von der Sozialhilfe und „jobbt“ oft als Kellnerin in einer Nachtbar. Sie hat ständig Geldsorgen und ist von Haushalt und Beruf überfordert. Sie fühlt sich um ihr Leben betrogen und hasst ihre Kinder manchmal, obwohl sie sie auch wieder sehr liebt. Wenn ihre Kinder nicht wären, so sagt sie dem Sozialarbeiter, würde sie nicht weiter leben wollen. Trotzdem vernachlässigt sie die Kinder, indem sie sie zu oft sich selbst überlässt und für sie auch nicht regelmäßig kocht.

Der Sozialarbeiter wird nun gemeinsam mit der Klientin einen Handlungs- und Verpflichtungsplan erstellen, dabei die Stärken der Mutter und ihrer Kinder herausstellen, indem er mit der Mutter überlegt, wie die vorrangigen Ziele und Hoffnungen der Frau, die mit ihren Kindern zusammenbleiben will, Schritt für Schritt verwirklicht werden können.

Die PERSOA in einer Kosten-Nutzen-Relation

Die PERSOA benötigt eine gewisse Einarbeitungszeit und Routine, damit der benötigte Zeitaufwand in ein zu rechtfertigendes Verhältnis gerät. Auch danach ist die Sozialbiographie-Analyse mit einigem Arbeitsaufwand verbunden. Das Erstellen der Transskriptionen sollte nach Möglichkeit im Schreibbüro erledigt werden. (Effiziente Sozialarbeit braucht solche Einrichtungen, die auch aus Kostengründen zu rechtfertigen sind. Die Arbeitskraft von Sozialarbeitern ist schließlich viel teurer als die von Schreibkräften! Bereits bei drei Sozialarbeitern lohnt sich die Einstellung einer Schreibkraft.)

Wir gehen davon aus, dass erst nach einem „Intake", also der Aufnahme eines Klienten, entschieden wird, ob ein intensiverer Einsatz der Sozialarbeiter erforderlich ist. Nur in solchen Fällen, in denen mit einer mittleren Zeitspanne gearbeitet werden muss, wird man eine PERSOA durchführen. Dies sind im Laufe eines Monats nur wenige Fälle. Nur der erste Schritt der PERSOA ist aufwendig. Die anderen Schritte der PERSOA benötigen keinen besonderen Arbeitsaufwand, denn die Dokumentation von Informationen über Klienten, mit denen man intensiver zusammenarbeitet, ist in jedem Fall erforderlich. Nicht nur aus datenschutzrechtlichen Gründen sollten solche Aufzeichnungen vertraulich behandelt werden. (Jugendamtsmitarbeiter brauchen auch zum Selbstschutz bei der Wahrnehmung ihres Wächteramts eine gute Dokumentation, um belegen zu können, was sie zum Schutz von Kindern unternommen haben, deren physisches und psychisches Wohl gefährdet ist.)

Die Vorteile der Arbeit mit der PERSOA liegen auf der Hand: Mit ihr besitzt die Soziale Arbeit eines der wenigen nachprüfbaren Assessment-Verfahren. Praktiker, die damit arbeiten, können ihre Entscheidungen mit nachweisbaren Tatsachen und nachprüfbar begründen. Durchaus vergleichbar mit Diagnosebefunden bei Medizinern, können die Untersuchungsbefunde mit Klienten und Kollegen diskutiert und abgesichert werden. Insofern stellt ein sachgerecht durchgeführtes Assessment einen wichtigen Schritt zur Professionalisierung der Sozialen Arbeit dar, weil es einer Überprüfung im wissenschaftlichen Sinne standhält. Wer annimmt, dass in den benachbarten Berufen, z. B. der Psychologie, der Psychotherapie oder der Medizin in jedem Falle mit „härteren" Daten gearbeitet wird, der ist dem Image dieser Berufe aufgesessen, das sie allerdings erfolgreich nach außen vermitteln.

4. „Person In Environment"

„Person In Environment" (PIE) ist ein von der „National Association of Social Workers" entwickeltes und geprüftes Klassifikationsschema zur Untersuchung sozialer Problemlagen als Assessment-Instrument für Praktiker und für die Sozialarbeitsforschung. Wir können das Instrument im Rahmen dieses Bandes nur kurz vorstellen, denn es würde mit seinen ausführlichen Anleitungen und Begründungen zu viel Raum einnehmen. Das PIE[8] ist jedoch mehr als ein Assessment-Instrument. Es ist der Versuch, für die Soziale Arbeit eine eigene Sprache und Begrifflichkeit zu entwickeln, damit sie in der Theoriebildung eigenständig wird und nicht länger von den Nachbardisziplinen Medizin und Psychologie abhängig bleibt.

Wir knüpfen kurz an die am Anfang des Kapitels dargestellte Diskussion über die Domäne Sozialer Arbeit an, in der wir feststellten, dass die Soziale Arbeit eigenständige Arbeitsbereiche mit spezifischen Problemlagen (zwischen Individuum und Gesellschaft) und eigenständigen Methoden aufweist, die die Komplexität sozialer Prozesse auch außerhalb des Individuums in seinem sozialen Lebensraum (Soziotop) angemessen berücksichtigen. Bislang ist die von ihren Nebendisziplinen beherrschte Sozialarbeit voller fremder Begriffe. Wollen Sozialarbeiter mit anderen über ihre Arbeit reden, so benutzen sie die Sprache und Begrifflichkeit anderer Disziplinen mit fremden, in der Regel den Problemlagen nicht angemessenen, d. h. zu engen theoretischen Hintergründen. Solche Begriffe, wie „Therapie" oder „Diagnose", „Behandlung" verraten ihre Herkunft. Selbst bei dem eigenständig sozialarbeiterischen Konzept „Home Building" werden die Sozialarbeiter „Therapeuten" genannt. Für alle Hilfeleistungen für Klienten, die an deren sozial bedingter Lebenslage und nicht an einer Krankheit ansetzen, ist „Therapie" der falsche Begriff. Auch dann nicht, wenn diese als „Sozialtherapie" oder „systemische Therapie" bezeichnet wird. „Therapie" heißt nach wie vor: Heilung von einer Krankheit. Die Arbeit des Sozialarbeiters als „Therapie" zu bezeichnen, ist Unfug!

Dies war auch das Motiv der amerikanischen Sozialarbeiter, das PIE zu entwickeln. Generationen von Sozialarbeitern wurden mit von der Psychiatrie entwickelten Klassifikationsschemata ausgebildet, die von der „American Orthopsychiatric Association" in Form eines Handbuchs für die „psycho-soziale" Arbeit überarbeitet wurden (DSM-IIIR: „Diagnostical and Statistical Manual of Mental Disorders"). Dieses Handbuch ist für den Gebrauch innerhalb der Psychiatrie durchaus sehr wichtig und nützlich. Das DSM-IIIR ist jedoch auch das Klassifizierungssystem, das von Sozialarbeitern angewandt werden soll und benutzt wird. Es wurde ihnen bislang in Fortbildungen vermittelt; sie lernten durch die Brille der Psychiatrie soziale Problemlagen sehen und beurteilen.

Das Hauptaugenmerk richtete sich dabei zuallererst auf psychische Störungen und psychische Krankheit und zog soziale Belastungen und Lebensbedingungen der Klienten erst danach zur Beurteilung heran. Es handelt sich um ein krankheitsorientiertes und damit defizitorientiertes Instrumentarium, das weder die „Normalität" der Klienten berücksichtigt, wie es das Konzept der Neuen Fachlichkeit gebietet und die angemessene Berücksichtigung der gesellschaftlichen Verursachungszusammenhänge der Problemlagen der Klienten fordert, noch den sozial-räumlichen Gegebenheiten, wie in der Domain-Diskussion, Rechnung trägt. Sozialarbeiter bei Fortbildungen in den USA wollten nicht mehr nur durch die Brille einer anderen Wissenschaft sehen und beurteilen. Sozialarbeiter sehen soziale Problemlagen aus einem ganz anderen, eigenen Winkel. Worauf sehen sie zuerst, wenn sie „Fälle" beurteilen?

Das PIE geht von dem Begriff des „social wellbeing" (deutsch: soziales Wohlergehen im Unterschied zu physischem und psychischem Wohlergehen) aus. Das PIE erfasst in erster Linie soziale Rollenprobleme, z.B. des Handeln in Familien-Rollen, anderen interpersonalen Rollen, Rollen im Beschäftigungssystem, Rollen in besonderen Lebenssituationen. Danach werden alle Merkmale der Lebenslage und der sozio-ökonomischen Problemlage erfasst, wie ökonomische und Grundbedürfnisse, Ausbildungsmerkmale, Justiz- und Strafvollzug,

Gesundheits-, Sicherheits- und soziale Dienste, freiwillige Zusammenschlüsse (Vereine), Unterstützungssystem in Nachbarschaft und sozialem Netzwerk. Der wichtige Hintergrund hierbei: nicht nur Probleme und Defizite zu sehen, sondern vor allem die Stärken und Unterstützungsmöglichkeiten beim Klienten und seinem sozialen Umfeld mit einzubeziehen. Die dritte Ebene trifft dann die psychische Befindlichkeit und Faktor vier die Gesundheit der Klienten. Liegen Anzeichen für Schwierigkeiten in diesem Bereich vor, wird eine Zusammenarbeit mit anderen Berufen (Ärzten, Psychologen, Therapeuten) angestrebt.

Mit dem PIE-System können Sozialarbeiter in einfachen Erhebungsschritten die soziale Lebenslage von Klienten erfassen und aufzeichnen und sich darüber mit Kollegen und Angehörigen anderer Berufe fachlich verständigen. Das PIE ist also ein sozialarbeiterisches Klassifikationsschema für soziale Lebenslagen, ist gleichzeitig eine neue Fachsprache und damit auch ein Stück auf dem Wege zur Theoriebildung.

Für die weitere Entwicklung eines eigenständigen Berufsbildes der Sozialen Arbeit ist das PIE von zentraler Bedeutung. Wir haben festgestellt, dass eine Verknüpfung der neueren sozial-räumlichen Methoden, z. B. des Case Managements und der Milieuarbeit[9] erfolgen muss, damit nicht genuin sozialarbeiterische Methoden und Konzepte wieder mit der alten Begrifflichkeit und Problembeschreibung arbeiten. So wird immer noch von Diagnose und Therapie gesprochen. Sozialarbeiter nennen sich Therapeuten, weil sie keine angemessenen Begriffe haben, weil diese Sozialarbeiter noch vom Studium her zu psychozentriert denken oder weil sie sich bei Verwendung der Bezeichnung Therapeut mehr Anerkennung versprechen.

Case Management – professionelles Arbeiten mit Einzelnen und Familien

9

1. Sozialräumliche Handlungskonzepte

Es gibt Begriffe, die nicht leicht einzudeutschen sind. Case Management ist ein Beispiel. Wendt[1] hat den verdienstvollen Versuch gemacht, ihn mit „Unterstützung fallweise" zu übersetzen. Der Übersetzer von Lowy[2] und Neuffer[3] haben auf die Übersetzung verzichtet. Wir tun dies ebenfalls, weil auch die „Übersetzung" des Kollegen Wendt eher eine Beschreibung als der Name oder das gängige Markenzeichen für eine Methode der Sozialen Arbeit ist. Wenn Sozialarbeiter sich gegen englische Bezeichnungen wenden und deshalb auf Erneuerungen verzichten, die ihre Praxis erheblich verbessern, erleichtern und gleichzeitig professioneller machen können, so tun sie sich damit keinen Gefallen. Innovative Programme und Methoden werden oft angestoßen, wenn man über den Tellerrand blickt. Wir erinnern uns daran, mit welchem Widerstand und welchen Vorurteilen wir bei der Einführung des Programms „Familie im Mittelpunkt" zu kämpfen hatten. „Mac Donaldisierung" der Sozialen Arbeit wurde dem Programm vorgeworfen, weil es kurz und erfolgreich arbeitet. Solche Kritik ohne Kenntnis des Programms wird auch gegenwärtig noch geäußert.[4] Andererseits ist aber nicht alles, was aus dem Ausland, besonders den USA kommt, schon gut und hilfreich.

Auch das Programm Families First musste erst für unsere Verhältnisse angepasst und weiterentwickelt werden. Tatsache ist jedoch: Wegen der anderen Bedingungen in den USA, z. B. der dort wenig ausgebauten staatlichen Jugendhilfe, wird die Soziale Arbeit gezwungen, sich ständig veränderten (auch Markt-)Bedürfnissen anzupassen. Bei aller Skepsis gegenüber Markteinflüssen auf die Soziale Arbeit bringen sie neben kurzsichtigem „Dummsparen" auch den Zwang zu innovativem Verhalten mit sich. Das wird auch durch weniger bürokratische Strukturen ermöglicht, die beispielsweise die öffentliche Finanzierung mancher wichtigen Neuerungen in der Sozialen Arbeit stark erschweren, weil Ressort-Denken soziales Management behindert.

Mit „Dummsparen" bezeichnen wir sinnlose, kurzfristig wirksame finanzielle Einsparungen, die langfristig höhere soziale und humane Kosten verursachen. Nachweislich wirksame Prävention, die krisenhafte Prozesse verhindern könnte, wird meist nicht bezahlt, Krisenbewältigung und notdürftige weniger nachhaltige Reparaturen, die in jeder Hinsicht immens kostspielig sind, sind meist die Folge.)

Kurzum: Wenn aufgrund anderer Rahmenbedingungen im europäischen Ausland und in Übersee neue, nützliche Arbeitskonzepte entwickelt werden, dann ist bei allem Misstrauen eine an der Verbesserung der Praxis orientierte Offenheit geboten. Selbstverständlich gibt es auch bei uns – vor allem unter den Arbeitsbedingungen kleiner selbständiger Projekte – bedeutende innovative Praxis. Das Problem ist jedoch, dass die Professionalisierung und Organisierung der Sozialen Arbeit bei uns noch rückständig ist und es auch daher kein gemeinsames Sprachrohr in Deutschland gibt, das gelungene innovative Praxis öffentlich machen könnte, damit andere sozialen Einrichtungen davon lernen könnten.

Nach dem längst überfällig gewordenen Wechsel der Handlungsmuster in der Sozialen Arbeit (siehe PIE), liegt die „Domäne" der Sozialarbeit, wie wir bereits ausführten, weder in der Bearbeitung von Problemen, die vorrangig in der Person der Klienten liegen, noch solcher, die vorrangig im Bereich der gesellschaftlichen Strukturen verankert sind, sondern in der Beseitigung oder Verminderung von Problemen, die sich zwischen den Klienten als Individuen und Gruppen und der sinngebenden sozialen Prozesse und Strukturen im gesellschaftlichen Nahbereich, in ihrer Lebenswelt, ergeben. Eigenständige Methoden der Sozialen Arbeit sind also sozial-räumlicher Art. Dazu gehört das Case Management (CM).

Sozialräumliche Handlungskonzepte und Methoden belassen die Klienten in ihrer sozialen Lebensumwelt und unterstützen sie dort beim Selbstmanagement in Auseinandersetzung mit ihren Problemlagen (dies ausgewiesen systematisch, geplant, nachvollziehbar und evaluierbar), bis sie diese Fremdhilfe nicht mehr brauchen und selbsthilfefähig geworden sind. Diese Unterstützungsleistungen sind im sozialen Sinne einheitlich, sie wirken direkt und indirekt, personenbezogen und situationsbezogen. Dies müssen sie, sonst könnten sie nicht auf die soziale und materielle Nahumwelt in sozial-räumlicher Hinsicht wirken. (Der von uns gebrauchte Begriff von sozialer Einheitlichkeit unterscheidet sich von dem in der Gestaltpsychologie verwendeten Begriff der „Ganzheitlichkeit", der vornehmlich die menschliche Wahrnehmung als ganzheitlichen Prozess meint. Wir bezeichnen damit die – wenn auch widersprüchliche – Zusammengehörigkeit von materiellen, sozialen und psychischen Aspekten.)

2. Was ist Case Management?

Case Management ist eine Methode der sozialen Einzelhilfe oder der Organisation und Koordination von Unterstützungsleistungen für eine ganze Klientel. Als soziale Einzelhilfe ist sie die modernisierte, vom Psychozentrismus befreite sozial-ökologische Weiterentwicklung der klassischen Einzelhilfe der Sozialen Arbeit. Lowys Definition: „Case Management ... hat die Kernfunktion, den Klientensystemen (einzelnen Menschen, Familien und ihren Angehörigen, Kleingruppen und ihren Nachbarn und Freunden) in koordinierter Weise Dienstleistungen zugänglich zu machen, die von ihnen zur Lösung von Problemen und zur Verringerung von Spannungen und Stress benötigt werden".[5] Case Management stimmt soziale Dienstleistungen zur Unterstützung der Klienten oder Klientele aufeinander ab.

Dies kann im Sinne einer Effektivierung der sozialen Dienste sinnvoll sein, wenn es sich um die Variante handelt, bei der eine ganze Klientel im Zentrum der Hilfen steht.

Beispiel:

In Amsterdam arbeitet im Gesundheitsamt eine Case Managerin, die die sozialen Hilfen für die Kinder drogenabhängiger Eltern koordiniert. Da bislang gleichzeitig von mehreren Agenturen solche Hilfen geleistet wurden, widersprachen sie sich oft in ihren Wirkungen und hoben sich dadurch gegenseitig auf. Klienten spielten die Dienste gegeneinander aus und nahmen bestimmte Hilfsquellen mehrfach in Anspruch. Die Case Managerin lädt daher regelmäßig alle beteiligten sozialen Dienste in ihre Dienststelle ein und stellt sicher, dass jede Familie die bestmögliche Unterstützung erfährt. Diese Praxis ist effektiver für die Klientel, effizienter und billiger, so dass die zusätzliche Planstelle der Case Managerin innerhalb kurzer Zeit bereits eingewirtschaftet ist.

Auch in Deutschland existieren bereits erfolgreiche Beispiele praktizierten Case Managements für ganze Gruppen von Klienten.[6]

In den Niederlanden ist ökonomisches Denken in der sozialen Arbeit bekanntlich kein Fremdkörper, wenn es zu besseren Lösungen und Vorteilen für die Klientel führt. Soziale Arbeit in den Niederlanden findet oft humanere Lösungen, weil sie nicht „ideologisiert" ist. Gerade in der Sozialen Arbeit mit Drogenabhängigen wurden dort beispielhafte effektive Programme entwickelt, weil der Nutzen für die Klienten und die Gesellschaft höher eingestuft wurde als der konservative moralisierende Umgang mit Abhängigen illegaler Drogen bei uns.

Praxisferne und das Kultivieren altlinker Vorstellungen vom Umgang mit von der Gesellschaft ausgegrenzten Klientelen sind die andere Seite der Medaille. In diese Kerbe schlägt neben anderen auch Galuske[7], der fragt, was am Case Management-„Ansatz" wirklich neu sei. Wenn er Case Management in wohlfahrtstaatlichen Konzepten der Gemeinwesenarbeit (GWA) gleichsetzt, die allerdings nicht realisiert worden seien, hat er selbst den wesentlichen Unterschied genannt. Wir erinnern uns, dass GWA-Konzepte Orientierungen sind, die so gut wie keine methodischen Hilfen für ihre Umsetzung bieten. Beim Case Management ist das anders.

Das CM stellt den Sozialarbeitern methodische Hilfen zur Verfügung. Deshalb wird CM nicht nur in den Niederlanden, sondern auch bei uns praktiziert. Wenn Galuske nun auch noch behauptet, CM würde zu einer umfassenderen Kontrolle der Klienten führen und im Übrigen keinen Ausweg aus der psychosozialen Beziehungsarbeit bieten, so zeigt er einerseits, dass er die Praxis der face-to-face Arbeit mit mehrfach belasteten Klienten nicht kennt, andererseits immer noch den Gegensatz von Hilfe und Kontrolle bemüht, der nicht auflösbar in der Arbeit verbunden ist. Wenn wir Soziale Arbeit zur Sicherung des Kindeswohls im Auge haben, ist der Schutz von Kindern vor Misshandlung und Vernachlässigung nicht ohne legitim ausgeübte Kontrolle gegenüber Eltern möglich. Auch Eltern, die ihre Kinder misshandeln oder vernachlässigen, haben dennoch Respekt und Wertschätzung verdient, weil sie in aller Regel nicht aus pathologischer Bösartigkeit, sondern wegen fehlender Kompetenz so handeln. Selbst in gravierenden Fällen entsteht immer eine Unterstützung als Hilfe und Kontrolle.

Wir stimmen Manfred Neuffers Kritik zu: Vor allem Erziehungswissenschaftler zeichnen sich oft durch eine für die Profession schädliche Praxisferne aus. Ihre Kritik an innovativen Konzepten, Programmen und Methoden hilft weder der Disziplin, noch der Profession der Sozialarbeit, weil sie keine Verbesserung der Praxis bewirken kann, falls sie das überhaupt ins Kalkül zieht. Ein neuerer Beitrag zum CM ist eine Aneinanderreihung von ideologisch gründenden

Vorurteilen.[8] Diese Kritik wird auch dadurch nicht besser, dass sie mit Floskeln der wissenschaftlichen Sprache verbrämt wird. Als Makel dieser Methode werden u. a. angeführt:

- CM sei importiert
- CM habe eine problematische Begriffsverwendung
- CM habe einen einfachen Wesenskern
- CM sei wie Aladins Wunderlampe
- Die Risikoverantwortung würde im neoliberalen Sinne an den Klienten zurückgegeben
- CM sei Ausdruck einer „leihwissenschaftlich" geprägten Sozialarbeit

Dies sind nur einige Punkte des Widerstands gegen nachweislich effektive professionelle Konzepte und Methoden. Weder können wir an dieser Stelle alle Argumente gegen das CM aufführen, noch diskutieren. Wir bemerken nur, dass die sich hinter dieser Kritik verbergende Haltung einreiht in die Kritik, die gegenüber aktivierenden Konzepten der Sozialen Arbeit geäußert wird.

Eine weiterverbreitete Variante des Case Managements ist die verbesserte Einzelfallhilfe, die bei Klienten in unterschiedlichen Problemlagen greift. Hier geht es nicht nur darum, Unterstützungs- und Klientensysteme zu koordinieren, sondern auch darum, Klienten zu befähigen, die Unterstützung selbständig zu nutzen.

Im sozialen Dienstleistungsbereich entwickelter Industriegesellschaften gibt es eine Fülle diverser sozialer Agenturen mit allgemeinerer Aufgabenbestimmung (z. B. die Allgemeinen Sozialen Dienste [ASD] in den Städten und Kreisen). Daneben besteht eine Vielzahl von Sonder-Diensten, wie Erziehungsberatungsstellen, Familienhilfe-Dienste, „Essen auf Rädern", Hausaufgabenhilfen, Alten- und Jugendclubs, Nachbarschaftshilfen etc. Die „normalen" Klienten der Sozialen Arbeit wären keine, wenn sie allein mit ihrer Problemlage zurechtkämen und wenn sie in der Lage wären, sich die Unterstützungsleistungen und Hilfen zu erschließen, die sie zeitweilig benötigen. Auch informelle Unterstützer im sozialen Netzwerk (weitere Familie, Nachbarn usw.) und andere, wie Selbsthilfegruppen, sind zwar vorhanden, werden aber von den Klienten nicht genutzt oder müssen erst ins Leben gerufen werden, wozu die Klienten allein auch nicht in der Lage sind. Hier muss der Sozialarbeiter nicht nur Klienten unterstützen sie zu nutzen, sondern auch Netzwerke weiterentwickeln und fördern helfen.

Besonders wichtig für das Gelingen des Case Managements ist es, dass in der vielschichtigen Zusammenarbeit verschiedener sozialer Dienste ein Kollege die Rolle des Case Managers übernimmt[9], und die anderen beteiligten Mitarbeiter anderer oder der eigenen Dienststelle, auch wenn sie aus anderen Professionen kommen, diese Rolle anerkennen. Wir gehen davon aus: Dies muss ein befähigter, für diese Aufgabe ausgebildeter Sozialarbeiter sein.

Der Weg zum Case Management ist ein Schritt in die professionelle Eigenständigkeit der Sozialen Arbeit. Dadurch befreie sie sich „(...) vom klassischen Konzept der Sozialen Einzelhilfe mit psychoanalytischem Background. Sie löst sich von fachfremden therapeutischen Konzepten und präzisiert die wenig konturierten Postulate zumindest für die Soziale Arbeit – der so genannten Lebensweltorientierung"[10].

Neuffer nennt in diesem Zusammenhang für das Case Management folgende konzeptionellen Merkmale:

- Systemisches Handeln in sozialen Problemen, in Krisen und Konflikten
- Ressourcenorientierte Soziale Arbeit
- Beteiligung der Klienten
- Reduktion von Komplexität
- Plan- und überprüfbare Soziale Arbeit anhand von Qualitätsstandards
- Beachtung berufsethischer Grundsätze[11]

3. Die Arbeitsschritte des Case Managements

Verschiedene Autoren sehen für das Case Management unterschiedliche Aufgliederungen und Inhalte der Arbeitsschritte vor. Sie gehen jedoch ähnlich vor und verfolgen die gleichen Ziele.

Für alle Autoren halten wir fest: Der Sozialarbeiter stellt direkte und indirekte Hilfeleistungen bereit, d. h. er arbeitet selbst anleitend, unterstützend und beratend mit den Klienten und er organisiert Dienstleistungen anderer Kollegen und Dienste.

Die Aufgaben und Rollen des Case Managers (nach Ballew und Mink[12])

Koordinator

Er hat Folgendes zu leisten:

- Einschätzung der Problemlage des Klienten (nach unserem Dafürhalten gemeinsam mit dem Klienten)
- Überlegung, ob und gegebenenfalls welche anderen Helfer und Dienste für den Unterstützungsprozess benötigt werden
- Einstellung des Unterstützungsplans
- Unterstützung des Klienten bei der Aufnahme und Unterhaltung von Verbindungen mit anderen Helfern
- falls nötig: Erweiterung der Kommunikation zwischen den Unterstützern, um die Nutzung der Hilfsquellen zu verbessern

Anwalt

Wenn den Klienten benötigte Ressourcen vorenthalten werden oder nicht bereitstehen, muss er diese einfordern. Werden an den Klienten Anforderungen gestellt, die ihn überfordern, soll er sich für eine Mäßigung dieser Anforderungen einsetzen.

Berater

Der Berater vermittelt dem Klienten das Wissen und die notwendigen Fähigkeiten, die ihn in die Lage versetzen, selbständig benötigte Unterstützungsleistungen zu erlangen. Dabei soll eine professionelle Beziehung hergestellt werden, „(...) die es erlaubt, störende Verhaltensmuster des Klienten mit ihm durchzugehen und nützlichere Muster auf den Weg zu bringen".

Die Arbeitsschritte des Case Managements (nach Ballew und Mink[13])

1. Arbeitsschritt: Engagement

Engagement bedeutet nicht nur die bewusste Annahme eines Klienten, sondern auch den Aufbau einer effektiven Arbeitsbeziehung. Eine Vertrauensbasis wird aufgebaut und eine Verständigung darüber hergestellt, was der Sozialarbeiter zu erwarten hat. Menschen, die Case Management brauchen, haben in aller Regel Schwierigkeiten, Unterstützung anzunehmen und für sich zu nutzen. Sie treten auch in der Beziehung zum Case Management zu Tage. Diese Problematik muss zuerst bearbeitet werden. Zur Klärung der Rollenerwartungen werden Interviewtechniken als nützlich angesehen.

2. Arbeitsschritt: Assessment (Einschätzung)

Das Assessment besteht aus drei Aufgaben:

- Herauszufinden, welche Probleme der Klient lösen muss
- Herauszufinden, welche Hilfsmöglichkeiten der Klient nutzen möchte
- Herauszufinden, welche Umstände den Klienten bisher daran hindern, die Hilfsmöglichkeiten zu nutzen

Wenn die Klienten ihre Herausforderungen (challenges) oder Probleme selbst benennen, braucht der Case-Manager nur einen gemeinsamen Aufgabenkatalog zu erstellen. Aus dieser Auflistung wird gemeinsam eine Dringlichkeitsliste angefertigt. Materielle Bedürfnisse werden von Klienten leichter ausgesprochen als z. B. das Gespräch über Beziehungskrisen. Hierbei muss behutsam vorgegangen werden. Eine genauere Problemeinschätzung kann nicht sofort erfolgen. Es ist notwendig, den Klienten dabei Zeit zu lassen. Wenn die kritischen Punkte deutlich geworden sind, soll der Case Manager überlegen, welche formellen und informellen Helfer in Frage kommen. Es gilt nun herauszufinden, was den Klienten daran hindert, Unterstützung anzunehmen und Hilfsquellen zu nutzen. Ballew und Mink unterscheiden:

- Externe Behinderungen (z. B. fehlende Kinderbetreuung, Finanzen etc.)
- Eigenes Unvermögen (z. B. geistige oder körperliche Behinderungen, Drogensucht etc.)
- Interne Hemmungen (z. B. Überzeugungen, Haltungen oder Wertorientierungen des Klienten, der etwa um keinen Preis Geld von der Sozialhilfe annehmen will usw.)

Wir halten es für absolut notwendig, auch nach den Stärken des Klienten zu sehen, weil jedes professionelle sozialarbeiterische Handeln an den Stärken des Klienten anzusetzen hat, um die Selbsthilfefähigkeiten zu entwickeln.

Soziale Arbeit hat die Aufgabe, Kompetenzen zu vermitteln und lebensfähig zu machen. Deshalb müssen wir auch die kritischen Punkte einer Problemlage und Persönlichkeit erkennen lernen. Der Hilfe- und Unterstützungsprozess konzentriert sich aber auch auf die Stärken, die sich bereits in der bisherigen Lebenslage und Biographie des Klienten gezeigt haben. Sozialarbeit heilt und therapiert nicht, sondern setzt Selbsthilfe in Gang und hilft Hindernisse wegzuräumen, die den Klienten daran hindern, ein ganz „normales" Leben zu führen, und achtet dabei weitestgehend auch die Besonderheiten, „Macken" und „Schrullen" der Klienten, wenn sie damit zufrieden leben und umgehen können. Das „social wellbeing" ist eine subjektive Sache. Klienten haben Respekt verdient und müssen nicht um jeden Preis wie Bildungsbürger leben, solange sie sich und ihre Kinder nicht gefährden und andere nicht über Gebühr belästigen.

3. Arbeitsschritt: Planung

Planung ist ein wichtiger Schritt vor dem unterstützenden Handeln. Von der Qualität der Planung hängt der spätere Erfolg der Arbeit ab und erweist sich ein Handeln als professionell. Der Planungsprozess umfasst vier Arbeitsgänge:

- Gemeinsame Zielformulierung durch Sozialarbeiter und Klienten
- Festlegung der Dringlichkeiten
- Auswahl der Verfahren (Techniken) und Strategien der Intervention
- Festlegung von Zeiten und Verfahren, um Fortschritte festzustellen und zu bewerten

Die Planung mündet in einen schriftlich formulierten Unterstützungsplan.

Der Unterstützungsplan ist nicht nur der professionelle Wegweiser für den Sozialarbeiter. Er ist mit Hilfe des Klienten erstellt worden und bedeutet daher gleichzeitig für den Klienten eine Möglichkeit zu überprüfen, in welchem Stadium des Arbeitsprozesses er sich befindet und welche Dienstleistungen ihm zustehen und für ihn erbracht werden. Der Klient weiß auch, welchen Prozess er schon durchlaufen hat und wie lange es noch dauert, bis er aus dem Case Management und der Betreuung entlassen wird. Es erleichtert erfahrungsgemäß manche Klienten zu sehen, was bereits geschafft ist, und wann er keinen Sozialarbeiter mehr braucht. Für andere, die lieber dauernd betreut werden wollen, ist der Plan mit der darin vorgesehenen Beendigung der Betreuung ein deutliches Zeichen, dass zum Sozialarbeiter nur eine Arbeitsbeziehung besteht, die einmal beendet wird. Der Unterstützungsplan ist die Grundlage eines Arbeitsvertrags zwischen Case Manager und Klient.

4. Arbeitsschritt: Erschließen der Hilfsquellen

In diesem Arbeitsschritt geht es um die Umsetzung des Unterstützungsplans. Die Überwindung der angesprochenen Hindernisse ist hier die Aufgabe. Die äußeren Hindernisse, das eigene Unvermögen und die inneren Hemmungen werden jeweils mit unterschiedlichen Herangehensweisen bearbeitet. Äußere Hindernisse werden demnach beseitigt durch das Knüpfen neuer Beziehungen zu Helfern (connecting), durch Verbesserung vorhandener Bindungen zu Helfern (negotiation) und durch Fürsprache für den Klienten (advocacy) bei Menschen der Umgebung, zu denen eventuell bereits länger andauernde Konflikte bestehen.

Eigenes Unvermögen, das den Klienten daran hindert, eine Arbeitsbeziehung mit Helfern aufzunehmen, kann nach Ballew und Mink auch ein Vorgehen notwendig machen, für das Klienten ihre Einwilligung nicht gegeben haben. Wir halten dies für einen gefährlichen Schritt, weil sich hier der Sozialarbeiter dafür entscheidet, einen Klienten wenigstens zeitweilig für unmündig zu erklären, und nicht zu wissen, was zu seinem Besten ist. Der Sozialarbeiter handelt „im wohlverstandenen Interesse“, wie dies Eltern und Erzieher bei kleinen Kindern tun. Dies kann sicher im Ausnahmefall zulässig sein, wenn beispielsweise Drogenabhängige sich selbst und andere (ihre Kinder) gefährden. In diesem Falle sollte der Kollege keine einsame Entscheidung treffen, sondern vorher eine Kollegialberatung heranziehen, die die Gründe dafür überprüft hat und den weiteren Prozess mitüberwacht. Hierbei sollten auch Fachleute für die psychische Befindlichkeit der Klienten herangezogen werden, um deren Urteil mit einzubeziehen.

Sozialarbeiter sind im innerpsychischen Bereich nicht in ihrer Domäne und sollten beim Erkennen schwerwiegender psychischer Störungen nicht daran „herumdoktern".

In gravierenden Fällen muss unter Umständen ein Unterstützungssystem eingerichtet werden, das zumindest anfänglich nicht auf die aktive Mitarbeit des Klienten angewiesen ist. Zur Absicherung aller Beteiligten, auch für den Fall, dass das Unterstützungsmanagement nicht wirksam wird und schädliche Folgen für den Klienten eintreten, erhält die notwendige genaue Dokumentation der Verabredungen und der unternommenen Schritte des Case Managers und der anderen Helfer eine besondere Bedeutung.

Innere Hemmungen sollen durch Beratung des Klienten in vier Schritten beseitigt werden:

- Herausfinden, worin die Hemmungen begründet sind
- Entdecken einer Fähigkeit, mit der die Hemmungen überwunden werden können
- Aufdecken von Erfahrungen des Klienten, um diese Fähigkeiten auch in die Tat umzusetzen
- Aufbauend auf den Erfahrungen des Klienten Aufgaben formulieren, um die Hemmungen schrittweise zu überwinden

5. Arbeitsschritt: Koordination

In der Phase der Koordination hält der Case Manager alle Fäden in der Hand und ermöglicht, dass die im Unterstützungsplan festgehaltenen Dienstleistungen auch wirklich erbracht werden. Arbeitsverträge zwischen Case Manager und Klient (contracting) können die Motivation für die Arbeit stärken.

6. Arbeitsschritt: Monitoring (Überwachung)

Bei Ballew/Mink fehlt dieser methodische Schritt, den wir jedoch für herausragend wichtig halten. Moxley[14] umschreibt „Monitoring" mit „Prüfung", „Revision", „Informationsverarbeitung und Berichterstattung". In dieser Bedeutung kommt es in die Nähe des „Controllings" im Sozialmanagement, wenn damit nicht nur die Finanzüberwachung gemeint ist. Die Nähe des Case Managements zum Management in Organisationen kommt nicht von ungefähr. Case Management richtet sein Augenmerk auf etwas anderes. Die Arbeitsbeziehung des Sozialarbeiters zum Klienten und die Beziehungen des Klienten zu anderen Diensten sowie die Zusammenarbeit der Dienste untereinander stehen hier im Mittelpunkt. Diese Arbeitsbeziehungen und die Qualität der Dienstleistungen für den Klienten müssen im Prozess überwacht werden. Gleichzeitig muss überprüft werden, ob die im Unterstützungsplan festgehaltenen Ziele, Leistungen und Zeiten eingehalten werden. Es kann auch eine Veränderung der Ziele, der Dienstleistungen und Zielvorgaben erforderlich sein, wenn sich während des laufenden Arbeitsprozesses mit einem Klienten erhebliche Veränderungen in äußeren Umständen ergeben. Das Monitoring hat also auch die wichtige Aufgabe, für die erforderliche Flexibilität zu sorgen.

7. Arbeitsschritt: Evaluation (Reassessment) und Entpflichtung (Disengagement)

Wenn die angestrebten Ziele erreicht, der Unterstützungsplan erfüllt ist, dann werden Case Manager und Klient dies gemeinsam feststellen. In Verbindung mit dem bereits erwähnten Selbstmanagementkonzept, dem Selbstreflexiven Arbeitskonzept für die Soziale Arbeit, ist die Erreichung der operationalisierten kurz-, mittel- und längerfristigen Teilziele feststellbar. Zusätzlich zum gemeinsamen Reassessment mit dem Klienten halten wir auch eine fachliche Evaluation für notwendig, um die Praxis, ihre Methoden und die wissenschaftliche Diskussion in der Sozialen Arbeit voranzutreiben. Dafür ist die Methode des Rating Assessment nach unseren Erfahrungen sehr gut geeignet.

An diesem Punkt erfolgt die Beendigung der Arbeitsbeziehung zwischen Sozialarbeiter und Klient. Es kann jedoch bei Bedarf auch ein neuer Arbeitsvertrag abgeschlossen werden. Das muss jedoch gesondert begründet werden. Grundsätzlich gilt, dass professionelle Sozialarbeit keine Dauerbetreuung (wie z. B. in der Altenpflege) sein kann. Ihre Arbeit und damit ihre Arbeitsbeziehung muss nach einer bestimmten Zeit enden; die Klienten müssen in ihre Unabhängigkeit entlassen werden. Nun kann die Beendigungsphase unterschiedlich lang sein. Ihre Dauer steht im Verhältnis zur Dauer der Arbeitsbeziehung. Lange andauernde Unterstützungsprozesse erfordern in der Regel auch eine längere Ablösungsphase. In einigen Fällen kann eine – ebenfalls begrenzte – Nachbetreuung erforderlich sein.

4. Rahmenkonzept des Case Managements nach Neuffer

Manfred Neuffer[15] hat das Case Management in sechs Arbeitschritten konzipiert, die ebenfalls Sinn machen. Sie enthalten detailliert formulierte Aufgaben des Case Managements. (Wir empfehlen das Buch zur Lektüre.)

1. Kontaktaufnahme, Klärungshilfe und Beratung des Klienten
   - Erstgespräch
   - Klärungshilfe
   - Beginn der Arbeitsbeziehung
   - Beratung über Angebote

2. Analyse und Einschätzung
   - Problem- und Ressourcenanalyse
   - Fachliche Einschätzung
   - Einschätzung durch die KlientInnen
   - Einschätzung Dritter
   - Hypothesen/Prognosen

3. Entwurf des Hilfebedarfs
   - Ziele der Hilfestellung
   - Ermittlung Hilfebedarf
   - Indikatoren für Erfolg
   - Entwurf möglicher geeigneter und notwendiger Hilfen

4. Hilfeplanung
   - Antrag auf Hilfestellung
   - Hilfekonferenz

- Hilfeplangespräch
- Auswahl und Festlegung der Hilfen
- Hilfeplan
- Kontrakt
- Überleitung in die Hilfemaßnahme
- Festlegung der eigenen Intervention des Case Managers

5. Controlling
   - Überprüfung der Ziel-Wirkung
   - Akzeptanz bei den Klienten
   - Überprüfung der Kooperation der hilfeleistenden Einrichtungen
   - Fortschreibung und/oder Revision des Hilfeplans

6. Beendigung der Unterstützung und Evaluation
   - Bewertung durch alle Beteiligten
   - Fortführung oder Beendigung
   - Vermittlung in andere Hilfen
   - Evaluation, bezogen auf Erfolg und Aufwand
   - Auswertung für die Sozial- und Jugendhilfeplanung

Das Case Management ist eine Methode der Sozialen Arbeit, die in der Praxis der deutschen Sozialarbeit noch nicht sehr verbreitet ist. Nicht selten entdecken damit erstmals konfrontierte Praktiker, wenn sie professionell arbeiten, einige ihnen bekannte Elemente. Sie versuchen sich ein genaues Bild von der Problematik der Klienten zu machen, sie planen auch auf irgendeine Weise die Arbeit mit den Klienten und arbeiten mit anderen Einrichtungen zusammen. Bei näherem Hinsehen erfüllen diese Teilelemente jedoch nicht die Kriterien eines wirklichen Case Managements. Sie glauben es nur deshalb, weil vernünftiges Arbeiten im Sozialbereich einige Nähe zum Case Management aufweist. Außerdem sind einige Arbeitsschritte, rein äußerlich betrachtet und aus dem Zusammenhang gelöst, in ähnlicher Weise auch in herkömmlichen Konzepten der Einzelfallhilfe enthalten.

Wenn wir genauer hinsehen, bemerken wir, dass diese neue sozialökologische Methode in Deutschland doch nicht praktiziert wird. Woher auch? An den Fachhochschulen und in der Fortbildung wurde sie bislang kaum vermittelt. Die in der Praxis und Theorie immer noch vorherrschende Orientierung und Beschränkung auf die Psyche der Klienten hat auch den Blick auf diese Methode der Sozialen Arbeit verbaut. Case Management hat unterdessen nicht nur in den USA, sondern auch in einigen westeuropäischen Ländern (wie den Niederlanden und Großbritannien) große Anerkennung und Verbreitung erfahren. Es hat sich in der Praxis bewährt und ist an einigen Hochschulen inzwischen zum festen Bestandteil der Ausbildung geworden.

Qualitätsmanagement

10

1. Qualitätssicherung

Qualitätsmanagement und Qualitätssicherung sind Begriffe, die die Diskussion in kommunalen Verwaltungen seit einiger Zeit bestimmen und Angst und Feindschaft unter den Praktikern verbreiten. Auch das Management und die Praxis der Sozialen Arbeit sind davon betroffen; und das, obwohl eigentlich niemand etwas gegen eine Verbesserung von kommunalen und sozialen Dienstleistungen haben könnte. Kommunale Verwaltungen und soziale Einrichtungen sind nun mal Dienstleistungsagenturen für die Bürger. Diese Aussage trifft mittlerweile bei den meisten betroffenen Mitarbeitern auf Zustimmung. Woher kommt also die Angst vor kommunalen Verwaltungsreformen und Qualitätsmanagement, der meist passive Widerstand und die Feindschaft zwischen Mitarbeitern, wenn es um diese Sachverhalte geht? Wir nennen hier nur die wichtigsten Gründe, mit denen wir bei unserer Arbeit mit Praktikern konfrontiert wurden.

2. Gründe für den Widerstand

Die Gründe im Einzelnen:

- Da ist zunächst der von niemandem bestrittene Zwang der Kommunen zum Sparen, mit dem jedoch die nicht immer unbegründete Angst verbunden ist, dass Arbeitsplätze – darunter auch der eigene – wegrationalisiert werden sollen.
- Mitarbeiter kommunaler Verwaltungen und sozialer Dienste unterstellen Kommunalpolitikern, sie würden das Ziel der Einsparung über alle inhaltlichen Argumente stellen. Das ist oft auch begründet, weil fachliches Informationsdefizit und Parteipolitik populistische Lösungen favorisieren können, die Belange insbesondere der sozialschwachen Bürger übergehen und damit auch die kundeneffektive Dienstleistung erschweren: „Dummsparen" um den Preis einer effektiven Arbeit. Informationsdefizite bei Politikern und mangelnde Unterstützung in der Öffentlichkeit sind oft auch eine Folge der Vernachlässigung systematischer Öffentlichkeitsarbeit.
- Verwaltungsreformen wie die betriebswirtschaftliche Kassenführung und Ausgabenkontrolle oder Budgetierung werden immer wieder dilettantisch und in einer Weise betrieben, dass sie während der Einführung und Umstrukturierung eine sinnvolle fachliche Arbeit behindern.

- Der Sinn solcher Reformen wird von den Mitarbeitern oft nicht eingesehen, weil sie ohne ausreichende Informationsarbeit, nur betriebswirtschaftlich begründet und von gegenüber Sozialer Arbeit ignoranten Consulting-Agenturen durchgeführt werden, deren Seriosität nicht immer gegeben ist. Diese verdienen auf diesem Markt ein enormes Geld, das dann in der Arbeit fehlt.
- Verwaltungsreformen und Organisationsentwicklungen werden von Verwaltungschefs sehr oft von oben durchgesetzt – ohne die Beteiligung der Mitarbeiter auf allen unteren Ebenen zu sichern, so dass sie dadurch zum Scheitern verurteilt sind und das Gegenteil von dem bewirken, was sie eigentlich erreichen sollen: mehr Effektivität der Dienstleistungen für die Kunden und mehr Effizienz im Erbringen dieser Leistungen.

Unsere Position hierzu ist bereits deutlich geworden: Wir können auch in der Sozialen Arbeit, angesichts der Wirtschaftslage und der durch die von uns als notwendig eingeschätzten Kosten der deutschen Einheit, nicht leugnen, dass die Kommunen sparen müssen. Wir verweisen allerdings auch auf politisch falsch gesetzte Akzente, die eine präventive Sozial-, Arbeitsmarkt- und Steuerpolitik negieren und nur reaktive Maßnahmen vorsehen, die letztlich volkswirtschaftlich teurer und weniger wirksam sind.

Auch die überkommene Organisation der Sozial-, Kranken- und Rentenversicherung sowie andere staatliche soziale Sicherung (z. B. Sozialhilfe) und die dadurch unsinnige Aufteilung der Ressorts und Leistungsträger sind zu reformieren und müssen zur Disposition gestellt werden, wenn es um sinnvolles Sparen geht.

Unabhängig von den großen Reformen, die längst überfällig sind, besteht jedoch auch für die kommunalen Verwaltungen und die Sozialen Dienste die Notwendigkeit, ihre Organisationsformen und Arbeitsabläufe so zu organisieren, dass ihre Dienste für den Bürger mehr und bessere Leistungen erbringen und dies so rationell wie möglich. Für die Soziale Arbeit als Profession ist die Auseinandersetzung mit der Reorganisation der kommunalen Verwaltungen und sozialen Dienste und die damit einhergehende Einführung von Qualitätsmanagement und Qualitätssicherung eines der wichtigen Themen.

Sozialarbeiter müssen sich auch damit befassen, wie überhaupt mit Sozialmanagement zu arbeiten ist, da sonst wieder eine Fremdbestimmung durch andere Professionen, nämlich Betriebswirte, Verwaltungsfachleute und Juristen, stattfindet. Eine „Kolonialisierung" durch andere Professionen und Disziplinen, wie sie im Bereich der Aufgabenbestimmung und der Methoden vor allem durch die Medizin, Psychologie und die Erziehungswissenschaft droht[1], wäre hier noch fataler, weil die Betriebswirtschaft, die Verwaltungslehre und das Verwaltungsrecht Denkweisen entwickelt haben, die den Grundlagen der Sozialen Arbeit als „Menschenrechtsprofession"[2] zuwiderlaufen.

Dieses Denken fördert in der Ausbildung der Angehörigen dieser Professionen Haltungen und Einstellungen, die der gebotenen Menschlichkeit im Umgang mit Klienten/Kunden der Sozialen Arbeit abträglich sind. Der überwiegende Teil der mit besonderen Risiken belasteten Kunden der Sozialen Arbeit (z. B. Behinderte, Obdachlose, mehrfach belastete Familien in sozialen Brennpunkten) erfordert eine Arbeit, deren Wirtschaftlichkeit kaum kurzfristig und nur schwer langfristig nachzuweisen ist, auch wenn ihre Leistungen und Erfolge sich nachweisen lassen.

Klienten/Kunden sind und bleiben auch für die Verwaltung „sperrig" und verursachen dort Mühe und Kosten, was als lästig empfunden wird. Auch die Entwicklung bürgernaher Verwaltungen orientiert sich eher an dem durchschnittlichen Bürger als Nutzer und nicht an den „sperrigen" Angehörigen sozialer Randgruppen. Deshalb müssen die Angehörigen unserer Profession, die immer noch überwiegend mit „Risikogruppen" der Gesellschaft arbeitet und sich um die Einforderung und Realisierung eines möglichst menschenwürdigen Lebens bemüht, ihre eigene Fachlichkeit auch hier behaupten.

Außerdem darf sich die Profession vernünftigen und die Fachlichkeit nicht beeinträchtigenden Wirtschaftlichkeitserwägungen nicht widersetzen. Die Frage nach der Qualität ihrer Dienstleistungen und ihrer Dokumentation ist schließlich die zentrale Frage der Profession schlechthin, die sich aus ihrer „Sprachlosigkeit" befreien will.

3. Verwaltungsreform und das „Neue Steuerungsmodell"

Die „Kommunale Gemeinschaftsstelle zur Verwaltungsvereinfachung" (KGSt), eine Einrichtung der Städte und Gemeinden des Bundesgebietes, hat das „Neue Steuerungsmodell" entwickelt, das in Verwaltungen eine unternehmensähnliche, dezentrale Führungs-

und Organisationskultur etablieren und die Verwaltung von ihrer Leistung her steuern soll (Output-Steuerung)[3]. Dieses Konzept wird auch mit Begriffen wie „Verwaltungsreform“, „New Public Management“ bezeichnet. Die Begründung für die Notwendigkeit einer, von der KGSt ausgehenden Verwaltungsreform wird hauptsächlich mit ökonomischen Argumenten erbracht. Das Ende der Wachstumsperiode und die Kosten der Wiedervereinigung zwingen die kommunalen Verwaltungen zum Sparen, weshalb die Kommunen ihre eher geringer werdenden finanziellen Mittel ökonomischer einsetzen müssen und nach Möglichkeit auch noch steigenden Leistungsanforderungen entsprechen sollen.

Vorbild für die Verwaltungsreform der KGSt war die niederländische Stadt Tilburg (170 000 Einwohner), in der auch aus ökonomischen Gründen bereits zu Beginn der 80er Jahre eine grundlegende Verwaltungsreform durchgeführt wurde. Dort wurde ein Strukturmodell entwickelt, das an dem eines Wirtschaftsbetriebes orientiert war.[4]

Die Kennzeichen:

- Der Bürger als Kunde: eindeutige Leistungsorientierung (Output-Steuerung)
- Vergabe von Aufträgen an Dritte (Outsourcing) mit genauen Vereinbarungen über die zu erbringenden Leistungen
- Budgetierung des Haushalts[5]

Dieses erfolgreiche Modell forderte eine Dezentralisierung und weitgehende Eigenständigkeit der Abteilungen, die auch eine höhere Eigenverantwortlichkeit und eine weitergehende Beteiligung der Bürger und Kunden an der kommunalen Arbeit bekamen. Sie wurde durch die Vergabe von Prämien an Bedienstete und Kunden für innovative Vorschläge und die Rückvergütung von nicht in Anspruch genommenen Leistungen gefördert. Die Folge war nicht nur eine Kostenersparnis bei der Stadtverwaltung, sondern eine größere Zufriedenheit der Kunden und eine verbesserte Informationspolitik der Stadt.

Die KGSt formulierte in der Tradition von Tilburg, dem weltweiten Muster für erfolgreiche bürgernahe Verwaltungsreformen, folgende Kriterien:

- Eine klare politische und verwaltungstechnische Begrenzung der Verantwortung der Ressorts und Hierarchien

- Dezentralisierung
- Leistungsorientierte Steuerung, d. h. Ergebnisorientierung
- Budgetierung

Kommunale Verwaltung sollte in einen Dienstleistungsbetrieb umgewandelt werden. Die bislang existierenden kommunalen Verwaltungen wiesen verschiedene Unzulänglichkeiten auf, die sie zu unbeweglich, zu wenig innovativ und wenig bürgerfreundlich machten. Sie hatten strategische Mängel, oft ein schlechtes Management, was in mancher Hinsicht wie bei den Freien Trägern als funktionale Dilettanz bezeichnet werden kann[6], wiesen stark defizitäre Haushalte auf und waren oft mit der Verwaltung der Eigenbetriebe überfordert. Innovatives Engagement wurde nicht ausreichend gefördert, das Personal war oft unterfordert, Hierarchien zu starr: Es mangelte häufig an Verantwortung der Politiker und Mitarbeiter für die ökonomische Bewirtschaftung der Mittel. Kommunale Verwaltungen wurden von den wenig informierten Bürgern oft nicht akzeptiert. Sie blieben den Bürgern den Nachweis schuldig, effektiv und effizient zu arbeiten. Dies war ein faktisches Problem und zugleich das einer unzulänglichen Öffentlichkeitsarbeit der Kommunen.

Während die Verwaltungsreform in vielen Gemeinden beachtliche Fortschritte machte, entwickelte sie sich dort zu einem Pfusch, wo sie halbherzig und ohne Übernahme aller innovativen Kriterien versucht wurde. Vor allem die Enthierarchisierung und Dezentralisierung mit wirklicher Bürgerbeteiligung wurden nicht radikal genug betrieben. Beide Reformelemente als Demokratisierung der oft noch hoheitsstaatlichen Organisationskulturen bedeuten die Abgabe von Macht von der Spitze nach unten an Mitarbeiter und Bürger, ohne deren motivierte Mitarbeit eine solche Reform nicht zu realisieren ist.

Wo solche halbherzigen Bestrebungen von oben durchgesetzt werden sollten, trafen sie auf den Widerstand der Mitarbeiter, abgesehen davon, dass mitunter auch die gewerkschaftlichen Vertretungen mit allzu starren Konzepten (z. B. Arbeitszeitregelungen) einer Umwandlung der Verwaltungen zu wirklichen Dienstleistungsagenturen im Wege standen.

Vor allem dort, wo im Grunde nur der Spareffekt gesucht wurde, z. B. auch mit einer missverstandenen Budgetierung, wo vor der eigenverantwortlichen Haushaltsführung „dummsparende" Kürzungsmargen ausgegeben (möglichst noch mit klaren Anweisungen, wo zu sparen sei) und wo die streng hierarchischen Strukturen beibehalten wurden, dort ist der Misserfolg der Kommunen vorprogrammiert. Wir verzichten hier ausdrücklich darauf, bestimmte Kommunen zu nennen, weil wir davon ausgehen, dass sie den betroffenen Mitarbeitern und Bürgern bekannt sind und dass auch dort noch innovative Veränderungen möglich sind, wenn aus Fehlern die richtigen Schlüsse gezogen werden.

Von diesen Entwicklungen ist auch die Soziale Arbeit betroffen, gleichgültig, ob sie als kommunale Dienstleistung oder ob sie von Freien Trägern durchgeführt wird. Auch große Freie Träger haben oft behördenähnliche Strukturen entwickelt, die nicht mehr funktional sind, und entwickeln derzeit Reformalternativen. Zudem agieren die Wohlfahrtsverbände nicht unabhängig von kommunalen und landeseigenen Verwaltungen. Sie werden als Partner und Auftragserfüller der öffentlichen Verwaltungen vertragsmäßig in diese Entwicklung einbezogen. Eine detaillierte Beschreibung der Elemente des Neueren Steuerungsmodells der KGSt können wir an dieser Stelle aus Platzgründen nicht vornehmen; wir verweisen auf den KGSt-Bericht Nr. 5.

Ein für unseren Diskussionszusammenhang wichtiges Element der Neuen Steuerung ist das Qualitätsmanagement im Sinne der Kundenorientierung mit dem System der DIN ISO 9004 (Qualitätssicherung für den Dienstleistungsbereich[7]), das jedoch nicht für die Besonderheiten der Dienstleistung der Sozialen Arbeit entwickelt wurde.

Der Begriff Qualitätssicherung wurde 1994 vom Begriff Qualitätsmanagement abgelöst (Deutsche Gesellschaft für Qualität), den wir im Folgenden weiter verwenden. Die DIN ISO 9000 ff ist ein Prüfverfahren, das sich damit befasst, ob ein Anbieter von Dienstleistungen „(...) ein Verfahren etabliert hat, das das jeweilige Dienstleistungsangebot regelmäßig testet, ob bestimmte Qualitätsstandards eingehalten werden (...) mit der ISO 9000 wird also lediglich die Qualitätssicherung, nicht die Qualität überprüft".[8] Insofern stellt diese Qualitätsnorm einen Fortschritt dar, weil zumindest das Verfahren der Qualitätssicherung überprüft werden soll und die Frage nach dem Weg auch schon die Frage nach dem Ziel beinhaltet.

Für Marianne Meinhold ist Qualitätssicherung mehr: Danach umfasst „Qualitätssicherung (...) alle Verfahren, die darauf abzielen, die Erwartungen der Beteiligten zu erkunden und im Verhältnis zu den vorhandenen Ressourcen aufeinander abzustimmen, sowie aus dem Ergebnis dieser Abstimmung verbindliche Qualitätsziele zu entwickeln; Qualitätssicherung umfasst ferner alle Maßnahmen und Aktivitäten, die dem Erreichen und Überprüfen der Qualitätsziele dienen."[9] Dieser erweiterten Begriffsbestimmung können wir uns anschließen, weil sie für die Diskussion von Qualitätsmanagement in der Sozialen Arbeit geeigneter ist; denn sie stellt eine ausdrückliche Beziehung her zwischen den Zielen, den Nutzern, den Leistungsanbietern und den Verfahren.

4. Qualitätsmanagement in der Sozialen Arbeit

Die Soziale Arbeit braucht Qualitätsmanagement, und zwar – wie Heiner[10] schreibt – ein Qualitätsmanagement in einem ganzheitlichen Sinne. Letztere unterscheidet zwei Sichtweisen des produktbezogenen Qualitätsmanagements: die Sicht des Kunden und die Sicht des Produzenten.

Aus der Kundenperspektive sind wichtig: Ergebnisqualität, Prozessqualität und Strukturqualität.

Strukturqualität meint in diesem Zusammenhang die Ausstattung der Dienstleistungsagentur:

- Personale Merkmale: Art, Anzahl, Ausbildung und fachliche Qualifikation des Personals
- Materiale Merkmale: Art und Umfang der materiellen Ausstattung
- Organisatorische Merkmale: Organisationsstruktur etc.
- Systemelemente: Finanzierung, externe Regulierung

Die Merkmale der Strukturqualität sind als Voraussetzung für das Erbringen qualitativ hochwertiger Leistungen vom Anbieter zu schaffen, jedoch garantieren diese noch nicht den Erfolg. Hierzu bedarf es weiterer Qualitätsanstrengungen.

Prozessqualität und Strukturqualität bedeuten, dass das Augenmerk auf die Herstellung der Dienstleistung gerichtet ist. Arbeitsweisen und Organisation können gute Ergebnisse für die Kunden verhindern. Wenn Kunden große Anstrengungen unternehmen müssen, um eine soziale Dienstleistung zu erhalten, z. B. Anmeldeverfahren und Wartelisten bei vielen Beratungsstellen, und wenn dann auch noch hohe Fähigkeiten der Verbalisierung bei Kunden vorausgesetzt werden, wie dies nicht wenige Beratungsmethoden vorsehen, werden typische Kunden, etwa Risikogruppen, ausgegrenzt. Wenn dann überwiegend weibliche Kunden der besser gebildeten und motivierten Mittelschicht die Beratung in Anspruch nehmen, kann die Ergebnisqualität für diese Kunden hoch sein, obwohl die typische Klientel der Sozialen Arbeit, die als Zielgruppe in der Konzeption auftaucht, in der Arbeit dieser Einrichtung kaum auftaucht, weil die Strukturen dies verhindern.

Die Prozessqualität ist auch deshalb eine wichtige Größe, weil es soziale Dienstleistungen gibt, deren Ergebnisse empirisch nur sehr schwer nachzuweisen sind; wenn etwa bestimmte angestrebte Folgen, etwa der Heimerziehung von Kindern, eigentlich erst in einer Langzeitstudie, z. B. zehn Jahre nach der Heimentlassung, festgestellt werden können. Das kann der Nachweis der Prozessqualität, hier z. B. die Dokumentation des qualifizierten fachlichen Umgangs mit den Heimkindern, entscheidende Hinweise auf die Qualität der von den Sozialpädagogen geleisteten Arbeit sein.

Bei der Produktion humaner Dienstleistungen bedeutet Ergebnisqualität, dass als eine erkennbare Folge der sozialen Dienstleistung eine Verbesserung der Situation der Kunden (Produkt) erreicht werden oder eine vorhersehbare Verschlimmerung ihrer Lebenslage verhindert werden konnte. So kann die geleistete Arbeit – auch von Dritten – beurteilt werden. Hier wird das Ergebnis evaluiert, wozu auch die Zufriedenheit der Kunden mit der Dienstleistung gehört.

Qualitätsmanagement aus der Sicht des Produzenten

Aus der Sicht des Produzenten unterscheidet Heiner[11] Konzeptqualität, Mitarbeiterqualität, Organisations- und Ausstattungsqualität, Ressourcenqualität.

Konzeptqualität kann festgestellt werden durch den Nachweis der Fachlichkeit bereits anderswo erprobter Konzepte, z. B. das von „Familie im Mittelpunkt"[12], durch die Fachlichkeit und Übereinstimmung von Handlungszielen, Ethik, Methoden und Techniken eines Konzepts.

Mitarbeiterqualität wird dargestellt durch das Ausbildungsniveau der Mitarbeiter und durch besondere, für die zu erbringende Dienstleistung wichtige Weiterbildung der Mitarbeiter.

Organisations- und Ausstattungsqualität erfordert Aussagen darüber, inwieweit die Organisation (Aufbau, Leitung, Personalführung etc.), die technische und materielle Ausstattung und damit gute Voraussetzungen für die Erbringung sozialer Dienstleistungen bieten und inwieweit die Einrichtung eine wirkliche Kundenorientierung aufweist.

Ressourcenqualität bedeutet, wie die Qualität der Ressourcen beschaffen ist, die Mitarbeiter im Arbeitsprozess nutzen können. Am Beispiel des ASD wird im Case-Management-Prozess deutlich, dass Mitarbeiter qualifizierte andere Dienste beauftragen müssen, wenn es um die Unterstützung einer mehrfach belasteten Familie geht (Outsourcing), z. B. eine fachlich gut arbeitende Sozialpädagogische Familienhilfe, Schuldnerberatung, Hausaufgabenhilfe, Erziehungsberatung etc. Hierbei geht es auch um die Qualität der Vernetzung von Einrichtungen der sozialen Dienstleistungen.

Die vom Bundesministerium für Familie, Senioren, Frauen und Jugend (BMFSFJ) herausgegebenen „Materialien zur Qualitätssicherung in der Kinder- und Jugendhilfe" verweisen auf den Zusammenhang dieser verschiedenen Dimensionen und Elemente der Qualitätssicherung. Im Idealfall sind alle hier genannten Qualitätskriterien, die aufeinander aufbauen, einzuhalten und zu überprüfen.

„Da man aber mit einer gewissen Plausibilität annehmen kann, dass optimale Bedingungen auf der Struktur- und Prozessebene zu angestrebten Wirkungen bzw. zu einer Verbesserung der Leistungen führen, wurde die Prozessqualität, also die Art und Weise, wie eine Leistung erbracht wird, zur zentralen Kategorie, wenn es darum geht, sich qualitativ auszuweisen."[13]

Wir stimmen dieser Aussage zwar weitgehend zu, soweit sie den Charakter systemisch verbundener Elemente des Qualitätsmanagements betrifft, sehen allerdings auch die hier eingeflossenen abwehrenden Argumentationsmuster, die immer noch in der Sozialen Arbeit bestehen und besagen, dass ihre Ergebnisse nicht feststellbar sind, weshalb man dann auf Hilfskriterien zurückgreift. Dies bestreiten wir ganz entschieden. Es gibt zwar Programme und Einrichtungen der Sozialen Arbeit, deren Arbeitsergebnisse schwieriger festzustellen sind, besonders dann, wenn ihre Zielsetzungen zu weitgehend und nebulös formuliert sind. Diese sind dann auch wenig fachlich qualifiziert, weil sie in der Regel von nicht realisierbaren Zielen ausgehen, jedenfalls nicht von solchen, die mit den Mitteln der Sozialen Arbeit zu erreichen sind. Arbeitsergebnisse und Wirkungen bei Klienten sind – wenn sie realistisch formuliert werden – feststellbar und zu evaluieren, auch wenn dies in bestimmten Fällen nicht ganz einfach sein sollte.

5. Die Bedeutung der Qualitätssicherung für die Soziale Arbeit

Qualitätssicherung hat für die Soziale Arbeit seit der Verschärfung des Kostendrucks eine entscheidende Bedeutung erhalten. Dies belegen auch die gesetzlichen Maßnahmen, die Qualitätssicherung für soziale Dienstleistungen fordern. Das Pflegeversicherungsgesetz (PflegeVG) vom 1.4.1994 fordert vom Leistungsanbieter, u. a. Umfang und Qualität der Leistungen darzulegen sowie nachprüfbare Qualitätsstandards und Verfahren der Qualitätssicherung zu entwickeln und Überprüfungen durch die Kostenträger zuzulassen.[14]

Dem folgte die Neuformulierung der §§ 92 Abs. 2, 93, 93a und 93d des Bundessozialhilfegesetzes (BSHG) in der Novelle vom 23. 7. 1996, womit gefordert wird, dass soziale Einrichtungen ab dem 1. 1. 1999 für die Bewilligung neuer Mittel oder, um Kürzungen durch Kostenträger zu vermeiden, Nachweise über Art, Inhalt und Qualität ihrer Leistungen erbringen müssen.[15]

Für die Soziale Arbeit hat dies weitgreifende Konsequenzen, die in der Bundesempfehlung gem. § 93d des BSHG ausgeführt sind. Danach sollen folgende Maßnahmen durchgeführt werden:

- Einrichtung von Qualitätszirkeln
- Einsetzen von Qualitätsbeauftragten
- Einführung von Qualitätskonferenzen
- Entwicklung von Verfahrensstandards für die Betreuung und Versorgung

(Bundesempfehlung v. 12. 12. 1997)

Ein Qualitätszirkel besteht aus einer kleinen Gruppe, an der möglichst Mitarbeiter aus allen Ebenen und Abteilungen der sozialen Einrichtung beteiligt sein sollen, damit die Realitätsnähe und Akzeptanz seiner Vorschläge gesichert werden können. Die Aufgabe der Qualitätszirkel ist die ständige Überwachung der Dienstleistungsproduktion hinsichtlich aller Qualitätsmerkmale, um die Ergebnisse zu optimieren und gleichzeitig innovative Impulse für die Zukunft der Einrichtung zu geben.

Die Teilnahme an regelmäßig stattfindenden Qualitätskonferenzen ist nicht nur für die notwendige Verbreitung und Akzeptanz qualitativer Neuerungen wichtig. Qualitätskonferenzen dienen der permanenten Fortentwicklung und Anpassung der Qualitätsstandards.

Damit haben die gesetzlichen Vorgaben auch innovative Folgen für die Profession, die nun gezwungen wird, über die Qualität ihrer Faktoren der Leistungsproduktion auf allen Ebenen (Organisation, Mitarbeiter, Arbeitsmittel, Konzepte, Methoden, Techniken, Ergebnisse) nachzudenken und über ihre Arbeit auch durch kontinuierliche Öffentlichkeitsarbeit Rechenschaft abzulegen. Der „Mief" der quasi-intimen Fürsorge mittels „geistig-mütterlicher" weiblicher Tugenden wird durch frischen Wind von außen weggeblasen. Bei aller Erfordernis der kritischen Beobachtung einer drohenden „Über-Ökonomisierung des Sozialen", „Soziale Arbeit ist auf dem Weg vom barmherzigen Samaritertum"[16] zur eigenständigen Profession auch durch die Finanzkrise der öffentlichen Hände ein gutes Stück vorangekommen.

Qualitätsmanagementprozess: auf alle Berufsfelder der Sozialen Arbeit anwendbar

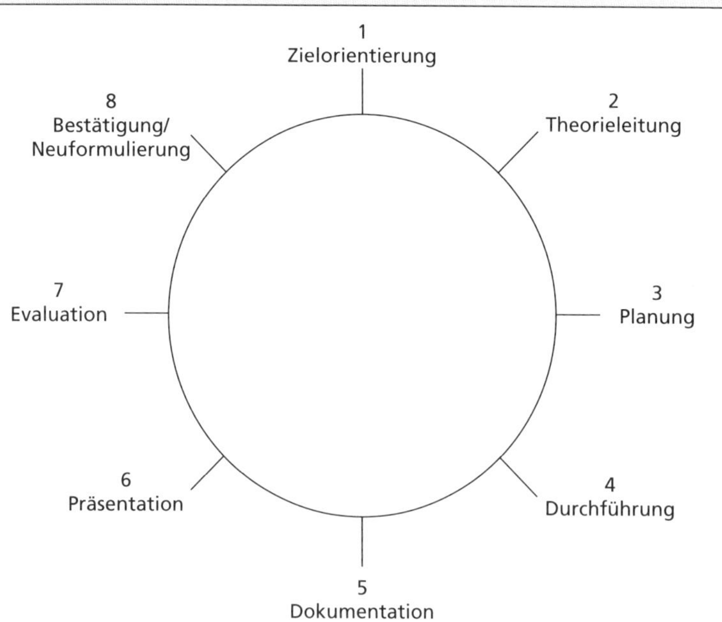

Im ersten Schritt findet die Klärung der Zielvorstellung statt: Worauf will ich hinaus und was will ich erreichen?

Im zweiten Schritt habe ich zu fragen: Wie kann ich das theoretisch begründen und ableiten, damit es nicht zufällig und willkürlich erscheint?

Im dritten Schritt plane ich mein Vorgehen, dabei wird durchaus in kurz-, mittel- und langfristigen Zielen unterschieden.

Im vierten Schritt erfolgt die konkrete Durchführung der Arbeit. Im fünften Schritt dokumentiere oder protokolliere ich das, was ich getan habe, damit ich dieses im sechsten Schritt jederzeit präsentieren kann – sowohl nach außen (Öffentlichkeit) als auch nach innen (Vorgesetzen oder Kollegen).

Im siebten Schritt werte ich aus und kann somit im achten Schritt entweder mich bestätigen oder muss im anderen Fall eine Neuformulierung meiner Arbeit beginnen.

Dieser Arbeitsprozess dient sowohl der Herstellung als auch der Sicherung von Qualität und kann damit gut zur weiteren Professionalisierung der Sozialen Arbeit beitragen.

Auch wenn Qualität „kein feststehender Begriff ist, der eine absolute Größe bezeichnet, die immer Gültigkeit besitzt" wie Knorr und Halfar schreiben[17], kann die Profession Soziale Arbeit es sich nicht mehr leisten, sich dieser Diskussion nicht zu stellen und muss sich bemühen Qualität in ihrer Arbeit vorzuweisen. Zu erwarten ist auch, dass von dieser Diskussion ein „Qualifizierungsimpuls"[18] ausgeht, der die Soziale Arbeit nur befördern kann.

Aktivierende Soziale Arbeit und Aktivierender Staat

11

1. Fördern und Fordern im Gleichgewicht?

Leistet die Soziale Arbeit nur eine in die Zeit passende Umsetzung staatlicher Politik des Abbaus sozialer Leistungen?

Zwei Autoren der „Bielefelder Schule", Kessl und Otto[1], sehen die aktivierende Sozialarbeit in direkter Handlangerfunktion eines aktivierenden Staates, der auch durch Folgen der Globalisierung randständig gewordene Klienten, z. B. Langzeitarbeitslose der in unserer Gesellschaft angeblich nicht mehr gebrauchten Unterschicht, kaum noch fördert, aber massiv fordert, indem für sie alle Arbeiten – notfalls für einen Euro zusätzlich zum Arbeitslosengeld II (in Deutschland) nach Hartz IV – zumutbar sind.

Die Autoren betrachten die „Aktivierende Soziale Arbeit" als ausführenden Teil einer staatlichen Aktivierungspolitik, die – begleitet von einem Abbau wohlfahrtsstaatlicher Leistungen – die Einzelnen zu „Selbstunternehmer-Subjekten" machen wolle, die – aktiviert – zunehmend gesellschaftlich verantwortete Risiken in eigener Verantwortung ohne wohlfahrtsstaatliche Hilfe selbst bewältigen sollen. Aktivierende Soziale Arbeit setze an der sozialarbeiterischen Tradition der Orientierung der Hilfe zur Selbsthilfe an und erscheine den Vertretern deshalb so plausibel. Dabei merkten sie nicht, dass sie im Grunde nur Ausführende eines neoliberalen Gesellschaftstrends staatlicher Deregulierung seien.

Die „Aktivierungsstrategien" hätten laut Kessl und Otto nun das Ziel, den Gesellschaftsmitgliedern zu ermöglichen und ihnen gleichzeitig klarzumachen, dass sie sich als „Selbstversorgersubjekte", also als „Unternehmer ihrer selbst" verstehen und entsprechend handeln. Die Autoren bewegen sich damit fort von der sozialarbeiterischen Diskussion der Notwendigkeit, auf Autonomie und Selbsthilfekompetenz der Klienten abzuzielen hin zu der Verwendung ökonomischer Begriffe. Welche Alternative gibt es zur stärken- und ressourcenorientierten Befähigung (Empowerment) der Klienten zur Selbsthilfe?

Sie fordern letztlich einen vorsichtigen Umgang mit Aktivierung, nämliche eine Reflexive Sozialarbeit, die sich immer bewusst ist, dass sie in der Gefahr steht, für eine politisch gewollte indirekte Menschenführung im Sinne der Modernisierung sozialstaatlicher Sicherungssysteme missbraucht zu werden, mit dem Ziel, die Klienten zu funktionalisieren.

Im Rahmen der Aufnahme von Kritik am Wohlfahrtsstaat von rechts und links werden „(…) sozialstaatliche Arrangements zunehmend als Verhinderungsstrukturen für den kalkulierten Einsatz individueller Handlungsressourcen verstanden (…), weil sie erstens den Einsatz brachliegender Handlungspotentiale beschränkten bzw. blockierten, zweitens eine Begrenzung der Handlungsfreiheit darstellten und damit drittens zu einer wachsenden Verantwortungslosigkeit der Akteure führten".[2]

Als Aktivierende Soziale Arbeit verstehen die Autoren „(…) diejenigen aktuellen Handlungskonzeptionen Sozialer Arbeit (…), die sich an den staatstheoretischen und sozialpolitischen Debatten um die Konzeption eines ‚Aktivierenden Staates' ausrichten".[3] Das spricht für eine gewisse Praxisferne, bei der die Ebene sozialarbeiterischen Handelns mit Klienten in Problemlagen überhaupt nicht mitgedacht wird.

Als Aktivierende Soziale Arbeit werden Konzepte angeführt, die Arbeitslose und nicht ausgebildete Jugendliche zur Bereitschaft der Aufnahme von Beschäftigungen im Billiglohnbereich aktivieren und motivieren soll. Auch andere Konzepte werden zu dieser Art, der gegenwärtigen Aktivierungspolitik des Staates zuarbeitenden „Maßnahmen" gezählt: das Antiaggressivitätstraining und „Familie im Mittelpunkt".[4]

Diese Programme als Implementation der staatstheoretischen und sozialpolitischen Strategien eines „Aktivierenden Staates" zu bezeichnen, ist nicht nur manipulativ, sondern zeugt auch von einer gravierenden Unkenntnis der genannten Programme. Am Beispiel des überaus erfolgreichen Programms „Familie im Mittelpunkt", das wir aus Theorie und Praxis besonders gut kennen,[5] können wir das nachweisen. Die Sicherung des Kindeswohls von misshandelten und vernachlässigten Kindern durch Aktivierung der Stärken und Ressourcen ihrer Familien, die sich in schweren, akuten Krisen befinden, kann u. E. nicht als Beispiel für die o. a. Argumentation von Kess und Otto herangezogen werden. Aktivierende Programme sind keine Instrumente zur Umsetzung neoliberaler staatlicher Politik.

Da sie keine realen Alternativen kennen, fordern sie eine reflexive Soziale Arbeit, „(…) keine schlichte Abwehrstrategie, sondern eine offensive Bezeichnung und Begründung der Handlungsmuster einer reflexiven Sozialen Arbeit. Eine in diesem Sinne ‚aktivierende Soziale Arbeit', die gesellschaftskritisch beobachtet und gesellschaftspolitisch mitgestaltet, gilt es innerhalb des Prozesses aktueller neosozialer Programmierung des Sozialen immer wieder zu verteidigen, neu zu konstruieren und kritisch zu überprüfen".[6]

In diesem Zusammenhang wird auch FiM als eine Maßnahme der Aktivierung im Sinne der „Subjektiven Selbstmobilisierung" genannt. Der Kinder- und Familienschutzgedanke wird überhaupt nicht erkannt.

Das traditionelle Ziel Sozialer Arbeit: Hilfe zur Selbsthilfe über die Stärken- und Ressourcenförderung (Aktivierung) erfordert Netzwerk- und Stärkenaktivierung. Beides ist ein konzeptionelles und methodisches Gebot.

Wir können an dieser Stelle das Thema „Aktivierende Soziale Arbeit" nicht ausführlich behandeln. Fest steht, dass „Management in sozialen Organisationen", das den Anspruch hat, Management auf das methodische Handeln in der Praxis zu beziehen, an diesem Thema nicht vorbeisehen kann. Deshalb verweisen wir auf unser Methodenbuch zur Aktivierenden Sozialen Arbeit.[7]

Klienten Sozialer Arbeit sind dies in der Regel nicht freiwillig. Sie sind auch nicht motiviert, sind zu verändern. Nicht wenige Sozialarbeiter gehen immer noch davon aus, dass Klienten freiwillig zu ihnen kommen. Besonders oft glauben dies Studierende, jedenfalls bei uns, weshalb der Schwerpunkt „Beratung" so beliebt und so genannte harte Arbeitsbereiche unbeliebt sind.

Angesichts der Aufgaben Sozialer Arbeit in den überwiegend „harten" Bereichen macht diese Orientierung hilflos, wenn insbesondere Berufsanfänger nicht in einer Beratungsstelle landen und Klienten möglicherweise kommen und bitten: „Bitte helfen Sie mir". Frühes Ausbrennen und/oder Zynismus können die Folge sein, wenn Sozialarbeiter in den meisten Bereichen, in denen wir es mit unfreiwilligen Klienten zu tun haben, weder mental noch praktisch methodisch darauf vorbereitet sind. Wir wissen, dass der allergrößte Teil unserer Klienten in ihrer Mehrfachbelastung eben nicht freiwillig zu uns kommt und deshalb schon gar nicht motiviert ist, sich einer „Zwangsbeglückung", wie das Marianne Gumpinger[8] formuliert hat, zu unterziehen.

Sicher müssen wir die methodische Frage des Motivierens und Aktivierens derzeit unter Bedingungen des „Förderns und Forderns" gegenüber Klienten und der damit verschärften ökonomischen Zwänge zugespitzt erörtern. Wir erfahren derzeit einen Umgang mit Klienten, bei dem das Fordern betont und das Fördern mangels Mittelknappheit klein geschrieben wird. Nicht selten werden durch solche Praktiken sozialpolitische „Zeitbomben“ gelegt, weil die kurzfristig teurere jedoch langfristig nicht nur finanziell billigere Prävention vernachlässigt wird. Das nennen wir „Dummsparen“. Ein Beispiel ist die Kürzung von Mitteln für Deutsch- und Gesellschaftskurse für Spätaussiedler und Migranten, bei denen Kenntnisse der deutschen Sprache in Wort und Schrift Voraussetzung für gelingende Integrationsprozesse sind. In sehr vielen Arbeitsbereichen sehen sich Sozialarbeiter auch deshalb erschwerten Arbeitsbedingungen ausgesetzt.

Dennoch ist die methodische Frage, wie kann ich Klienten motivieren, mit denen ich im Handlungskontext des Zwanges arbeiten muss, nicht neu. Immer schon hatten es Sozialarbeiter mit Klienten zu tun, die nicht freiwillig kamen und Soziale Dienste in Anspruch nahmen. Der Arbeitsauftrag von Sozialarbeitern lautete und lautet in vielen Fällen: Korrektur von sozial nicht gewünschtem Verhalten. Bei der Sicherung des Kindeswohls müssen Sozialarbeiter im Jugendamt auch jenseits eines Machtmissbrauchs immer wieder für Eltern und Kinder schmerzhafte Eingriffe vornehmen, wohl wissend, dass eine produktive Arbeit mit Klienten deren Mitarbeit erfordert, die nur mit Zwang nicht zu erreichen ist.

Vor welchen Herausforderungen Sozialarbeiter bei der Aufgabe des Motivierens stehen, belegen Äußerungen von Praktikern. Sozialarbeiter, die wir in Fortbildungen trafen, haben von ihrer Arbeit berichtet:

- „Eine allein erziehende Mutter mit drei Kindern (Andre 13, Niklas 4, Denis 1) kommt vor allem mit Andre nicht klar. Er wird durch aggressives Verhalten und Schuleschwänzen auffällig. Die Mutter besteht darauf, nur Andre muss sich ändern. Sie selbst macht alles richtig und muss noch unter den Macken ihres Sohnes leiden.“
- „Ein Jugendlicher wird zugewiesen. Er soll Arbeiten oder eine Ausbildung machen, ist nicht motiviert, notwendige Wege zu gehen oder hat keine Vorstellungen, was er will.“
- Wenn Gerichte bei straffälligen Jugendlichen eine Betreuung anordnen, ergibt sich eine ähnliche Zwangssituation:
  „Betreuungen werden vom Gericht angeordnet. Betroffene wollen oftmals keine Betreuung.“

- „Eine minderjährige Mutter stellt ihre eigenen Bedürfnisse vor die ihres Kindes. Sie will jeden Abend mit Freunden herumziehen, nicht nur zwei Mal die Woche, wenn wir die Betreuung übernehmen. Das Kind ist in der Versorgung gefährdet. Verweigerung, sich auf das Regelwerk (Miteinander) des Mutter-Kind-Hauses einzulassen."

Die Entwicklung von Arbeitshilfen für die aktivierende Arbeit mit nicht-motivierten Klienten ist also eminent wichtig. Man stelle sich vor, Ärzte hätten nur Verfahren und Mittel zur Heilung von Schnupfen und Erkältungen. Dann kommt eine Virus-Grippe-Epidemie mit vielen ernsthaft kranken Patienten und alles, was sie tun können, ist Abhören, Abklopfen und Hustensaft zu verschreiben (nachdem sie in Deutschland die vierteljährliche Praxisgebühr von 10 Euro kassiert haben). Wir würden dieses Verhalten als nicht professionell bezeichnen.

Zum Glück hat sich die Profession weiterentwickelt und damit auch ihre Methoden. Das können wir aus eigener Anschauung in der Praxis der Krisenintervention, der Arbeit mit mehrfach belasteten Familien, bezeugen, denen das Jugendamt in seiner Wächterfunktion die Kinder herauszunehmen droht, weil sie grob vernachlässigt oder sonst misshandelt wurden. Oft sehen solche Eltern überhaupt keinen Grund, warum sich das Jugendamt und damit der Staat in ihre privaten Verhältnisse einmischt.

Mit solchen Klienten, die das Jugendamt zu Recht zwingt, eine „Maßnahme" wie das oft noch heißt, also Hilfe anzunehmen, können wir nur mit Zwang keine produktive Arbeit machen. Es ist also die erste Aufgabe, diese unfreiwilligen Klienten zu motivieren und zu aktivieren, mit uns zusammenzuarbeiten. Was wir „Engaging" oder „Verpflichtung" nennen, ist nur dann erfolgreich, wenn wir den betroffenen Klienten einen für sie echten Grund geben, mit uns zusammenzuarbeiten. Da reicht der Hinweis nicht aus, dass sie dann ihre Kinder behalten können. Es muss ihnen eine aus ihrer Sicht wünschbare und realistische Perspektive für eine verbesserte Situation in nächster Zukunft vermittelt werden, für die es sich lohnt, Anstrengungen zur Verhaltensänderung auf sich zu nehmen. Die Betonung liegt auf ihren Vorstellungen, nicht auf unseren.

Dies gilt generell für die Arbeit mit unfreiwilligen und nicht-motivierten Klienten, z. B. solchen, die wegen ihres Alkoholkonsums mit zusätzlichen Problemen konfrontiert sind oder für die Arbeit mit arbeits- und ausbildungsunwilligen Jugendlichen. Wir wollen hier nur drei Themen ansprechen: Widerstandsverhalten, humorvolle Provokation und das Verhältnis von Aktivierung und Zwang.

Wir stellen im Folgenden das Konzept der „Aktivierenden Sozialen Arbeit mit nicht-motivierten Klienten" nur skizzenhaft dar.[9]

2. Die Phasen der Aktivierung/Motivierung

Das Konzept der Aktivierenden und Motivierenden Sozialarbeit besteht aus neun Phasen. Die Differenzierung der Phasen erfolgt aus inhaltlichen und systematischen Gründen, in der Praxis findet die Intakephase (Annahmephase) oft zeitgleich mit der Engagingphase (Verpflichtungsphase) statt.

1. Intake – Bewusste Annahme des Klienten
2. Engaging, also Verpflichtung des Klienten
3. Assessment, also die fachliche Untersuchung und Einschätzung der Stärken, Ressourcen und Problemlage des Klienten
   Zeitlich gesehen fallen die ersten drei Phasen (Intake, Engaging, Assessment) oft zusammen. Sie finden meist schon im Erstgespräch bei Einzelnen oder beim ersten Hausbesuch (wenn es sich um Familien handelt) statt.
4. Druckausübung (falls einziges Mittel zur Aktivierung)
5. Verhandlung
6. Motivierung durch Zielsetzung und Planung
7. Entwicklung von Handlungsstrategien
8. Realisierung
9. Auswertung, Bilanzierung, Beendigung

Die Phasen haben wir in einer „Aktivierungsspirale" dargestellt.

Die Aktivierungsspirale

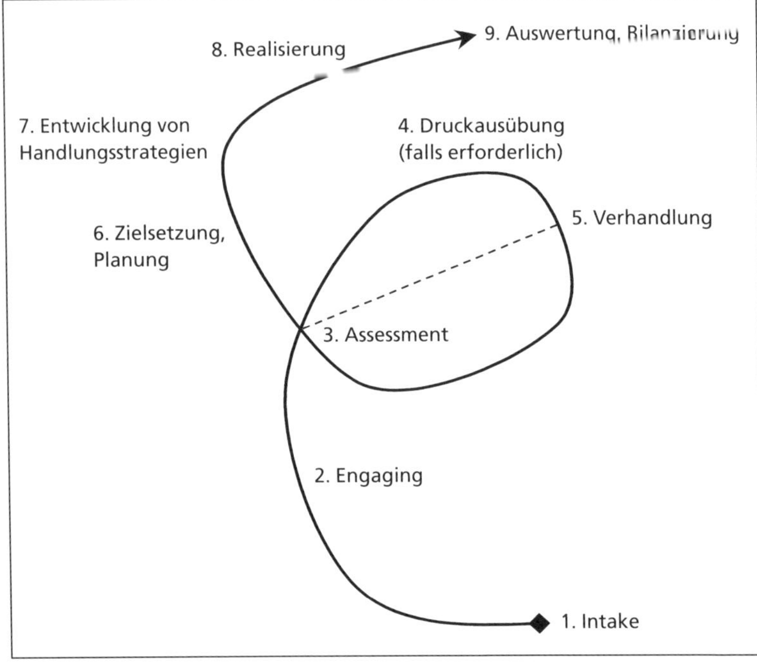

Zur Arbeitshaltung der Sozialarbeiter und Wertschätzung der Klienten:

Wir gehen davon aus, dass die Fachkräfte des betreffenden sozialen Dienstes im gesamten Arbeitsprozess die wertschätzende Grundhaltung und die Regeln professioneller Beratung in ihrem Verhalten gegenüber den Klienten realisieren, und zwar unabhängig davon, ob der Klient einem sympathisch ist. Das bedeutet:

1. Offene Fragen stellen und eine Atmosphäre von Akzeptanz und Vertrauen herstellen
2. Aktiv Zuhören, d. h. Widerspiegeln, Vermeiden von Kommunikationssperren
3. Bestätigen, Positives Feedback geben, verstärken
4. Zusammenfassen und dadurch verstärken, was der Klient gesagt hat

5. Selbstmotivierende Aussagen hervorrufen um Problembewusstsein, Besorgnis, Veränderungsabsicht, Zuversicht zu fördern

1. Intake oder Annahme des Klienten im Clearing

Die Phase des Intake geschieht meist nach einem ersten Kontakt mit dem Klienten. Es geht hier um eine erste Klärung, ob der Klient in der Einrichtung, dem Beratungsbüro überhaupt an der Stelle ist, wo er die für ihn notwendige Hilfe erhalten kann. Dies muss immer fachlich entschieden werden, gleichgültig, ob er aufgrund seiner Notlage von selbst gekommen ist, er von einer anderen Stelle geschickt wurde oder ob er eine gerichtliche oder behördliche Auflage erfüllt. Beim Erstgespräch muss also ein erstes Clearing erfolgen, ein erstes Vorassessment, um herauszufinden, welche Art von Hilfe der Klient wirklich braucht und ob ihm mit dem, was ihm in der betreffenden Einrichtung an Hilfe angeboten wird, wirklich geholfen wird. Optimal wäre es, wenn vom Jugendamt oder Sozialamt eine kooperative Hilfeplanung und individuelles Case Management praktiziert würde, damit die für den Klienten und seine Bedürfnisse passende Hilfe gefunden oder ein passendes Hilfeprogramm entwickelt würde, das kooperierende und verzahnte Hilfeformen koordiniert.

Mehr als je zuvor ist es ein professionelles Gebot, dass die Angebotsperspektive der sozialen Dienste in eine echte Nachfrageorientierung übergeht. Nicht die fortwährende Vermehrung von einmal geschaffenen Hilfeangeboten kann – wenn überhaupt – eine wirkliche und effektive Unterstützung für Klienten in Problemlagen bieten, sondern Einrichtungen der Sozialen Arbeit, deren Mitarbeiter genauer nach den Voraussetzungen der Klienten sehen können und herausfinden, welche Art und Umfang von Hilfe sie wirklich brauchen.

2. Stärken- und Ressourcenorientiertes Assessment

Herausfinden, wo die Problembereiche liegen: Klienten der Sozialen Arbeit, insbesondere Pflichtklienten, befinden sich in massiven Problemlagen, die gesellschaftlich und umfeldbedingt mitverursacht sind, an denen sie selbst aber auch Eigenanteile haben. Auch bei einem Assessment in einem stärkenorientierten Konzept gehen wir davon aus, dass Klienten im konkreten Fall deshalb zu Klienten Sozialer Arbeit werden, weil sie sich nicht sozial akzeptabel verhalten und zwar in einem Maße, das tolerierbare Grenzen erheblich überschreitet. Einerseits müssen Fachkräfte herausfinden, welche Verhaltensweisen auf pathologische Zustände verweisen, die durch die Mittel und Methoden der Sozialen Arbeit nicht zu bearbeiten sind, die also therapiert werden müssen. Hier und nur hierbei kommt ein gewisses diagnostisches Wissen zum Tragen.

Zum anderen kommt es darauf an, die Belastungen und Ressourcen der Klienten zu erkennen, die als Belastungen in ihrer näheren Umwelt und Risikolage und Krisensituation liegen und die Problemlage wesentlich mit bedingen, aber auch die Ressourcen, deren Aktivierung eine Chance auf positive Veränderung sein kann. Schließlich muss der Fokus Sozialer Arbeit aber darauf gerichtet sein, welche Anteile des nicht zu akzeptierenden Verhaltens von der Sozialen Arbeit methodisch zu bearbeiten sind und damit liegt der Ansatz bei den Stärken der Klienten. Hier ist die Grenze des diagnostischen, etikettierenden und pathologischen Konzepts der sozialen Diagnose beschrieben.

Wir arbeiten mit dem stärken- und ressourcenorientierten Kompetenzmodell, das aus der niederländischen Theorie und Praxis der Krisenintervention entwickelt wurde.[10]

Das Kompetenzmodell zur Aktivierung

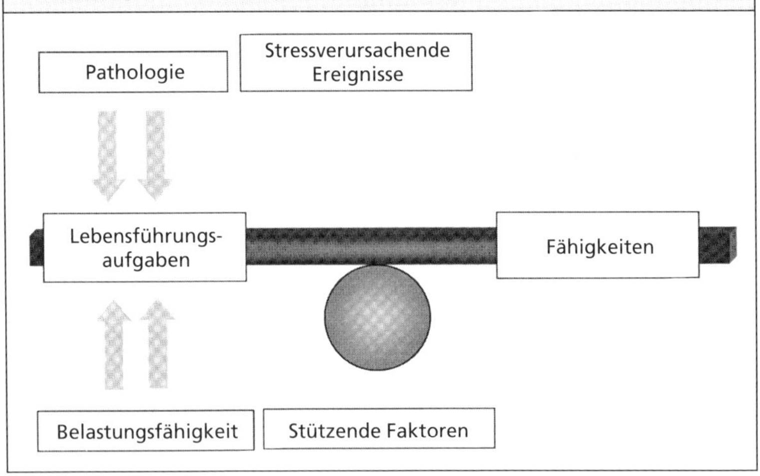

Lebensführungsaufgaben

Jeder Mensch muss unterschiedliche Aufgaben seiner Lebensführung bewältigen. Jeder Klient muss sein eigenes Leben so selbständig wie möglich führen können, dabei ist zwar jeder Mensch auf andere Menschen in seinem Netzwerk (siehe: „Stützende Faktoren") angewiesen, jedoch muss er sein eigenes Leben weitgehend autonom aktiv gestalten. Die Aufgaben der Lebensführung setzen sich u. a. aus den Aufgaben zusammen, die in einem bestimmten Lebensabschnitt auftreten, z. B. als Schülerin, junger Erwachsener in der Ausbildung oder Mutter von Kleinkindern usw. Dazu gehören ab einer bestimmten Lebensphase auch die Sicherung des Lebensunterhalts, in der Regel durch Lohnarbeit, die Organisation und Pflege seiner persönlichen Belange, wie Ernährung, Wohnen, Kleidung, der Partnerschaft und der sozialen Kontakte und Kommunikation mit Mitmenschen in seiner sozialen Umwelt, des Umgangs mit Behörden und der Wahrnehmung politischer Rechte und Pflichten usw. Dies ist nur ein Ausschnitt aus den vielfältigen Aufgaben der persönlichen Lebensführung, die wir an dieser Stelle nicht ausführlicher behandeln können.

Belastungen und stressverursachende Ereignisse

Klienten der Sozialen Arbeit befinden sich in einer Problemlage, die oft von einer Vielzahl von Belastungen bestimmt wird. Mehrfach belastete Klienten (Einzelne oder Gruppen, z. B. Familien), Belastungen und stressverursachende Ereignisse haben sich mit der Zeit gebildet, z. B. die Zerrüttung einer Beziehung oder Ehe, die Entwicklung von Schulden zu einer Überschuldung, treten plötzlich auf oder verschärfen sich in krisenhafter Weise (z. B. Verlust des Arbeitsplatzes, Kündigung der Wohnung, Verurteilung in einer Strafsache, Tod eines nahen Angehörigen oder plötzliche Trennung von einem Partner). Bei mehrfachbelasteten Klienten häufen sich Belastungen in einer bedrohlichen Weise. Beim Assessment gilt es herauszufinden, welche Belastungen beim Klienten vorliegen und wie die objektiv vorhandenen Belastungen subjektiv verarbeitet werden, denn oft sind es nicht die Dinge selbst, die uns Angst machen, sondern welche Vorstellungen und Gedanken wir uns davon machen.[11]

Pathologie

„Pathologie" bedeutet physische bzw. psychische Krankheit. Dies ist ein Bereich, an dem und nur an dem gewisse diagnostische Fähigkeiten des Sozialarbeiters eingesetzt werden müssen. Wir müssen in der Lage sein zu erkennen, ob z. B. eine bestehende psychische Krankheit oder Behinderung es dem Klienten besonders schwer macht, seine eigene Lebensführung in den Griff zu bekommen. Insbesondere psychische Leiden können, wenn sie gravierend sind, die Wahrnehmung der Lebensführungsaufgaben sehr stark beeinträchtigen. Gravierende Geisteskrankheiten oder schwere Drogenabhängigkeit machen viele sozialarbeiterische Programme oder methodisches Arbeiten in der Einzelhilfe, Beratung oder Familienhilfe nicht möglich. Hier stößt die Profession an die Grenzen ihrer Fachlichkeit.

Sozialarbeiter müssen jedoch erkennen können, ob z. B. nur eine Therapie dem Klienten helfen kann oder ob der Klient vor einer weiteren Arbeit zunächst eine Therapie braucht, damit der Prozess der Aktivierung und Motivierung möglich ist. Therapie ist zunächst keine originäre Aufgabe der Sozialen Arbeit; jedoch muss oft zunächst die Bereitschaft, sich einer Therapie zu unterziehen, gefördert werden. Das kann in vielen Fällen als Aufgabe auf Sozialarbeiter zukommen und ist oft auch fachlich zu bewältigen.

Belastungsfähigkeit

Unter „Belastungsfähigkeit" verstehen wir die in der Person liegenden Stärken der Klienten, in der Psychologie auch „innere Ressourcen" genannt. Dazu gehören u. a. die physische und psychische Gesundheit, bei Familien innersystemisch die Kraft des Zusammenhalts, Orientierungen und Werthaltungen des Individuums, die ihn lebensfähig und sozial interaktionsfähig halten und ein pro-soziales Verhalten ermöglichen, internalisierte und gespeicherte Kenntnisse und Fähigkeiten, die das Individuum oder die Gruppe/Familie überlebensfähig halten. Wenn wir im Prozess des Stärkenassessments auf Energien treffen, die anti-sozial genutzt werden, so sind dies trotzdem Stärken, weil sie auch pro-sozial gewendet werden können. Wie schon beschrieben, gehen wir hier radikal, d. h. sehr gründlich vor. Die Stärkung der Belastungsfähigkeit ist, wenn sie positiv verläuft, meist eine Folge sozialarbeiterischer Intervention im Bereich der Förderung und des Ausbaus stützender Faktoren sowie der Bildung von Kompetenzen.

Stützende Faktoren

„Stützende Faktoren" sind Ressourcen, die außerhalb des Individuums oder außersystemisch zur Verfügung stehen oder sozialarbeiterisch aufgeschlossen werden können. Dazu zählen Arbeit, Einkommen und Wohnung, aber auch alle Ressourcen im formellen (hilfreiche Jugendhilfeträger, Behörden, Schule, Ausbildungseinrichtungen) und informellen Netzwerk, das für die Klienten, wie für alle Menschen, eine besonders wichtige Bedeutung hat. Das informelle Netzwerk wird aus Personen im Nahumfeld gebildet, die stützende Aufgaben übernehmen oder übernehmen können, wenn sie aktiviert werden. Hierzu gehören u. a. Freunde, Nachbarn, die erweiterte Familie, also Verwandte, wichtige Personen in der Schule (Mitschüler, Lehrer, Hausmeister, Sekretärin), am Arbeits- oder Ausbildungsplatz (Arbeitskollegen, Auszubildende, Meister), in Sport- und anderen Vereinen.

Die Organisation der Unterstützung durch das formelle Netzwerk, vor allem jedoch die Aktivierung und der Ausbau des informellen Netzwerkes – das Netzwerken – sind neben der Vermittlung der Lebensführungskompetenzen die Hauptaufgabe Sozialer Arbeit. Informelle Netzwerke, die bei Klienten Sozialer Arbeit weniger ausgebaut sind als bei Nichtklienten, sind nachhaltiger tragfähig für die Bewältigung der Lebensführungsaufgaben.

Kompetenzen der Lebensführung

Die folgenden Kompetenzbereiche stellen die wichtigen Kompetenzen der Lebensführung dar. Wenn ein Mensch oder eine Familie darüber hinreichend verfügt, bedarf er keiner methodischen Hilfe durch Soziale Arbeit. Klienten verfügen nicht über alle Kompetenzen, die sie für ihre selbständige Lebensführung brauchen. Wenn Klienten sich nicht pro-sozial verhalten, so beruht das, wenn sie nicht psychisch krank sind, auf fehlenden oder nicht ausreichenden Kompetenzen, die mit Hilfe der Sozialen Arbeit erworben oder gefördert werden können. Menschen handeln, nach unserer Erfahrung mit der Krisenintervention und unserem Menschenbild entsprechend, immer so gut oder schlecht, wie sie es gerade können. Deshalb müssen wir, wenn wir wollen, dass sie sich pro-sozial verhalten, ihnen fehlende oder nicht hinreichend entwickelte Kompetenzen vermitteln und ihnen im Bereich der stützenden Faktoren dazu verhelfen, dass sie ihr Leben wenigstens weitgehend ohne fremde Hilfe führen können. Wohlgemerkt: Beim Assessment stellen wir fest, dass ihnen nur größere oder kleinere Teile der Kompetenzen zur Lebensführung fehlen. Also brauchen wir uns auch nur um die fehlenden oder nicht genug entwickelten Kompetenzen zu kümmern.

3. Engaging: Verpflichtung, Werben um die Mitarbeit des Klienten

„Engaging" bedeutet Werbung und Verpflichtung und damit Motivierung des Klienten zur Mitarbeit. Gesondert darzustellen ist der Umgang mit Widerstandsverhalten[12], das dann auftritt, wenn sich der Klient in seinem Verhalten nicht ändern will.

Der erste Kontakt

Findet der erste Kontakt in Form eines Erstgesprächs statt, so hat er das Ziel, ein Arbeitsbündnis herzustellen. „Die Vorbereitung derartiger Arbeitsbündnisse orientiert sich an der sozialen Einzelhilfe im Sinne des Case Managements in ökosozialer Perspektive."[13] Wir befassen uns hier nicht mit „erbetenen", sondern mit „verordneten Erstgesprächen", bei denen der Entscheidungsspielraum des Klienten sehr eingeschränkt ist.[14]

Respekt, Wertschätzung und Achtung der Menschenwürde des Klienten

Wenn es z. B. darum geht, einen arbeitslosen Jugendlichen ohne Ausbildung zunächst gegen seinen Willen in Ausbildung oder Beschäftigung zu vermitteln oder einen alkoholabhängigen und auch deshalb gewalttätigen, mehrfach belasteten Familienvater zur Annahme einer Therapie und zur Veränderung seines Verhaltens zu bewegen, so ist mit Widerstandsverhalten zu rechnen, weil hier die Freiheit zunächst eingeschränkt werden soll. In jedem Fall – gleichgültig, wie viel Zwang im Spiel ist, muss der Klient für ein Arbeitsbündnis geworben werden.

Werben heißt immer: Der Sozialarbeiter muss den Klienten als in eine Problemlage (auch mit Eigenverantwortung) geratene Person, menschenwürdig behandeln, respektieren, wertschätzen, achten und an den immer, wenn auch noch so schwer erkennbaren Stärken ansetzen. Das fällt oft nicht leicht. Praxisberatung und Fallsupervision für die Fachkraft sind für diese Arbeit unerlässlich. Die Gefahr des Machtmissbrauchs und des zynischen Umgangs mit unbequemen Klienten ist bei dieser Praxis besonders groß.

Empathie und Akzeptanz der Klienten

Ein wichtiger Schritt der „motivierenden Gesprächsführung" ist das empathische Verhalten des Sozialarbeiters. „Empathische Wärme und aktives Zuhören begleiten alle Phasen motivierender Gesprächsführung".[15] Akzeptanz der Klienten ist die Grundlage, ein nicht wertendes Verstehen der Gefühle und Vorstellungen des Klienten. Hierbei geht es nicht um die Übereinstimmung, Zustimmung und Billigung der Sicht des Klienten, sondern das respektvolle Zuhören und das einfühlende Verstehen. Dies erhöht die Bereitschaft sich zu verändern, während eine nicht akzeptierende Haltung eher Widerstand beim Klienten bewirkt.

Rollenklärung

„Rollenklärung" ist nach Trotter ein „Schlüsselbegriff" der Sozialen Arbeit, der mit besseren Ergebnissen in der Arbeit mit unfreiwilligen Klienten zusammengebracht werden kann.[16] Rollenklärung bedeutet, dass die Sozialarbeiter ihren Klienten die Umstände und Bedingungen ihrer Fallarbeit verstehen helfen: die eigene dienstliche Stellung und den Auftrag, die Eingebundenheit in eine soziale Agentur, den rechtlichen Rahmen, die Klärung des Arbeitsverhältnisses und damit auch der Arbeitsbeziehungen. Dazu gehört auch die Entwicklung von Arbeitszielen.

Trotter beschreibt die Rollenklärung als einen permanenten Prozess von Anfang bis Ende der Arbeit mit dem Klienten (ebenda). Die Rollenklärung schließt auch die Besprechung der Möglichkeiten und Grenzen der Hilfe ein.

Umgang mit Widerstandsverhalten

Miller und Rollnick haben am Beispiel der Drogenberatung Verhaltensweisen nicht-motivierter Klienten gegenüber dem Berater beschrieben.[17] Für unseren Kontext heißt das:

1. Klienten stimmen dem Sozialarbeiter nicht zu.
2. Sie akzeptieren nicht die fachliche Einschätzung der Situation.
3. Sie lehnen Hilfe ab.

4. Sie empfinden ihre derzeitige Situation und ihr Verhalten nicht als etwas, das es zu verändern gilt.
5. Sie zeigen Widerstandsverhalten gegenüber den Unterstützungsangeboten.

Mangelnde Zustimmung wird vom Sozialarbeiter oft als Verweigerung gesehen, die sich auch in Widerstandsverhalten ausdrückt. Unfreiwillige Klienten erfahren die Bemühungen der Sozialarbeiter als Einschränkung ihrer Freiheit, die sie versuchen loszuwerden, abzuwenden oder wenigstens zu vermindern. Widerstandsverhalten ist eine normale Reaktion auf die den Klienten zugemutete Verhaltensänderung, z. B. Aufgabe des übermäßigen Alkoholkonsums, die als Einschränkung der persönlichen Freiheit angesehen wird.

Nach der „Reactance-Theorie" kommt es zunächst darauf an, das Widerstandsverhalten richtig zu interpretieren und entsprechend zu handeln. Rooney[18] gibt hierzu folgende methodische Hinweise:

- Gehe davon aus, dass Widerstand eine ganz normale Reaktion ist.
- Erwarte nicht, dass dies von selbst vorbeigeht.
- Hilf, wo immer dies unter den gegebenen Umständen möglich ist, die Freiheit tatsächlich zurückzuerlangen.
- Mache einen Vertrag, um die Freiheit zu einem gegebenen Zeitpunkt wieder herzustellen.
- Benenne die spezifischen Aufgabenbereiche, an denen gearbeitet werden muss.
- Richte Verhalten und Aufmerksamkeit auf die Situation und weniger auf die Person.
- Vermeide Etikettierung.
- Benenne die verbliebenen Wahl- und Entscheidungsmöglichkeiten, die von der Maßname nicht angetastet werden.
- Plane kleine, erreichbare Schritte.
- Belohne/würdige Versuche in die gute Richtung und auch Resultate.
- Glaube dem Klienten.[19]
- Mit dem Widerstand gehen, nicht dagegen ankämpfen.[20]

4. Druckausübung

Es gibt, wie Praktiker uns immer wieder berichten, in einigen Arbeitsbereichen Klienten, die durch ihre mehrfachen Belastungen und durch eigenes Handeln oder Inaktivität in so schwere Problemlagen geraten sind, dass sie keine realisierbaren Veränderungen ihrer Situation wollen; besonders keine, für die sie selbst etwas tun müssten. Oft haben auch die vorhergehenden Erfahrungen in Schule, Betrieb, sozialen Diensten Anteil an der von Klienten entwickelten Haltung, die sich in Widerstandsverhalten ausdrückt.

Gleichwohl will und kann die Gesellschaft, vertreten durch die Nachbarschaft, Wohngemeinde, Landkreis und die von diesen beauftragten Jugendhilfeträger, es in vielen Fällen nicht hinnehmen, dass solche mehrfach belasteten Klienten die ihnen angebotenen Hilfen nicht annehmen, sei es weil sonst andere (z. B. Kinder) durch das Verhalten dieser mehrfach belasteten Klienten in Gefahr gerieten, sei es, weil Kommunen nicht Sozialhilfe für Bürger ausgeben wollen – Geld, das anderswo gebraucht würde, z. B. für Jugendarbeit –, die bei geeigneter Aktivierung für sich selbst sorgen könnten.

Der Einsatz von Zwang in der Sozialen Arbeit! Ein Unding. Das passt sehr gut in eine Zeit, in der der „Staat" den Sozialabbau betreibt und die Parole „Fördern und Fordern" falschverstanden durchexerziert: zum Einsparen von Mitteln, weil es überall in den öffentlichen Kassen klemmt. Trotz dieses Widerspruchs halten wir unter fachlich definierten Umständen und vorübergehend Druckausübung für legitim.

Vorher muss aber nach einem Stärkenassessment ein fachlich einwandfreies Engaging durchgeführt und mit dem Widerstandsverhalten im hier beschriebenen Sinne umgegangen worden sein. Wenn das keine aktivierende Reaktion bewirkt hat, muss in besonders „harten" Fällen Druck erzeugt werden. Dabei darf die methodische Arbeit nicht stehen bleiben, sonst wird die Soziale Arbeit zur Polizei- und Justizarbeit.

Die Fachlichkeit Sozialer Arbeit besteht darin, dass die Phase der Druckausübung in eine erneute Phase des Engaging übergeht, also in eine Phase der erneuten Werbung um die Mitarbeit des Klienten. Wenn dies nicht schon im ersten Engaging gelang, soll der Klient nun durch die Vermittlung von Hoffnung auf eine realisierbare Verbesserung seiner Situation und eine positive Zukunftsperspektive und die Entscheidung über Alternativen zur Mitarbeit motiviert werden.

Das Prinzip Hoffnung

Dies gilt allgemein: Ohne den betroffenen Klienten die greifbare Aussicht und die Hoffnung auf eine Verbesserung ihrer Situation zu vermitteln, auf Bewältigung ihrer Krisen und der realen Chance ihre Kinder zu behalten und als Familie zusammenbleiben zu können, kann es keine produktive Hilfe geben. Die Hoffnung auf eine nahe bessere Zukunft, darauf, dass sie es mit Unterstützung der angebotenen Hilfen gemeinsam schaffen können, gepaart mit respektvollem Verhalten, ist das motivierende Moment, mit dessen Hilfe es immer wieder gelingt, die Zwangssituation der aufoktroyierten Hilfe in eine Situation umzuwandeln, in der bei dem Klienten eine wirkliche Motivation zur gemeinsamen Arbeit entsteht.

Es ist jedes Mal eine beeindruckende Erfahrung, den „Klick" zu erleben, wenn eine Zwangssituation in Aufbruchssituation umkippt, in der der Klient dem Sozialarbeiter ein Mandat für die gemeinsame Arbeit erteilt. Ohne das Vermitteln von Hoffnung für die Klienten geht wahrscheinlich überhaupt keine produktive Hilfeleistung in der Sozialen Arbeit. Innerhalb der aktivierenden Arbeit darf dieses Moment nicht fehlen.

Hoffnung ist dabei nicht in erster Linie weltanschaulich zu begreifen, obwohl es mit Prinzipien der Ethik Sozialer Arbeit und der humanistischen Psychologie korrespondiert, sondern als konzeptionelles und methodisch herzustellendes Moment der professionellen Praxis.

Bekämpfen destruktiver Gedanken

Klienten Sozialer Arbeit sind überwiegend mehrfach belastet und von Ausgrenzung bedroht oder bereits ausgegrenzt. Sie haben in der Regel ein negatives Selbstbild entwickelt, das in Wechselwirkung mit ihrem sozialen Umfeld und der erlebten Gesellschaft sich immer neu zu bestätigen scheint. Dies ist auch und gerade bei nicht-motivierten Klienten festzustellen. Destruktive Gedanken führen zu destruktiven Selbstgesprächen sowie „Misserfolgsmotivation" und auch infolge sich selbst erfüllender Prophezeiungen zu Misserfolgserlebnissen. Mit Hilfe der bei „Families First" und „Familie im Mittelpunkt"[21] in Anlehnung an die Rational Emotive Verhaltenstherapie entwickelten Methoden und Techniken können wir die „Negativprogrammierung" wirkungsvoll ändern.

5. Verhandlung

Verhandeln und Aushandeln von realisierbaren Alternativen ist der nächste Schritt. Hierbei gilt es, Diskrepanzen zu bilden[22] zwischen nicht akzeptablen Verhaltensweisen, bei denen es den Klienten mittelfristig nicht gut geht, und einem geänderten Verhalten, das ihnen wirkliche Vorteile bringen wird.

In dieser Phase wird mit dem Klienten darüber verhandelt, sich selbst für einen Weg zu entscheiden, indem er die Vor- und Nachteile von Verhaltensalternativen abwägt. Es wird dabei deutlich, dass beide Verhaltensmöglichkeiten Vor- und Nachteile haben, mitunter sich gleichende, dennoch in ihrer Sinnfüllung und Intensität unterschiedlich gewertet werden können.

Es wird ebenso deutlich, dass eine positive Verhaltensänderung mit sozialen und psychischen Kosten verbunden ist sowie mit Unbequemlichkeiten und einer zumindest zeitweiligen Einschränkung der persönlichen Freiheit.

6. Begrenzte und realisierbare Ziele entwickeln/Planung

Die Formulierung begrenzter und realistischer Ziele macht es den Klienten möglich, sie zu erreichen und den erreichten Zustand der Veränderung zu überprüfen. Erreichte Ziele und Teilziele motivieren zur weiteren Veränderung.

Was hat der Sozialarbeiter beim Prozess der Zielsetzung zu beachten?

- Die Sicherheit und die Abwehr von Gefahr ist zu gewährleisten.
- Aufgeregtheit und Ärger müssen vermindert werden.
- Der Eingriff muss so gering wie möglich gehalten werden.
- Das Potenzial für Veränderungen des Klienten und seines sozialen Umfelds muss berücksichtigt werden.
- Die zuerst gesetzten Ziele müssen darüber hinaus auf die unmittelbaren Bedürfnisse des Klienten antworten.
- Ziele müssen zudem zeitbegrenzt, auf die Risikofaktoren bezogen, unmittelbar und erreichbar sein.

Die Formulierung der Ziele wird überwiegend vom Klienten bestimmt. Der Auftrag und die fachlich definierten Ziele der Sozialarbeiterin sind jedoch eine weitere Größe zur Bestimmung der Arbeitsziele. Beide, Klient und Sozialarbeiter, müssen sich auf einen Zielkatalog einigen, der gemeinsam mit dem Handlungs- und Unterstützungsplan in einem Kontrakt festgeschrieben wird.[23]

7. Entwicklung von Handlungsstrategien

Die weiteren Schritte sind gemäß der Methode des Case Management durchzuführen, wenn es als soziale Einzelhilfe eingesetzt wird. Die Hauptaufgabe der Aktivierung und Motivierung ist bereits geleistet, weshalb wir uns bei der Beschreibung der weiteren Arbeitsschritte kurz fassen, zumal die Methode des Case Managements oft publiziert und deshalb als bekannt vorausgesetzt wird.[24] Es geht in dieser und den folgenden Phasen darum, eine eventuell noch nicht gesicherte Motivation zur Verhaltensänderung zu erhalten und zu stärken.

Im Case Management wird für die Phase der Planung die Aufgabe gestellt, aus den gemeinsam formulierten, realistischen Zielen Teilziele, einem Zeitplan zugeordnet, zu formulieren. Der erstellte Unterstützungsplan beschreibt die Hilfsmittel und die informellen und formellen Ressourcen, soziale Einrichtungen, die den Auftrag erhalten, ihren Beitrag zu seiner und damit der Realisierung der Teilziele zu leisten (z. B. Wirtschaftliche Hilfe, Wohnungsamt, Arztpraxis usw.).[25] Im Vertrag zwischen Sozialarbeiter und Klient werden auch die Leistungen festgehalten, die der Klient erbringen soll (z. B. Anmeldung für berufliche Bildung, Bewerbungsgespräch, Arztbesuch, Therapie usw.)

8. Realisierung

Nach dem Konzept des Case Managements geht es in der Phase der Realisierung darum, die Hilfsquellen zu erschließen und die Eigenleistungen des Klienten zu unterstützen. Dabei besteht die Unterstützungsleistung des Sozialarbeiters darin, dem Klienten zu helfen, interne und externe Hindernisse zu überwinden, die der Realisierung der Ziele im Wege stehen. Fehlende Kompetenzen im Umgang mit Behörden oder im Verfassen von Bewerbungsschreiben sind interne Hindernisse, die dem Klienten den Zugang zu Hilfsquellen und die Wahrnehmung seiner Verpflichtungen im Unterstützungsplan verstellen können.

Neben direkten Unterweisungen in wichtigen Voraussetzungen (z. B. Hilfe beim Schreiben von Anträgen) können Rollenspiele durchgeführt werden, um Gespräche im Sozialamt oder Vorstellungen zur Bewerbung zu üben. Auftretende äußere Hindernisse, die in gemeinsamen Anstrengungen von dem Sozialarbeiter und dem Klienten beiseite geräumt werden müssen, können darin bestehen, dass dem Klienten z. B. Transportmöglichkeiten fehlen, um zu einer ambulanten Therapieeinrichtung zu gelangen oder dass alleinerziehenden Müttern Kinderbetreuung fehlt, während sie an einer Umschulung teilnehmen.

9. Beendigung/Evaluation

Der Prozess der aktivierenden Arbeit muss als effektive Hilfe nicht lang sein. Das Gebot der Hilfe zur Selbsthilfe zwingt zu zeitlich begrenzten Hilfen. Die Krisenintervention (FiM) und das Amsterdamer Projekt der Hilfe für kriminalitätsgefährdete Kinder und Jugendliche „Neue Perspektiven", in Deutschland als „Ambulante Intensive Begleitung" bekannt, belegen die erfolgreiche Arbeit kurzer Hilfen.[26] Soziale Arbeit ist im Gegensatz zu Pflege keine Dauerleistung für einen Klienten. Der professionelle Charakter der vom Sozialarbeiter eingegangenen Arbeitsbeziehung mit dem Klienten erfordert ein ausgewogenes Nähe-Distanz-Verhältnis. Auch die bereits zu Beginn des Arbeitsprozesses mit dem Klienten im Kontrakt festgelegte Prozessdauer und damit zeitliche Begrenzung trägt dazu bei, dass keine zu große Nähe entsteht. Es geht um den Abschluss eines (immer) endlichen Prozesses.

Die Beendigungsphase steht im Verhältnis zur Gesamtdauer und Intensität der Arbeitsbeziehung. Wo professionell oder methodisch begründet eine größere Nähe und relativ längere Dauer im Hilfeprozess notwendig wurde, schließt sich auch eine etwas längere Beendigungsphase an. Am Ende steht immer eine Auswertung (Evaluation), bei der gemeinsam mit dem Klienten überprüft wird, ob die Ziele erreicht und der Unterstützungsplan erfolgreich umgesetzt wurden. Die Situation wird gemeinsam mit dem Klienten erneut fachlich eingeschätzt (Reassessment). Falls wichtige Ziele nicht erreicht wurden, schließt sich eine Fehleranalyse an. Es kann auch fachlich begründet entschieden werden, ob ein weiterer Unterstützungsprozess stattfinden soll. Mitunter muss ein Klient dann erneut motiviert werden.

Die aktivierende Methode der Sozialen Arbeit mit nicht-motivierten Klienten sollte in diesem Band nur kurz dargestellt werden. Sie durfte jedoch auch nicht fehlen, weil es ein hoch aktuelles Thema ist. Je mehr der Bund, die Kreise und Kommunen wegen anderer politischer Prioritäten das Fördern zugunsten des Forderns aufgeben, um kurzfristig Kosten einzusparen –„Dummsparen" –, desto größerer Druck lastet auf den mehrfach belasteten Klienten und auf den Sozialarbeitern, die mit ihnen arbeiten müssen.

Es scheint derzeit wenig zu nützen, wenn wir und andere Fachleute darauf verweisen, dass jeder bei nachweislich sinnvoller Förderung und Prävention kurzfristig eingesparte Euro langfristig ein Vielfaches an Kosten verursacht, die für Krisenbewältigung ausgegeben werden müssen. Oft würde auch schon eine Umschichtung von Mitteln und ein anderer Zuschnitt von Ressorts durch wirkliche Förderung der „Hilfe zur Selbsthilfe" viel Elend beseitigen helfen. Das Projekt der Sozialraumbudgetierung „Klippo"[27] kann das bereits im Kleinen belegen.

Weiterführend empfehlen wir in der gleichen Reihe „Praxis Sozialer Arbeit", erschienen im WALHALLA Fachverlag:

Gehrmann, G./Müller, Klaus D.: Aktivierende Soziale Arbeit mit nichtmotivierten Klienten. Mit Arbeitshilfen für Ausbildung und Praxis. ISBN 978-3-8029-7480-9

Anmerkungen

1. Warum brauchen wir Management in der Sozialen Arbeit?

[1] Nach Staub-Bernasconi, S.: Methodenentwicklung in der Zukunft – eine Prognose und ein Weg aus der Professionalisierungsfalle. In: Mrochen, S.: u. a. (Hrsg.): Standortbestimmung sozialpädagogischer und sozialarbeiterischer Methoden. Weinheim 1998.

[2] Vgl. Hoefert, H.-W.: Aufstieg: Karriere im Sozialwesen. In: socialmanagement. Heft 4/1991.

[3] Hoefert, H.-W.: a. a. O.

[4] Vgl. Sievers, B.: Organisationsentwicklung als Problem. Stuttgart 1977.

[5] Vgl. Gotthard-Lorenz, A.: Organisationsberatung – Hilfe und Last für Sozialarbeit. Freiburg 1989.

[6] Vgl. Oliva, H./Oppl, H./Schmidt, R.: Rolle und Stellenwert freier Wohlfahrtspflege. München 1991.

[7] Interview in: socialmanagement. Heft 4/1991.

[8] Gehrmann, G./Müller, K. D.: Ethik: Moral und Effizienz in der Sozialarbeit. In: socialmanagement. Heft 2/1991, S. 26 ff.

2. Aufgabenorientiertes Management in sozialen Einrichtungen

[1] Vgl. Strunk, A.: Management und Planung: Offene Zweierbeziehung. In: socialmanagement. Heft 1/1992, S. 26 ff.

[2] Vgl. Hegener, F.: Welche Mischung von Staat, Markt und Selbsthilfe ist die richtige? In: Leukowitz, M. (Hrsg.): Neues Denken in der Sozialen Arbeit. Freiburg 1991.

[3] Vgl. Zimmer, A.: Vereinsforschung: Zwischen Tradition und Innovation. In: socialmanagement. Heft 3/1992, S. 49 ff.

[4] Vgl. Säuberlich, U.: Motivierung von Sozialarbeitern für neue Konzepte. In: Gehrmann, G./Müller, K. D.: Aktivierende Soziale Arbeit mit nicht-motivierten Klienten, Regensburg/Berlin 2005, S. 149 ff.

[5] Sozialraumbudget und Neue Steuerung. In: Blätter der Wohlfahrtspflege. Heft 1/2004.

[6] Strunk, A.: a. a. O., S. 2.

[7] Vgl. Oliva, H./Oppl, H./Schmidt, R.: Rolle und Stellenwert freier Wohlfahrtspflege. München 1991.

[8] Vgl. Reiss, H. C.: Unternehmens- und Verbandsmanagement: Entwicklungshilfe. In: socialmanagement. Heft 4/1992, S. 44 ff.

[9] Vgl. „Emma"-Autorengruppe: Offene Psychiatrie, ein Projekt in Stockholm Talkragen.

[10] Vgl. Gehrmann, G./Müller, K. D.: Familie im Stadtteil. In: Sozialmagazin. Heft 9/2000.

3. Personalmanagement

[1] Maelicke, B.: Reformen notwendig – mit Sicherheit. In: socialmanagement. Heft 3/1992, S. 27 ff.

[2] Jaspert, S.: Personalentwicklung im Non-Profit-Bereich. In: Maelicke, B./Reinbold, B. (Hrsg.): Organisationsentwicklung im sozialen Bereich. Frankfurt a. M. 1990.

[3] Sahm, K.: Humanisierung im Führungsstil. Frankfurt a. M. 1977.

[4] Ahlers, H.: Kollegen trainieren Kollegen. In: socialmanagement. Heft 2/1992, S. 57 ff.

[5] Jaspert, S.: a. a. O.

[6] Mackenzie, R. A.: Die Zeitfalle: Sinnvolle Zeiteinteilung und Zeitnutzung. Heidelberg 1985.

[7] Schall, T.U.: Tabu: Mitarbeiterführung als Fachaufgabe. In: socialmanagement. Heft 4/1991, S. 35 ff.

[8] Müller, K. D./Gehrmann, G.: Gratisangst. In: Sozialmagazin. Heft 11/1981.

[9] Schall, T. U.: a. a. O.

[10] Dechmann, B./Ryffel, C.: Soziologie im Alltag. Weinheim/Basel 1981.

[11] Töpper, M.: Situationsanalyse – ein Instrument der Organisationsentwicklung. In: Psychologie und Praxis. 1984, S. 130 ff.

[12] Töpper, M.: a. a. O.

[13] Töpper, M.: a. a. O.

[14] Schmidbauer, W.: Die hilflosen Helfer. Reinbek 1976.

[15] Maslow, A. H.: Motivation and personality. New York 1954.

[16] Schall, T. U.: a. a. O.

[17] Maslow, A. H.: a. a. O.

4. Ressourcen-Management angesichts knapper finanzieller Mittel

[1] Montgomery, U. F.: „Wirtschaftlichkeitsprüfung 1992" – Wer prüft eigentlich die Prüfer? In: Hamburger Ärzteblatt. Heft 2/1993.

[2] Boulton, D.: Doing Research by Using Official Data. In: Gehrmann, G./Müller, K. D./Ploem, R.: Social Work and Social Studies. Weinheim 1994.

[3] Dechmann, B./Ryffel, C.: a. a. O.

5. Selbstmanagement in der Sozialen Arbeit

[1] Böhnisch, L./Lösch, H.: Das Handlungsverständnis des Sozialarbeiters und seine institutionelle Determination. In: Otto, H. U./Schneider, S. (Hrsg.): Gesellschaftliche Perspektiven der Sozialarbeit, Band 2. Neuwied/Berlin, 1973, S. 21 ff.

[2] Maas, U.: Sozialarbeit und Sozialverwaltung. Weinheim/Basel 1985.

[3] Müller, K. D./Gehrmann,G.: Berufskonflikt von Sozialarbeitern im Planspiel. Frankfurt a. M. 1982.

[4] Gehrmann, G./Müller, K. D.: Quo vadis Sozialarbeit? Weinheim/Basel 1981.

5 Müller, K. D./Gehrmann, G.: Zur Problematik gegenwärtiger Methodendiskussion in der Sozialarbeit/Sozialpädagogik. In: Sozialmagazin. Heft 7, 8/1990.

6 Müller, K. D./Gehrmann, G.: a. a. O. 1990.

7 Müller, K. D./Gehrmann, G.: „Rating Assessment" – ein Evaluationsinstrument für die Soziale Arbeit. In: Sozialmagazin. Heft 4/1993.

8 Müller, K. D./Gehrmann, G.: Environment-Aktivierungsmethode. Eine sozialökologische Methode. In: Sozialmagazin. Heft 4/1993.

9 Ballew, J. R./Mink, G.: Was ist Case Management? In: Wendt, W. R.: Unterstützung fallweise. Freiburg 1991, S. 56 ff.

10 Gehrmann, G./Müller, K. D. (Hrsg.): Aktivierende Soziale Arbeit mit nicht-motivierten Klienten. Regensburg/Berlin 2005.

11 Gehrmann, G./Müller, K. D.: Sozialarbeit, nicht Therapie! In: Sozialmagazin. Heft 5/1994.

12 Ochsner, M.: Gut: die Dinge richtig tun – Besser: die richtigen Dinge tun. In: socialmanagement. Heft 3/1992, S. 63 ff.

13 Nach Ochsner, M.: a. a. O.

6. Professionelle Konzepte und Methoden Sozialer Arbeit

1 Galuske, M.: Methoden der Sozialen Arbeit. Weinheim/München 2001.
Stimmer, F.: Grundlagen methodischen Handelns in der Sozialen Arbeit. Stuttgart/Berlin/Köln 2000.

2 Karls, E. J./Wandrei, K.: PIE – A New Language for Social Work. New York 1992.
Hesser, K. E.: Forschungsantrag zur Entwicklung eines Modells der Praxisreflexion in der Sozialen Arbeit. Amsterdam 1991.

3 Niederländisches Ministerium für Soziales: The International Initiative, Scheveningen 1992.

4 Meinhold, M.: Wir behandeln Situationen, nicht Personen. In: Müller, S./Otto, H.U. (Hrsg.): Handlungskompetenz in der Sozialarbeit/Sozialpädagogik, Band 1. Bielefeld 1982, S. 165 f.

5 Wendt, W. R.: Ökosozial denken und handeln. Freiburg 1990.

6 Ebbe, K./Friese, P.: Milieuarbeit. Stuttgart 1988.

7 Germain, C. B./Gitterman, A.: Praktische Sozialarbeit, Das „Life-Model" der sozialen Arbeit. Stuttgart 1988.

8 Gehrmann, G./Müller K. D.: Management in sozialen Organisationen. Regensburg 1993, S. 131 f.

9 Gehrmann, G./Müller, K. D.: Praxis Sozialer Arbeit: Familie im Mittelpunkt. Regensburg/Berlin 2001.

10 Galuske, M.: a. a. O.

11 Wendt, W. R.: Unterstützung fallweise. Freiburg 1991.
Neuffer, M.: Case Management. Weinheim/Basel 2002.

12 Möbius, Th./Klawe, W.: AIB – Ambulante Intensive Begleitung. Weinheim/Berlin/Basel 2003.

[13] Schreiber, W.: Sozialpädagogische Diagnose. In: Neue Praxis. Heft 6/2003.

[14] Galuske, M.: a.a.O.

[15] Möbius, Th./Klawe W.: a.a.O.

[16] Gehrmann, G./Müller, K.D.: Familie im Stadtteil. In: Sozialmagazin. Heft 9/2000.

7. Managementreform der Sozialen Dienste

[1] Olk, T./Otto, H.-U./Backhaus-Maul, H.: Soziale Arbeit als Dienstleistung – Zur analytischen und empirischen Leistungsfähigkeit eines theoretischen Konzepts. In: Olk, T./Otto, H.-U. (Hrsg.): Soziale Arbeit als Dienstleistung. Darmstadt 2003, S. IX.

[2] Wir verwenden wahlweise die Begriffe „Kunde" oder „Klient", weil die Verwendung beider Begriffe mit Vor- und Nachteilen verbunden ist. Im englischsprachigen Raum ist „client" gebräuchlich.

[3] Staub-Bernasconi, S.: Soziale Arbeit als Gegenstand von Theorie und Wissenschaft. In: Wendt, W. R. (Hrsg.): Sozial und wissenschaftlich arbeiten. Freiburg 1994, S. 75ff.

[4] Gumpinger, M.: Aktivierende Arbeit versus Fürsorge. In: Gehrmann, G./Müller, K.D. (Hrsg.).: Aktivierende Soziale Arbeit mit unmotivierten Klienten. Regensburg 2004, S. 23–39.

[5] Salgo, L.: Helfen mit Risikominimierung. In: Sozialpädagogisches Institut im SOS Kinderdorf e.V. (Hrsg.): Jugendämter zwischen Hilfe und Kontrolle. München 2001, S. 25 f.

[6] Gehrmann, G./Müller K.D.: a.a.O. 2004.

[7] Hinte, W.: Agieren statt reagieren. In: Blätter der Wohlfahrtspflege. Heft 1/2002, S. 8.

[8] Säuberlich, U./Osterndorff, G.: Sozialraumbudget und neue Steuerung. In: Blätter der Wohlfahrtspflege. Heft 1/2004, S. 24 f.

[9] Vgl. Möbius, T./Klawe, W.: AIB – Ambulante Intensive Betreuung. Weinheim/Berlin/Basel 2003.

[10] Vgl. Gehrmann, G./Müller, K.D.: Praxis Sozialer Arbeit: Familie im Mittelpunkt. Regensburg/Berlin 2000.

[11] Vgl. Gehrmann, G./Müller, K.D.: Familie im Stadtteil (FIS). In: Sozialmagazin. Heft 9/2000, S. 30 ff.

[12] Hinte, W.: Agieren statt reagieren. In: Blätter der Wohlfahrtspflege. Heft 1/2002, S. 8.

[13] Liebig, R: Strukturveränderungen des Jugendamts. Weinheim/München 2001, S. 21. Liebig zitiert Kleinfeld, R./Heidemann, R./Treutler, F.: Neue Steuerungsmodelle in der Kommunalverwaltung. In: Kleinfeld, R. (Hrsg.): Kommunalpolitik: eine problematische Einführung. Opladen 1996.

[14] Liebig, R.: a.a.O. Liebig zitiert Naschold, F.: Modernisierung des Staats. Zur Ordnungs- und Innovationspolitik des öffentlichen Sektors. Berlin 1993, S. 12 ff.

8. Sozialräumliche Assessmentkonzepte

[1] Nach Hesser, K. E.: Forschungsantrag zur Entwicklung eines Modells der Praxisreflexion in der sozialen Arbeit. Amsterdam 1991.

[2] Vgl. Schütze, F.: Biographieforschung und narratives Interview. In: Neue Praxis. Heft 3/1983, S. 283 ff.

[3] Vgl. Südmersen, I.: Hilfe, ich ersticke in Texten. In: Neue Praxis. Heft 3/1983, S. 194 ff.

[4] Vgl. Schütze, F.: a. a. O.

[5] Vgl. Südmersen, I.: a. a. O.

[6] Vgl. Südmersen, I.: a. a. O.

[7] Vgl. Gehrmann, G./Müller, K. D.: Praxis Sozialer Arbeit: Familie im Mittelpunkt. Regensburg/Berlin 2001.

[8] Vgl.: Karls, E. J./Wandrei, K.: PIE – A New Language For Socialwork. New York 1992.

[9] Vgl. Ebbe, K./Friese, P.: Milieuarbeit. Stuttgart 1989.

9. Case Management – professionelles Arbeiten mit Einzelnen und Familien

[1] Wendt, W. R.: Unterstützung fallweise. Freiburg 1991.

[2] Lowy, L.: Case Management in der Sozialarbeit. In: Mühlfeld, C./Oppl, H. u. a. (Hrsg.): Brennpunkte Sozialer Arbeit: Soziale Einzelhilfe. Frankfurt a. M. 1988, S. 31 ff.

[3] Neuffer, M.: Case Management. Weinheim/München 2002.

[4] Kessl, F./Otto, H.-U.: Aktivierende Soziale Arbeit. In: Neue Praxis. Heft 5/2002, S. 144 f.

[5] Lowy, L.: a. a. O.

[6] Vgl. Löcherbach, P.: Soziale Unterstützung bei Menschen mit HIV und Aids. In: Ningel, R./Funke, W. (Hrsg.): Soziale Netze in der Praxis. Göttingen 1995, S. 208–229. Löcherbach, P./Ningel, R.: Case Management im Team. In: Sozialmagazin. Heft 2/2001, S. 12 ff.

[7] Vgl. Galuske, M.: Methoden der Sozialen Arbeit. Weinheim/München, 2001.

[8] Vgl. Hansen, E.: Das Case/Care Mangement. In: Neue Praxis. Heft 2/2005, S. 107 ff.

[9] Otto, R.: Wie eine Familie den Sozialdienst beschäftigt. In: Mühlfeld, C./Oppl, H. u. a. (Hrsg.): Brennpunkte Sozialer Arbeit: Soziale Einzelhilfe. Frankfurt a. M. 1988, S. 40 f. In dem bereits Ende der 80er Jahre erschienenen Aufsatz wird sehr anschaulich dargestellt, wie die Umstellung der Arbeit des Sozialdienstes auf Case Management dazu geführt hat, dass die jahrelange fruchtlose Arbeit mit der Familie, in die viele Spezialdienste mit einbezogen waren, schließlich erfolgreich abgeschlossen werden konnte.

[10] Neuffer, M.: a. a. O., S. 20.

[11] Neuffer, M.: a. a. O.

[12] Ballew, J. R./Mink, G.: Was ist Case Management? In: Wendt, W. R.: Unterstützung fallweise. Freiburg 1991, S. 56 ff.

[13] Ballew, J.R./Mink, G.: a.a.O.

[14] Nach Lowy, L.: a.a.O.

[15] Neuffer, M.: a.a.O., S. 50.

10 Qualitätsmanagement

[1] Müller, K.D./Gehrmann, G.: Wider die Kolonialisierung der Sozialarbeit/Sozialpädagogik. In: Sozialmagazin. Heft 4/1994.

[2] Staub-Bernasconi, S.: a.a.O.

[3] KGSt, Köln 1993

[4] Reichard, C.: Umdenken im Rathaus: Neue Steuerungsmodelle in der deutschen Kommunalverwaltung. Berlin 1994.

[5] Werner, R.: Qualitätsmanagement in der Sozialen Arbeit; Grundlagen-Methoden-Perspektiven, Diplomarbeit vorgelegt im Fachbereich Sozialpädagogik der Fachhochschule Frankfurt a.M. 1996.

[6] Seibel, W.: Funktionaler Dilettantismus. Baden-Baden 1992.

[7] Vgl. KGSt-Bericht Nr. 6, Köln 1995

[8] Heiner, M. (Hrsg.): Qualitätsentwicklung durch Evaluation. Freiburg 1996.

[9] Meinhold, M.: Qualitätssicherung und Qualitätsmanagement in der Sozialen Arbeit. Freiburg 1997.

[10] Heiner, M.: a.a.O.

[11] Heiner, M.: a.a.O.

[12] Gehrmann, G./Müller, K.D.: Praxis Sozialer Arbeit: Familie im Mittelpunkt. Regensburg/Berlin 2001.

[13] BMFSFJ (Hrsg.): Materialien zur Qualitätssicherung in der Kinder- und Jugendhilfe. Bonn 1996.

[14] BMFSFJ (Hrsg.): Materialien zur Qualitätssicherung in der Kinder- und Jugendhilfe. Bonn 1996.

[15] Meinhold, M.: a.a.O.

[16] Müller, C.W.: Wie Helfen zum Beruf wurde. Weinheim/Basel 1982.

[17] Knorr, F./Halfar, B.: Qualitätsamanagement in der Sozialarbeit. Regensburg/Berlin 2000.

[18] Merchel, J. (Hrsg.): Qualität in der Jugendhilfe. Münster 1999.

11. Aktivierende Soziale Arbeit und Aktivierender Staat

[1] Kessl, F./Otto, H.-U.: Aktivierende Soziale Arbeit. In: Neue Praxis. Heft 5/2002.

[2] Kessl, F./Otto, H.-U.: a.a.O., S. 445.

[3] Kessl, F./Otto, H.-U.: a.a.O., S. 447.

[4] Kessl, F./Otto, H.-U.: a.a.O., S. 449.

[5] Gehrmann, G./Müller, K.D.: a.a.O., 1998.

[6] Kessl, F./Otto, H.-U.: a.a.O., S. 456.

[7] Gehrmann, G./Müller, K. D. (Hrsg.): a. a. O., 2005.

[8] Gumpinger, M. (Hrsg.): Soziale Arbeit mit unfreiwilligen Klienten. Linz 2001.

[9] Gehrmann, G./Müller, K. D., a. a. O., 2005.

[10] Roos, J. nach Hoffmann, I.: Die Einrichtung eines Kriseninterventionsprogramms für Familien in einer Kommune, Diplomarbeit vorgelegt am Fachbereich Sozialpädagogik der Fachhochschule Frankfurt a. M. 1996.

[11] Ellis, A.: Die Rational Emotive Verhaltenstherapie. Frankfurt a. M. 1977.

[12] Rooney, R. H.: Strategies for Work with Involuntary Clients. New York 1992.

[13] Kähler, H. D.: Erstgespräche in der sozialen Einzelhilfe. Freiburg 1991, S. 44.

[14] Kähler, H. D.: a. a. O., S. 48.

[15] Miller, W. R./Rollnick, S.: Motivierende Gesprächsführung. Freiburg 2001, S. 67.

[16] Trotter, C.: Soziale Arbeit mit unfreiwilligen Klienten. In: Gumpinger, M., (Hrsg.): Soziale Arbeit mit unfreiwilligen Klienten. Linz 2001, S. 160.

[17] Müller, W. R./Rollnick, S.: a. a. O., S. 34 f.

[18] Rooney, R. H.: a. a. O.

[19] Cowger, C. D.: Assessing Client Strengths. New York 1994.

[20] Miller, W. R./Rollnick, S.: a. a. O.

[21] Gehrmann, G./Müller, K. D., a. a. O., 2001.

[22] Körkel, J./Drinkmann, A., Wie motiviert man Klienten? In: Sozialmagazin. Heft 10/2002.

[23] Ballew, J. R./Mink, G.: Was ist Case Management? In: Wendt, W. R. (Hrsg.): Unterstützung fallweise. Freiburg 1991.

[24] s. auch Kapitel Case Management.

[25] Gehrmann, G./Müller, K. D.: a. a. O., 2003.

[26] Möbius, T./Klawe, W.: AIB – Ambulante Intensive Begleitung. Weinheim/Berlin/Basel 2003.

[27] Säuberlich, U./Osterndorff, G.: Sozialraumbudget und neue Steuerung. In: Blätter der Wohlfahrtspflege. Heft 1/2004.

Literaturhinweise

Ahlers, H.: Kollegen trainieren Kollegen. In: socialmanagement. Heft 2/1992, S. 57 ff.

Ballew, J. R./Mink, G.: Was ist Case Management? In: Wendt, W. R.: Unterstützung fallweise. Freiburg 1991, S. 56 ff.

BMFSFJ (Hrsg.): Materialien zur Qualitätssicherung in der Kinder- und Jugendhilfe. Bonn 1996.

Böhnisch, L./Lösch, H.: Das Handlungsverständnis des Sozialarbeiters und seine institutionelle Determination. In: Otto, H. U./Schneider, S. (Hrsg.): Gesellschaftliche Perspektiven der Sozialarbeit, Band 2. Neuwied/Berlin 1973, S. 21 ff.

Boulton, D.: Doing Research by Using Official Data. In: Gehrmann, G./Müller, K. D./Ploem, R.: Social Work and Social Studies. Weinheim 1994.

Cowger, C. D.: Assessing Client Strengths. New York 1994.

Dechmann, B./Ryffel, C.: Soziologie im Alltag. Weinheim/Basel 1981.

Ebbe, K./Friese, P.: Milieuarbeit. Stuttgart 1988.

Ellis, A.: Die Rational Emotive Verhaltenstherapie. Frankfurt a. M. 1977.

„Emma"-Autorengruppe: Offene Psychiatrie, ein Projekt in Stockholm Talkrogen. Stockholm 1988.

Galuske, M.: Methoden der Sozialen Arbeit. Weinheim/München 2001.

Gehrmann, G./Müller, K. D.: Familie im Stadtteil. In: Sozialmagazin. Heft 9/2000, S. 30 ff.

Gehrmann, G./Müller, K. D. (Hrsg.): Aktivierende Soziale Arbeit mit nicht-motivierten Klienten. Regensburg/Berlin 2005.

Gehrmann, G./Müller, K. D./Ploem, R.: Social Work and Social Studies. Weinheim 1994.

Gehrmann, G./Müller, K. D.: Ethik: Moral und Effizienz in der Sozialarbeit. In: socialmanagement. Heft 2/1991, S. 26 ff.

Gehrmann, G./Müller, K. D.: Praxis Sozialer Arbeit: Familie im Mittelpunkt. Regensburg/Berlin 2001.

Gehrmann, G./Müller, K. D.: Quo vadis Sozialarbeit? Weinheim/Basel 1981.

Gehrmann, G./Müller, K. D.: Sozialarbeit, nicht Therapie! In: Sozialmagazin. Heft 5/1994.

Gehrmann, G./Müller, K. D.: Management in sozialen Organisationen. Regensburg 1993.

Gehrmann, G./Müller, K. D.: Familie im Stadtteil. In: Sozialmagazin. Heft 9/2000.

Germain, C. B./Gitterman, A.: Praktische Sozialarbeit, Das „Life-Model" der sozialen Arbeit. Stuttgart 1988.

Gotthard-Lorenz, A.: Organisationsberatung – Hilfe und Last für Sozialarbeit. Freiburg 1989.

Gumpinger, M. (Hrsg.): Soziale Arbeit mit unfreiwilligen Klienten. Linz 2001.

Gumpinger, M.: Aktivierende Arbeit versus Fürsorge. In: Gehrmann, G./Müller, K. D. (Hrsg.).: Aktivierende Soziale Arbeit mit unmotivierten Klienten. Regensburg 2004, S. 23–39.

Hansen, E.: Das Case/Care Management. In: Neue Praxis. Heft 2/2005, S. 107 ff.

Hegener, F.: Welche Mischung von Staat, Markt und Selbsthilfe ist die richtige? In: Leukowitz, M. (Hrsg.): Neues Denken in der Sozialen Arbeit. Freiburg 1991.

Heiner, M. (Hrsg.): Qualitätsentwicklung durch Evaluation. Freiburg 1996.

Hesser, K. E.: Forschungsantrag zur Entwicklung eines Modells der Praxisreflexion in der Sozialen Arbeit. Amsterdam 1991.

Hinte, W.: Agieren statt reagieren. In: Blätter der Wohlfahrtspflege. Heft 1/2002, S. 8.

Hoefert, H.-W.: Aufstieg: Karriere im Sozialwesen. In: socialmanagement. Heft 4/1991.

Hoffmann, I.: Die Einrichtung eines Kriseninterventionsprogramms für Familien in einer Kommune, Diplomarbeit vorgelegt am Fachbereich Sozialpädagogik der Fachhochschule Frankfurt a. M. 1996.

Jaspert, S.: Personalentwicklung im Non-Profit-Bereich. In: Maelicke, B./Reinbold, B. (Hrsg.): Organisationsentwicklung im sozialen Bereich. Frankfurt a. M. 1990.

Kähler, H. D.: Erstgespräche in der sozialen Einzelhilfe. Freiburg 1991.

Karls, E. J./Wandrei, K.: PIE – A New Language For Socialwork. New York 1992.

Kessl, F./Otto, H.-U.: Aktivierende Soziale Arbeit. In: Neue Praxis. Heft 5/2002, S. 144 f.

Kleinfeld, R./Heidemann, R./Treutler, F.: Neue Steuerungsmodelle in der Kommunalverwaltung. In: Kleinfeld, R. (Hrsg.): Kommunalpolitik: eine problematische Einführung. Opladen 1996.

Knorr, F./Halfar, B.: Qualitätsmanagement in der Sozialarbeit. Regensburg/Berlin 2000.

Körkel, J./Drinkmann, A.: Wie motiviert man Klienten? In: Sozialmagazin. Heft 10/2002.

Leukowitz, M. (Hrsg.): Neues Denken in der Sozialen Arbeit. Freiburg 1991.

Liebig, R.: Strukturveränderungen des Jugendamts. Weinheim/München 2001.

Löcherbach, P.: Soziale Unterstützung bei Menschen mit HIV und Aids. In: Ningel, R./Funke, W. (Hrsg.): Soziale Netze in der Praxis. Göttingen 1995, S. 208–229.

Löcherbach, P./Ningel, R.: Case Management im Team. In: Sozialmagazin. Heft 2/2001, S. 12 ff.

Lowy, L.: Case Management in der Sozialarbeit. In: Mühlfeld C./Oppl, H. u. a. (Hrsg.): Brennpunkte Sozialer Arbeit: Soziale Einzelhilfe. Frankfurt a. M. 1988, S. 31 ff.

Maas, U.: Sozialarbeit und Sozialverwaltung. Weinheim/Basel 1985.

Mackenzie, R. A.: Die Zeitfalle: Sinnvolle Zeiteinteilung und Zeitnutzung. Heidelberg 1985.

Maelicke, B.: Reformen notwendig – mit Sicherheit. In: socialmanagement. Heft 3/1992, S. 27 ff.

Maslow, A. H.: Motivation and personality. New York 1954.

Meinhold, M.: Qualitätssicherung und Qualitätsmanagement in der Sozialen Arbeit. Freiburg 1997.

Meinhold, M.: Wir behandeln Situationen, nicht Personen. In: Müller, S./Otto, H. U. (Hrsg.): Handlungskompetenz in der Sozialarbeit/Sozialpädagogik, Band 1. Bielefeld 1982, S. 165 f.

Merchel, J. (Hrsg.): Qualität in der Jugendhilfe. Münster 1999.

Miller, W. R./Rollnick, S.: Motivierende Gesprächsführung. Freiburg 2001.

Möbius, T./Klawe, W.: AIB – Ambulante Intensive Begleitung. Weinheim/Berlin/Basel 2003.

Montgomery, U. F.: „Wirtschaftlichkeitsprüfung 1992" – Wer prüft eigentlich die Prüfer? In: Hamburger Ärzteblatt. Heft 2/1993.

Müller, C. W.: Wie Helfen zum Beruf wurde. Weinheim/Basel 1982.

Müller, K. D./Gehrmann, G.: „Rating Assessment" – ein Evaluationsinstrument für die Soziale Arbeit. In: Sozialmagazin. Heft 4/1993.

Müller, K. D./Gehrmann, G.: Environment-Aktivierungs-Methode. Eine sozialökologische Methode. In: Sozialmagazin. Heft 4/1993.

Müller, K. D./Gehrmann, G.: Wider die Kolonialisierung der Sozialarbeit/Sozialpädagogik. In: Sozialmagazin. Heft 4/1994.

Müller, K. D./Gehrmann, G.: Gratisangst. In: Sozialmagazin. Heft 11/1981.

Müller, K. D./Gehrmann, G.: Zur Problematik gegenwärtiger Methodendiskussion in der Sozialarbeit/Sozialpädagogik. In: Sozialmagazin. Heft 7, 8/1990.

Müller, K. D./Gehrmann, G.: Berufskonflikt von Sozialarbeitern im Planspiel. Frankfurt a. M. 1982.

Müller, S./Otto, H.-U. (Hrsg.): Handlungskompetenz in der Sozialarbeit/Sozialpädagogik, Band 1. Bielefeld 1982.

Naschold, F.: Modernisierung des Staats. Zur Ordnungs- und Innovationspolitik des öffentlichen Sektors. Berlin 1993.

Neuffer, M.: Case Management. Weinheim/München 2002.

Niederländisches Ministerium für Soziales: The International Initiative, Scheveningen 1992.

Ochsner, M.: Gut: die Dinge richtig tun – Besser: die richtigen Dinge tun. In: socialmanagement. Heft 3/1992, S. 63 ff.

Oliva, H./Oppl, H./Schmidt, R.: Rolle und Stellenwert freier Wohlfahrtspflege. München 1991.

Olk, T./Otto, H.-U./Backhaus-Maul, H.: Soziale Arbeit als Dienstleistung – Zur analytischen und empirischen Leistungsfähigkeit eines theoretischen Konzepts. In: Olk, T./Otto, H.-U. (Hrsg.): Soziale Arbeit als Dienstleistung. Darmstadt 2003, S. IX.

Otto, H.-U./Schneider, S. (Hrsg.): Gesellschaftliche Perspektiven der Sozialarbeit, Band 2. Neuwied/Berlin 1973, S. 21 ff.

Otto, R.: Wie eine Familie den Sozialdienst beschäftigt. In: Mühlfeld, C./Oppl, H. u. a. (Hrsg.): Brennpunkte Sozialer Arbeit; Soziale Einzelhilfe. Frankfurt a. M. 1988, S. 40 f.

Reichard, C.: Umdenken im Rathaus: Neue Steuerungsmodelle in der deutschen Kommunalverwaltung. Berlin 1994.

Reiss, H. C.: Unternehmens- und Verbandsmanagement: Entwicklungshilfe. In: socialmanagement. Heft 4/1992, S. 44 ff.

Rooney, R. H.: Strategies for Work with Involuntary Clients. New York 1992.

Sahm, K.: Humanisierung im Führungsstil. Frankfurt a. M. 1977.

Salgo, L.: Helfen mit Risikominimierung. In: Sozialpädagogisches Institut im SOS Kinderdorf e.V. (Hrsg.): Jugendämter zwischen Hilfe und Kontrolle. München 2001, S. 25 f.

Säuberlich, U./Osterndorff, G.: Sozialraumbudget und neue Steuerung. In: Blätter der Wohlfahrtspflege. Heft 1/2004, S. 24 f.

Säuberlich, U.: Motivierung von Sozialarbeitern für neue Konzepte. In: Gehrmann, G./Müller, K. D.: Aktivierende Soziale Arbeit mit nichtmotivierten Klienten, Regensburg/Berlin 2005, S. 149 ff.

Säuberlich, U./Osterndorff, G.: Sozialraumbudget und neue Steuerung. In: Blätter der Wohlfahrtspflege. Heft 1/2004.

Schall, T. U.: Tabu: Mitarbeiterführung als Fachaufgabe. In: socialmanagement. Heft 4/1991, S. 35 ff.

Schmidbauer, W.: Die hilflosen Helfer. Reinbek 1976.

Schreiber, W.: Sozialpädagogische Diagnose. In: Neue Praxis. Heft 6/2003.

Schütze, F.: Biographieforschung und narratives Interview. In: Neue Praxis. Heft 3/1983, S. 283 ff.

Seibel, W.: Funktionaler Dilettantismus. Baden-Baden 1992.

Sievers, B.: Organisationsentwicklung als Problem. Stuttgart 1977.

Staub-Bernasconi, S.: Soziale Arbeit als Gegenstand von Theorie und Wissenschaft. In: Wendt, W. R. (Hrsg.): Sozial und wissenschaftlich arbeiten. Freiburg 1994, S. 75 ff.

Staub-Bernasconi, S.: Methodenentwicklung in der Zukunft – eine Prognose und ein Weg aus der Professionalisierungsfalle. In: Mrochen, S. u. a. (Hrsg.): Standortbestimmung sozialpädagogischer und sozialarbeiterischer Methoden. Weinheim 1998.

Stimmer, F.: Grundlagen methodischen Handelns in der Sozialen Arbeit. Stuttgart/Berlin/Köln 2000.

Strunk, A.: Management und Planung: Offene Zweierbeziehung. In: socialmanagement. Heft 1/1992, S. 26 ff.

Südmersen, I.: Hilfe, ich ersticke in Texten. In: Neue Praxis. Heft 3/1983, S. 194 ff.

Töpper, M.: Situationsanalyse – ein Instrument der Organisationsentwicklung. In: Psychologie und Praxis. 1984, S. 130 ff.

Trotter, C.: Soziale Arbeit mit unfreiwilligen Klienten. In: Gumpinger, M. (Hrsg.): Soziale Arbeit mit unfreiwilligen Klienten. Linz 2001.

Wendt, W. R.: Ökosozial denken und handeln. Freiburg 1990.

Wendt, W. R.: Unterstützung fallweise. Freiburg 1991.

Werner, R.: Qualitätsmanagement in der Sozialen Arbeit; Grundlagen – Methoden – Perspektiven, Diplomarbeit vorgelegt im Fachbereich Sozialpädagogik der Fachhochschule Frankfurt a. M. 1996.

Zimmer, A.: Vereinsforschung: Zwischen Tradition und Innovation. In: socialmanagement. Heft 3/1992, S. 49 ff.

Findex